神武天皇からの
二元性闇周期を覆せ

ひふみの
しくみ

［著］
まつおさらら

「日ノ本」起死回生の
最終宇宙原理

はじめに

ご縁あって本書を手に取ってくださった皆様に心より感謝申し上げます。

現在、地球は大転換を遂げています。日本はかつて天の川から発祥した文明を世界中にもたらし、大調和を実現した時代がありました。しかし、約五五〇〇年前の縄文時代中期頃に、地球の運行が闇の周期に入ることを予見した日本人の祖先は、未来の子孫が体験する不調和を予見して警告を発していました。現在の日本はその警告の渦中にあります。

地球規模で起きているすべての不調和の原因は、自然界の摂理の根本となる男女が逆さまになってしまったことにあるのです。この単純なまちがいを正せば、世界は調和へ転じるのですが、いまだ道理に逆らい続けている原因は日本の闇にあるのです。

ある時代に、自我意識と嫉妬がわが国の政（まつりごと）に持ち込まれ、世界一清潔な日本が腐敗し、勤勉で親切な日本人が搾取され続けるしくみになってしまったことが根本なのです。政治はもともと天皇（大王）による神の政でありましたが、人間の自我で神の世界の陰陽を逆さまにしたために、世は闇に転じて不調和に陥ったのです。

地球の闇を一掃するためには、世界で最も長く続いてきた日本の闇を白日の下にさらさなければなりません。日本が真に立ち上がるためには、生命の源まで立ち返り、男女と家族の在り方から正さなければならないのです。その具体的な内容と解決法を、わたしの実体験に基づいて明かされた歴史を通して述べてまいります。

ひふみのしくみ

目次

ひふみのしくみ

目次

ひふみのしくみ

目次

カバーデザイン　森　瑞（4Tune Box）
校正　麦秋アートセンター
本文仮名書体　文麗仮名（キャップス）

第一之巻

「日ノ本」表歴史と裏歴史の嚆矢

——縄文から神武・古墳時代。二元性真逆の闇周期はなぜ始まったのか

第一段

饒速日命《にぎはやひのみこと》と長髄彦《ながすねひこ》が担った「日ノ本」を閉じる宇宙の裏計画

生駒山系のしたたり水を集める
天野川の源流は縄文文明発祥の地。
ここに天降ってきた神がいる。
ニギハヤヒノミコトという謎多き神。

巨石で埋め尽くされた境内は
古代より生駒修験の行場として
栄えてきた。

ここはニギハヤヒの神名を隠さず祀る。
天照國照彦天火明奇玉饒速日尊
あまてるくにてるひこあめのほあかり
くしたまにぎはやひのみこと

これほど徳の高い諡《おくりな》は他にない。
地元の人々は
この神の徳の高さに心から感謝し、
主君としたことを心から喜び、
地元縄文の人々にとっての誇りだった。

創祀年代は縄文から弥生への過渡期。
ニギハヤヒが
天の磐船に乗って降臨した伝承は
宇宙から飛来した神を物語る。

ニギハヤヒを祀る物部氏は

渡来人ではあるが本殿を置かず
直接巨石に祈りを捧げる
縄文の祭祀形態を守ってきた。
ゆえに彼らは故郷に帰ってきた一族。

神話によれば
ニギハヤヒが天降ったとき、
この地を治めていたのは
土着の縄文人ナガスネヒコだった。

この地は七夕伝説が残されている。
織姫と彦星の
仲睦まじい夫婦に嫉妬した天帝の后が
二人の間に天の川を引いて離別させた。
それは天の川銀河の回転方向とは
逆の思考回路ゆえに為しえた行為。

わが国最大の逆賊はナガスネヒコ。
生駒山系と河内の族長である彼は、
主君・ニギハヤヒに最後まで忠誠を尽くし
イワレビコ（神武）に従わなかったために
この碑以外どこにもその名がありません。

彼の主君に対する忠誠心は
どこからくるのだろう。
男なら自分よりも有能な男に
嫉妬するのが普通だ。
彼ほどの強さを持つ者ならば
いとも容易く下剋上できたであろうに。

しかし彼は自分を捧げてまでも
太陽神を守ることを使命としていた。
彼が命を懸けてでも守ろうとしたのは
万世一系と

正統なるスメラミコトの遺伝子だった。
それは縄文から受け継がれた
叡智であり宇宙の法則。
どんな存在も
法則から逃れることはできない。
たとえ神と呼ばれる存在であっても。

彼はイワレビコによって
宇宙の法則が
ひっくり返されることを全力で阻んだ。
ナガスネヒコにとっては
太陽に向かって戦さを仕掛けた
神武こそ逆賊。

しかし
悪役が善に、善が悪役になるという
宇宙の計画によりナガスネヒコは

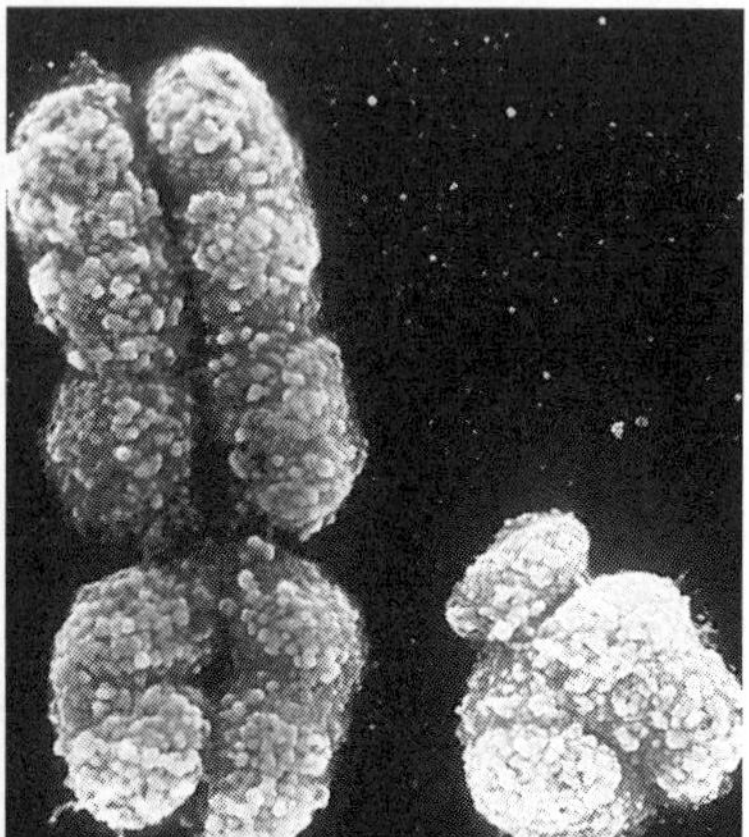

わが国最大のラスボスとなった。

そのラスボスの正体をわたしは見破った。
彼こそ主君ニギハヤヒの妻・瀬織津姫。
そのはたらきは罪穢れを祓う水の神。
この神を封じておかなければ、
嫉妬と嘘と不正と隠蔽工作でつくる
ニセモノの世界を体験できなかった。

ニギハヤヒは
宇宙の計画を知っていたのでしょう。
闇の周期は太陽が隠されることを承知で
ナガスネヒコに下がってもらい、
御自《みずか》らは神武天皇の補佐役として
裏方の役目を担ったのです。
「日ノ本」を閉じて。

ひふみのしくみは直感―実践行動―体験記録

平成二十九年（二〇一七年）十一月十二日に艮金神に従い、日本神界の神々、縄文のアラハバキの三柱の神々、歴代天皇の神々による新たな神界創造の御神業に立ち会ってからすべてがはじまりました。

それ以来、自分の意志とは別の意志に突き動かされてブログを書き始めるようになりました。しばらく書き綴っていますと、**「ひふみのしくみ」**と天啓を受け、これを題名にするようにと艮金神より伝えられたことから、ブログ名になりました。

わたしが日本神界の神々とアラハバキの神々、歴代天皇の神々とご縁があったのは、わたしの生まれ故郷が生駒山麓の神武東征ゆかりの地だったからです。神武東征とは、『記紀』（『古事記』『日本書紀』のこと）において神と人の世の交代となるクライマックスです。

饒速日山は神武天皇と長髄彦が戦った古戦場だった

『日本書紀』によりますと、天孫イワレビコ（神武天皇）が、饒速日命《にぎはやひのみこと》が治めていた生駒山を国の中心と定めて進軍した際、皇軍に抵抗した長髄彦《ながすねひこ》を主君の饒速日命が斬殺して禅譲し、初

神武天皇聖蹟孔舎衛坂顕彰碑

代神武天皇に即位するまでのストーリーです。

生駒山は奈良県生駒市と大阪府東大阪市との県境にある標高六四二メートルの生駒山地の主峰です。生駒山には日下山《くさかやま》があり、別名饒速日山と呼ばれていました。日下山は長髄彦がイワレビコを撃退した古戦場だったのです。（写真）

日下山はわたしが子供のころによく遊びに行った旧生駒トンネルがあります。

わたしは平成三十年（二〇一七年）十二月二十三日の天皇誕生日に艮金神の導きにより

日下山の封印を解くように

との要請を受けて実践し、不思議な現象が現れたことから日下山の封印が解除されたことを知らされました。

それからも体験記録を書き綴っていくうちに、

神武天皇御東征孔舎衙坂古戦場（善根寺春日神社）に光が現れた（右）

左：日下新池（カモたちが左右に分かれて回転していた）
右：旧生駒トンネル（近鉄の車が入ってきてトンネルの扉が開かれた）

表に出て今まで隠してきた秘密をすべて明らかにするように

との天啓を受け、令和二年（二〇二〇年）二月二十三日の天皇誕生日に難波神社（ご祭神は仁徳天皇）にて、第一回目のひふみのしくみ勉強会を開くことになりました。それ以降も直観に従い継続してまいりました。

秦氏は讃良に馬をつれて帰ってきた

最初にわかったことは、秦氏が古墳時代中期（五世紀）に住み着いた

砂遺跡（大阪府四條畷市砂）

四條畷市が誇る景勝地・室池（讃良の氷室）

土地が、わたしが十歳のときに移り住んだ大阪府四《し》條畷《じょうなわて》市だったことです。

四條畷市には砂遺跡があります。そこはわたしの母校・大阪府立四条畷北高校（現在の大阪府立交野支援学校　四條畷校）の造成工事中に見つかった、縄文時代中期と古墳時代中期〜後期の遺跡だったのです。ここに秦氏が住んでいたのです。（写真）

砂遺跡のすぐ北側を流れる讃良《さら》川《がわ》に沿って、二万年前の旧石器時代からの遺跡が点在しており、府内最大

蒙古系の馬（四條畷市蔀屋北遺跡）

秦河勝の墓（大阪府寝屋川市）

量の縄文中期土器が発掘されました。天野川の水源地は四條畷の縄文早期遺跡（田原遺跡）です。そこは長髄彦の本拠地だったのです。

天野川は北へ流れ、饒速日命の巨石をご祭神とする磐船神社をくぐり、星田妙見、枚方《ひらかた》を通って淀川にそそぎます。天野川水系は縄文早期より人々が暮らした文明発祥の地だったのです。このことから、四條畷は二万年前から人々の暮らしが一度も絶えることなく営まれていた土地だったことがわかりました。

特筆すべきは、古墳時代中期に秦氏が船に馬を乗せて、讃良《さらら》で我が国初の馬の牧場を開いたことです。讃良とは北河内の旧讃良郡のことで、現在の大阪府四條畷市全域・大東市の大部分・寝屋川市の一部の地域の旧地名です。

旧讃良郡には現在の寝屋川市太秦《うずまさ》があり、太秦古墳群や秦河勝の墓もあります。

京都の太秦には、秦河勝が創建した広隆寺があり、秦河勝夫妻の座像と聖徳太子像、国宝第一号の弥勒菩薩半跏思惟像《みろくぼさつはんかしい》が宝蔵されています。

同じく京都・太秦の大酒神社には、秦河勝の六代前にあたる秦酒公《はたのさけきみ》により、養蚕、機織り、染色、農耕、造酒、土木、管弦、舞、工匠等、産業発達に功績を残したとの事績があります。

また、京都嵐山には秦氏の氏神神社である松尾《まつのお》大社があり、松尾山の磐座をご神体として祀られています。秦氏はお酒の神様を氏神としていたことから、縄文の発明である発酵の技術を持っていたことがわかっていったのです。

第二段

縄文人の錬菌（金）術を受け継ぐ大和民族は優れていた

大和民族には縄文人の遺伝子が
わずかに残されていて
大和魂として発露しています。

縄文人は永遠に生き続ける命は
霊であることを知っていました。
死という概念も現代と異なり
先祖が子孫となって還ってくる
生命の循環であることを知っていました。

縄文人の特異性のひとつに
麴菌を扱っていた事実があります。
麴菌はもともと猛毒を出す菌なのですが
縄文人が扱えば無毒化してしまい
発酵して良いものを生み出してくれる
麴（高次）菌になってしまいました。

猛毒菌さえも手なずけてしまう
縄文人の錬菌（金）術こそ
和合の精神なのです。
大和民族はこの精神を
祖先から受け継いできたのです。

縄文の叡智は血脈に宿るため、
先祖代々子孫を絶やさないよう
命をつないできました。

それゆえ叡智である霊的な情報は
内側から湧き起こるのです。
そのひとつが直観です。
直観は自我が介入しないため
理屈を超えた確信と清涼感が伴います。

一方、外から入ってくる情報は
外国由来のツールが用いられます。
新聞、テレビ、ネット等は
人と機械を通した
物質的伝達法であるため
直観とは正反対となります。

縄文人は文字を使わず
宇宙から直接情報を受信していたため
あえて文字にする必要がなかったのです。
これを

「文字を使わなければ文明とは認めない」
と嫉妬が縄文人の優れた能力と文明を
葬ってしまったのです。

縄文人は個の概念なきゆえに
宇宙意識を共有していました。
そこに嘘偽りは皆無。
距離と時間の概念なきゆえに
移送機関を使わずとも
移動できたのです。
それは菌のネットワークのごとく
時空間を超えた神の御業。
近畿と東北が交流していた事実を
現文明ではいまだ説明できていません。
先見の明と千里眼を持つ縄文人は
宇宙と地球の回転周期を知っていました。

やがて地球に暗闇の周期が到来することにより
精神文明が破壊されてしまうことも
予見していました。

一万年以上
争いなき世を実現した彼らは
やがて訪れる物質文明化によって
神々がバラバラにされ
血脈がズタズタにされてしまうことを
未来の子孫に警告するために
情報を形態にして土に埋めました。
それが破壊した縄文土偶だったのです。

文明の大転換は応神天皇の時代から

歴代天皇のうち第二代綏靖《すいぜい》天皇から第九代開化《かいか》天皇までは、実在した可能性は学術的にはほぼない欠史八代（架空の天皇）とされています。

その次代となる第十代崇神《すじん》天皇も考古学的な痕跡はありません。この時代にわが国で初めて作られた巨大前方後円墳は箸墓《はしはか》古墳です。被葬者は『日本書紀』によると大物主《おおものぬし》の妻・倭迹迹《やまとと》日百襲姫《ひももそひめのみこと》命と推定されています。

崇神天皇は「皇祖の聖業（古の政治）は国が栄え豊かであった」と回想していることから、皇祖のいた縄文時代を理想としていることがわかります。

弥生時代と古墳時代の転換期を明確にしたのは、男系氏族が渡来した時代に、崇神天皇が三輪山に都を移して万世一系を謳い、巨大前方後円墳が作られたことでした。これが古墳時代の神の政治と縄文の太陽信仰と男系継承のはじまりだったのです。

崇神天皇は三輪山に祀られていますが、考古学的根拠が認められる天皇は、古墳時代中期の第十五代応神天皇（四世紀末～五世紀初頭）と考えられています。

わが国の公式なる歴史書『古事記』『日本書紀』は八世紀に書かれた文献であるため、四世

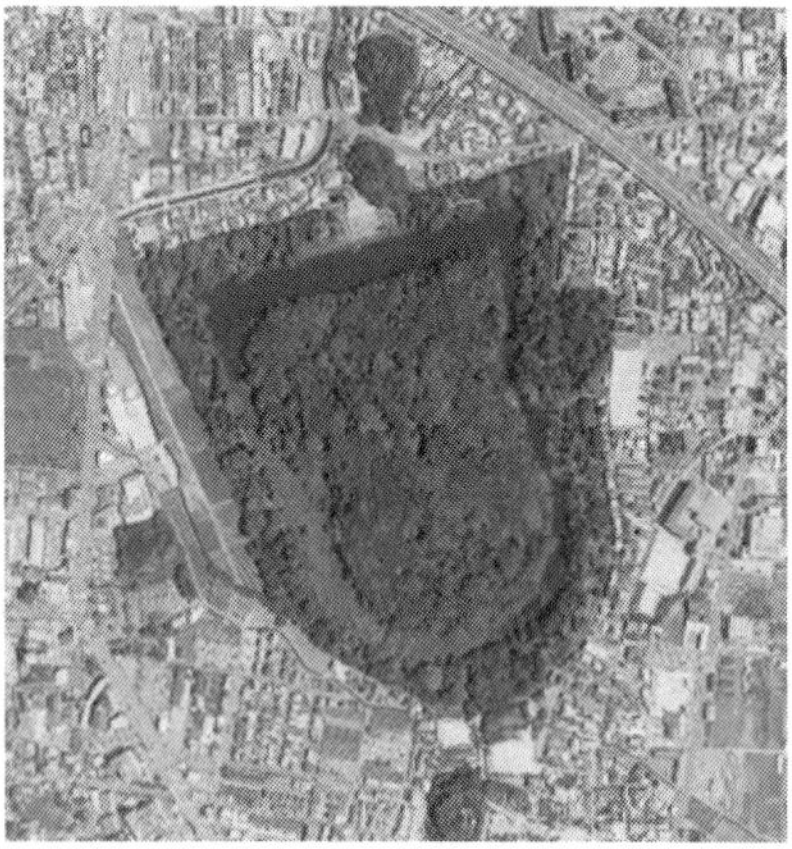

左：古市古墳群　右：応神天皇陵（出典：国土地理院）

紀末以前の歴史はほとんどがわからないのです。

※超太古文明については現文明が汚した地球が完全に浄化された後でなければ表に出してはならないというセキュリティが施されています。超太古文明については次々世代以降に取り組む課題となりますのでここでは言及いたしません。

古墳は三世紀からつくられはじめ、前方後円墳、円墳、方墳が基本で六世紀の終わりまで作られました。古墳の分布は、南は鹿児島県から北は岩手県にまで及んでいます。文化庁によると、日本全国には約十六万基の古墳が存在したことがわかっています。

突如巨大前方後円墳がつくられはじめた四世紀後半〜五世紀は古墳時代中期にあたります。応神―仁徳天皇の時代は秦氏が日本に渡ってきた時期と一致します。令和元年（二〇一九年）に世界遺産に登録された、百舌鳥《もず》・古市《ふるいち》古墳群がつくられたのはこの時代です。

古市古墳群は大阪府藤井寺市と羽曳野《はびきの》市にあり、その中で最大の応神天皇陵があります。以下は尾張の口伝を書き留められた引用文です。

日本は難波宮からはじまった

第十五代応神天皇はホンダワケノミコトであり、人間ということです。愛知の本家筋ではなかったホンダワケノミコトが、応神を名乗って応神天皇となられたとのことです。応神天皇は八幡大神として神格化されていますが、八幡大神とは一万六千年前に宇宙の中心の日本の黄泉《よみ》という心の場所に降臨した創造神ということです。八幡大神は黄神《おうじん》八大龍王となり、最初に高天原を造り、天津神を生み、龍とともに豊かな国造りをすることを子に教え、龍を育て、人とともに木を植え、雨を降らせ豊かな大地を作っていきました。応神とは天御中主神《あめのみなかぬしのかみ》ということです。

（『にんげんクラブ』令和三年九月号より）


尾張から出た初代応神天皇が日本のはじまりで、難波津からほど近い難波宮を政治と交易の拠点と定めました。応神天皇は息子の大鷦鷯命《おおさざきのみこと》（後の仁徳天皇）の教師として百済から王仁《わに》博士を呼び寄せました。

『古事記』によると王仁《わに》博士は、応神天皇の時（四世紀末〜五世紀初頭）に朝鮮半島の百済から渡来し、『論語』十巻と「千字文」一巻をもたらしたとされる人物です。

『論語』は孔子と弟子の問答を、孔子の死後に弟子たちが編纂したものです。論語が記されたのは紀元前五世紀頃ですが、二十一世紀の現代でも読みつがれています。論語には、道徳の柱として「仁・義・礼・智・信」が登場します。これは五常と呼ばれ、人が常に守るべきものとされています。

「仁」……人を思いやること。
「義」……なすべきことをすること。
「礼」……礼儀を重んじること。
「智」……物事を正しく判断すること。
「信」……信頼され、誠実であること。
中でも「仁」の精神は最高の道徳とされています。

千字文は中国南北朝時代の南朝の皇帝・武帝の命を受けた周興嗣《しゅうこうし》が一夜で千字文を考え、皇帝に進上したときには白髪になっていたという伝説があります。

伝・王仁博士の墓（大阪府枚方市）

驚くべきことに千字文は、いろは歌と同じように一文字も重複していないのです。その内容は天文、地理、政治、経済、社会、歴史、倫理などの森羅万象の真理が述べられているのですから、まさに神業です。

「難波津に　咲くやこの花　冬ごもり　今は春べと　咲くやこの花」王仁博士

これは王仁博士が高津宮《たかつのみや》にて仁徳天皇が即位されたことを祝福して詠んだ歌です。平安時代には「難波津の歌」と言えば誰でも知っている歌の代名詞となっていました。競技かるたの序歌にもこの和歌が詠まれています。ちなみに「咲くやこの花」とは梅の花のことです。

第十六代仁徳天皇は河内平野の国土開拓を国家事業として取り組んだ日本最初の天皇（大王）です。河内平野は沼地だったため農地が少なく、淀川の分流は暴れ川で度重なる水害に遭うため、国づくりは治水からはじめな

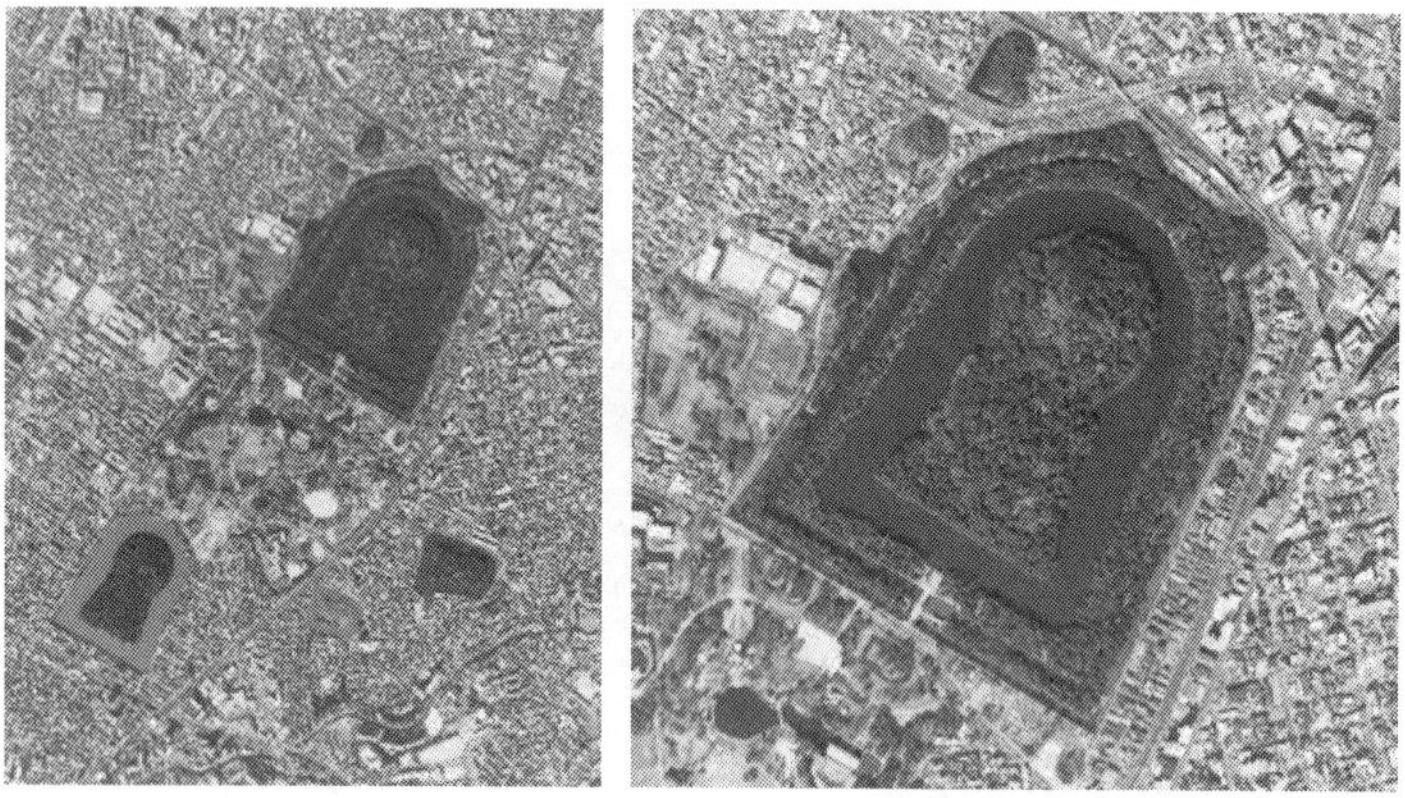

左：百舌鳥古墳群　右：仁徳天皇陵（出典：国土地理院）

ければなりませんでした。

　治水事業は水の安定供給をはかることでもあるため、地下水脈を探し当てて井戸も掘らせました。この壮大な国家プロジェクトは天皇主導による太陽信仰にもとづいて実行されたのでした。

第三段

聖帝《ひしりのみかど》＝太陽神を知る仁徳天皇はニギハヤヒを継ぐ帝

仁徳天皇のお墓は世界最大
それはなぜ?
地球をまるめて治めた王だから
その功績を宇宙へ向けて称えた証

世界最大の墓に唯一
足を踏み入れたのはアメリカ軍
彼らだけは知っている
日本の隠されてきた秘密を

それゆえ彼らは恐れた
日本人のほんとうを

世界を手中に収めるために
日本人を洗脳して骨抜きにし
外国の神を崇めさせて
記憶喪失にしなければならなかった

アメリカには歴史がない
それゆえ日本の真の歴史を知り
古代の叡智を手に入れたかった
地球を意のままにするために

しかし彼らには読み解けない
真の歴史にはしかけがある
エゴでは決して開かない
彼らは財より何よりも

世界一古い国の秘密を手に入れたい
けれど古代日本の呪術者たちは
いずれ外国が
日本を奪いに来ることを予見して
日本の秘密に鍵をかけた
エゴでは決して開かぬように

昔の為政者は
奪いすぎぬよう
飢えさせてしまわぬよう
適度に有頂天にさせ
日本人を眠らせてきた
搾取しすぎると
飢えさせてしまうと
目覚めさせてしまうから

今の為政者は日本人を
有頂天にすることに嫉妬して
より搾取し
より飢えさせてしまったために
日本人はまことのお日様を
思い出しはじめた
六道輪廻から抜け出るチャンスは
この世に見切りをつけたとき
バブルは六道の天だった

日本の神は清らかでやさしき神
それゆえエゴではつながらない
自分を清めてはじめて内に見出せる
自分の外に神はいない
神の祠を暴こうとも

真の歴史は血脈に内在されている

そのため自分を知れば知らされる
外に情報を求めずとも
ひふみのしくみはいのちのしくみ
いのちのしくみは宇宙のしくみ
わたしの血脈には
ひふみのしくみが埋めこまれていた

民をよろこばせる政策に尽力した聖帝《ひじりのみかど》

わたしは令和元年（二〇一九年）十一月より仁徳天皇と同調するようになり、要請を受けた通りに動いてまいりました。

ある日、四條畷の清滝瀑布《ばくふ》に呼ばれて火の神の祠の前に立ったとき、突然、七支刀を振るって舞を舞っている人物の姿が脳裏に浮かびあがったのです。その人物は仁徳天皇だとわかりました。

そのとき「ありがとう、ありがとう」と天皇を讃えるよろこびの言霊が響き渡り、雨上がりの浄められた空間に、太陽の光に照らされた雨粒がきらめいている光景が鮮明に脳裏に浮かんだのです。このとき、仁徳天皇は七支刀に七福神を降ろしていたのだとわかったのでした。

七支刀

仁徳天皇は五世紀の「倭の五王」と呼ばれた時代の「讃《さん》」にあたります。一方、七支刀は四世紀の三六九年（ミロク年！）に製作された、百済から倭国への朝貢品といわれています。その造形はまるで立ち上る炎を形態化したかのようです。現在は奈良・石上《いそのかみ》神宮のご神宝として国宝に指定されています。

仁徳天皇といえば「民のかまど」の伝承がよく知られています。天皇が高台から河内平野を見渡すと、民家からかまどの煙が上がっていないことに気づきました。天皇は、食べるものが十分に得られないために、民家から炊煙が立ち上らないことを知ったのです。

そこで天皇は三年間、労役と租税を無税にすることを決意しました。天皇は食べるものも着るものも質素倹約を徹底し、宮殿の屋根も葺き替えませんでした。

三年後、ふたたび高台から河内平野を見渡すと、どの家からも炊煙が立ち上っていました。天皇はこれを認めると、「わたしは豊かになった」と仰ったのです。

そのお言葉に対して皇后は、「宮中が困窮してしまったのになぜ豊かなのですか」と尋ねると、天皇はこのように答えられました。

> そもそも、天が君を立てるのは民のためである。従って君は民を一番大切に考えるものだ。そこで古の聖王は、民が一人でも飢え凍えるような時は、顧みて自分の身を責めた。もし民が貧しければ、わたしが貧しいのである。民が豊かなら、わたしが豊かなのである。民が豊かで君が貧しいということは、いまだかつてないのだ。

天皇はさらに三年間無税を延長しました。すると民は充分に蓄えられるようになったので、今度は民が自ら勇んで宮殿の修理にとりかかり、喜んで税を納めるようになったのです。

民が困窮していた原因は、河内平野が沼地だったために農地が乏しく、淀川水系は暴れ川で水害が民の暮らしを脅かしていたからです。

この原因を解決すれば、民の暮らしは安定し豊かにすることができるわけです。そのため天皇は、沼地を灌漑して農地を開拓し、稲作を普及させて食糧自給率を上げたのです。免税期間を終えた後も、天皇は民を食べさせる政策を最優先しました。その結果、稲が豊作となれば納税に負担をかけず、飢饉や災害時の備蓄もできるので、一挙両得の政策となったのです。

誰一人飢えさせない治世を国家事業にすれば、皆がその恩恵にあずかることができるので、調和の世に転じさせることができたのです。

天皇は職人集団である秦氏の技術により、生活の質を飛躍的に向上させました。陸路は馬、水路は船で輸送が可能となり、農水産業を発達させました。民の暮らしが満ち足りるようになると精神的にもゆとりができて、管弦楽器を作って演奏したり、踊ったりする文化が生まれました。

生活基盤が安定すれば子供が多く生まれるようになり、人口が増えて国が繁栄します。衣食住環境が整い、労働力が増加した後に取り組んだ事業が古墳づくりだったのです。

このように物事の優先順位を間違わなければ、水の流れに運ばれてゆくようにおのずと国が豊かになっていくのです。

高津宮（大阪市中央区）

日下遺跡（東大阪市）

現在の大阪平野（2022年）

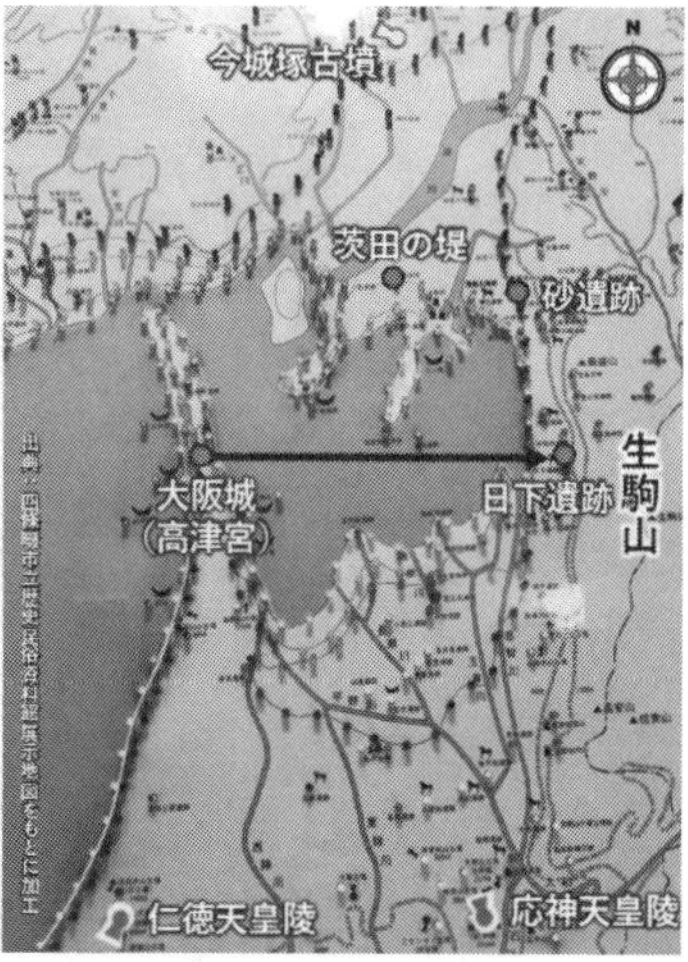

河内湖の時代（1800～1600年前）

当時の大阪平野を地図で確かめてみましょう。現在の大阪湾は工業用地に造成されて人工の陸地が張り出していますが、縄文時代早期〜中期までは河内湾と呼ばれた海だったのです。縄文時代晩期〜弥生時代中期には河内潟《がた》となり、弥生時代後期〜古墳時代中期には河内湖へと変化し、河内平野は沼地に変わっていきました。河内湖の時代（一八〇〇〜一六〇〇年前）は湖を囲むように上町台地が突き出していたのです。（写真）

仁徳天皇は上町台地の最も高いところ（現在の大阪城）に高津宮を建てて住んでいました。豊臣秀吉は高津宮を現在の位置に遷座して大阪城を建てたのです。

驚くべきことに、高津宮（大阪城）の真東は、神武東征古戦場の日下山（旧生駒トンネル）を指していたのです。（地図）このことから、仁徳天皇は高津宮から真東に見える、生駒山（日下山＝饒速日山）を奉じていたことが明らかになりました。

仁徳天皇はニギハヤヒの器だった

わたしは令和元年（二〇一九年）九月七日に下鴨神社の神様のたくさんの名前が書かれた巻物を夢で見せられ、

日下貝塚へ行くように

と伝えられました。翌日に行ってみますと、日下は縄文遺跡だったことがわかったのです。

日下貝塚之詩

その昔　大阪湾は「茅渟《ちぬ》の海」とよばれていた　生命の母なる
「茅渟の海」は河内の入り海として大きく生駒の山ろくまで押し寄せて
この地を長らく「河内湾」とよぶ時代が続いた（中略）
「日本」（ニッポン）の古い読み方それは「ヒノモト」
そしてまた「日下」（クサカ）も――「ヒノモト」
或いは国名「日本」の地名の発祥地　出発点こそはこの「日下地方」に
あったのではないか⁉　こんな研究まで　今　歴史の諸説が飛び交う
孔舎衙・草賀・草香・久佐迦・みんな「くさか」と読む
その生きた証人こそ　繁栄を物語る「日本の貝塚」
伝え残したい　私たちの歴史のふるさと‼

作詩　奥田哲郎　郷土史研究家

孔舎衙坂直越登り口

日下山（旧生駒トンネル）

日下は難読地名の孔舎衙《くさか》とも書きます。難読地名には由来が隠されているとおり、孔舎衙は「(孔＝竪穴式住居の) 天子の宮殿」つまり、饒速日命を暗号化した地名なのです。

孔舎衙にある旧生駒トンネルとは、大正三年、近畿日本鉄道の前身となる大阪電気軌道が、日本初の標準軌複線トンネルとして奈良－大阪間を開通させたトンネルです。昭和三十九年に生駒トンネルの開通により役目を終え、令和五年（二〇二三年）より生駒隧道《ずいどう》として生まれ変わっています。

旧生駒トンネルは掘削工事中から開通後も度重なる大惨事が起きたために、多数の犠牲者を出してしまいました。生駒山は古より霊山として神聖視されてきたことを忘れてはなりません。

旧生駒トンネルの駅名は、開業時（大正三年）は日下駅でしたが、大正七年に鷲尾駅に変更しました。その後、昭和十五年に神武天皇御即位「皇紀二千六百年記念事業」が行われた際に、当時（近衛内閣）の文部省によって孔舎衛坂《くさえざか》駅に改

安岡正篤

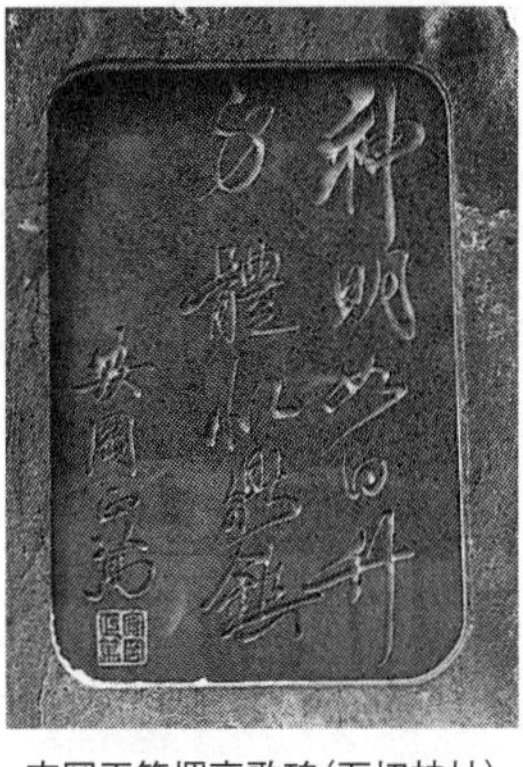

安岡正篤揮毫歌碑（石切神社）

名されたのです。

神武天皇が長髄彦と戦った地名は孔舎衙坂《くさかざか》です。これを難読だからという理由で孔舎衛坂《くさえざか》に書き換えたのです。

難読地名など全国にいくらでもある中で、あえて書き換えがなされたのは孔舎衙を封じるためだったのです。

安岡正篤《やすおかまさひろ》氏（明治三十一年〈一八九八年〉～昭和五十八年〈一九八三年〉）は、孔舎衙小学校五年生から旧制四條畷中学校五年生までの七年間、孔舎衙に住んでいました。

安岡正篤氏は少年時代から『四書五経』を暗唱する天才でした。帝国大学（東京大学）に主席で合格し、卒業後は官僚になるも三か月で見切りをつけて金鶏会を設立し、皇族、歴代総理大臣、財界人をはじめとする多くの人物を育成し、昭和天皇を補佐しました。安岡正篤氏は石切神社（大阪府東大阪市。ご祭神は饒速日命）に歌碑を残しています。（写真）

神明如日升（神明は日の升《のぼ》るが如く）
身體如鼎鎮（身體《しんたい》は鼎《かなえ》の鎮《ちん》するが如し）　安岡正篤

その大意は、「石切大神のご神徳は日の昇るようである。殊に大神は鎮魂の神として尊崇され、此の神社に参詣すれば身体は鼎の鎮まるのにも似て、心身共に清まり、自ら鎮まるのを覚える。」

※鼎《かなえ》とは、古代中国の金属製の三本脚の器（物質）です。鼎は三法（神・儒・仏）の真意（精神）をいいます。※身體は神・儒・仏の三法が鎮まる。

堤根神社（大阪府門真市）

また、仁徳天皇が築堤したとされる日本最古の堤防「茨田《まんだ》の堤」伝承地に鎮座する堤根《つつみね》神社（大阪府門真市）には、昭和四十八年（一九七三年）の史跡認定を記念して、安岡正篤氏の揮毫《きごう》による「史跡茨田堤 顕彰碑」があります。（写真）

このように安岡正篤氏と生駒山、饒速日命、仁徳天皇はご縁が深かったことがわかります。

仁徳天皇が「聖帝」と讃えられたのは神の御心のまま

移動式かまど（四條畷市出土）

に政を執り行ったからです。これを神政といいます。

聖帝《ひじりのみかど》は「日知りの帝」ですから太陽神を知る帝です。つまり太陽神は饒速日命のことなのです。

高津宮の真東にそびえる生駒山からは太陽が昇ります。饒速日命を奉じていた仁徳天皇は、民の命を守ることが最大の責務と心得ていました。だからこそ民に食べさせることを最優先させ、課税は最後にしたのです。

人は衣食住が整ってはじめて精神的なゆとりが生まれるものです。精神的なゆとりができてこそ、世のため人のために役立ちたいとの思いが発露するのであって、奉仕の精神は誰かに言われたからするものではありません。

仁徳天皇は、かつてみんなが助け合って生きていた縄文時代の記憶が呼び覚まされて、相互扶助による国づくりが実現できると信じていたのでしょう。天皇は民の衣食住環境を整えただけでなく、民の精神性の発露に重きを置いたのです。

『新古今和歌集』に仁徳天皇の徳を讃えた和歌が詠まれています。

「高き屋に　のぼりて見れば　煙立つ　民のかまどは　にぎはひにけり」

「にぎはひにけり」に「にぎはやひ」を想起させられるのはわたしだけでしょうか。民とともに忍耐し、ともに汗をかき、誰一人飢えさせることのない国づくりに尽力していた一六〇〇年前の我が国は、よろこびと感謝に満ちた幸せな時代だったのです。

皇位継承は宇宙の法則で決まっている

仁徳天皇は王仁博士から『千字文』と『論語』を教わっていたことから、中国古典の原典『易経』が思想の基礎となります。『易経』繋辞伝《けいじでん》上に「易に太極あり、これ両儀を生ず、両儀は四象を生じ、四象は八卦を生ず」とあるように、森羅万象は陰陽の法則によって生成されていることを説いています。

太極とは陰陽に分かれる前の混沌とした状態です。易の根底にあるのは、陰陽の概念です。万物は陰と陽の正反対が一対で存在します。陰陽の分類は相対の関係を示したものであり、善悪、優劣はありません。

混沌から生まれた宇宙は、陽の動的エネルギーによって回転がはじまります。その原理で天の川銀河は左に回転しているのです。地球が所属している太陽系も左回転で、地球は左方向に自転しながら太陽の周りを左回転に公転しています。

陽	陰
男	女
日	月
火	水
上	下
左	右
前	後
動	静
霊	肉
精神	物質

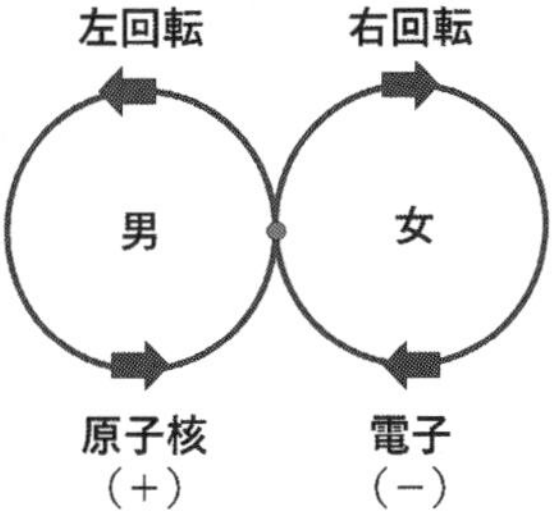

『古事記』で最初に登場する天地開闢の神は、天御中主《あめのみなかぬしの》神《かみ》・高御産巣日神《たかみむすひのかみ》・神産巣日神《かみむすひのかみ》」の造化三神と呼ばれる神です。

この神々から別天津神《ことあまつかみ》と呼ばれる多くの神が生まれ、最後に男女の性別のある伊耶那岐《いざなき》と伊耶那美《いざなみ》が生まれました。二神はドロドロだった未完成の大地を完成させるよう別天津神に命じられ、はじめて男と女が協力して子を生むことになったのです。

まず、伊耶那岐（男）が右回り、伊耶那美（女）が左回りで、女から男に声をかけて交わりました。すると生まれた子どもは不具の子でした。

そこで二人は伊耶那岐（男）が左回り、伊耶那美（女）が右回りで、男から女に声をかけたところ、うまく子が生まれました。

陰陽に分類すれば、男、左、先は陽。女、右、後は陰となります。そのため男から女に声をかけ、男が左に回転し、女が右に回転すれば自然の摂理に沿っているため、健康な子が生まれたのです。
このように宇宙には発生から陰陽の法則どおりに物質が生成され、回転＝動的エネルギーによって命が生み出されることがわかります。（図）
宇宙の誕生、神々の誕生、人間の誕生もすべて秩序に則って創造されるように、兄弟姉妹にも順序があるのです。男女は字のごとく男が先、女が後なので皇位の継承は宇宙の法則に従えば、「最初に生まれた男子」つまり長男が一番となります。先に女の子が生まれても、後に生まれた男の子が長男です。宇宙の法則はどんな場合も長男が一番なのです。

『記紀』はつねに皇位継承争い

ところが『記紀』によると第十五代応神天皇は、末子の菟道稚郎子《うじのわきいらつこ》を寵愛していたため皇太子にしたと書かれており、末子相続になっているのです。

応神天皇崩御後は、菟道稚郎子が同母兄の大鷦鷯命《おおさざきのみこと》（後の仁徳天皇）と皇位を三年間譲りあった結果、菟道稚郎子が自死したことで仁徳天皇が即位したと書かれているのです。これは宇宙の法則から外れていることがわかります。

応神天皇の皇后・仲姫命《なかつひめ》との間に生まれた最初の男子が大鷦鷯命ですから、本当は仁徳天皇が皇太子だったのです。百舌鳥八幡宮の若宮社には仁徳天皇が祀られています。

左：百舌鳥八幡宮（大阪市堺氏北区）　中：仁徳天皇像　右：「曽婆訶里（そばかり）は矛で墨江中つ王を刺し殺しました。」（大阪府立近つ飛鳥博物館）

仁徳天皇と皇后との間に生まれた長男が第十七代履中《りちゅう》天皇です。

『記紀』によると、履中天皇の大嘗祭《だいじょうさい》の後、天皇の弟の墨江《すみのえ》の中つ王が兄・履中天皇の殺害を企てて難波宮を放火するのです。その企てを見破った履中天皇は、別の弟の瑞歯別命《みずはわけのみこと》（後の第十九代允恭《いんぎょう》天皇）に墨江の中つ王の殺害を命じるのです。

このように『記紀』では兄弟の対立、皇位の奪い合い、殺人といった骨肉の争いで占められているのです。

仁徳天皇の孫の第二十一代雄略天皇は、埼玉県の稲荷山古墳より出土した鉄剣の銘文にある「獲加多支鹵《ワカタケル》」に当たるとされています。

『記紀』によると雄略天皇は、皇族を粛正して即位した暴君と恐れられていました。その人物像から雄略天皇の孫の第二十五代武烈天皇とは同一視する説もあるようです。

武烈天皇は悪逆非道な暴君で、その人物像は残虐性に満ちているため潤色された可能性は否めません。子を残さず十八歳で崩御したことから、何らかの疾患があった可能性もまた否めません。

いずれにしても六世紀初めで応神皇統は断絶してしまいました。これにより朝廷は後継ぎ問題に奔走していました。そこで大伴金村《かなむら》と物部麁鹿火《あらかい》が応神天皇五代孫にあたる男大迹王《おおどのおう》を探し当て、

「男大迹王は慈しみ深く孝行篤い人格である。皇位を継いでいただこう」

と、男大迹王を迎えようとしました。臣《おみ》・連《むらじ》たちが節の旗を持って御輿を備えて迎えに行くと、男大迹王には大王の品格が備わっていたため、群臣はかしこまり、忠誠を尽くそうとしました。

しかし、男大迹王は群臣のことを疑っており、大王に即位することを承知しませんでした。群臣の中には男大迹王の知己である河内馬飼首荒籠《かわちのうまかいのおびとあらこ》がいました。

荒籠は密かに使者を送って大臣・大連らが男大迹王を迎え入れる本意を詳細に説明させました。使者は三日かけて説得し、その甲斐あって男大迹王は即位を決意したのでした。以上は『日本書紀』の内容です。

第二十六代継体天皇は現代の皇族の始祖に当たります。継体天皇は、近江国（滋賀県高島市）で彦主人王《ひこうしのおう》の三男・男大迹王として生まれました。

三歳のときに父が亡くなったために、母・振媛《ふるひめ》が実家の越前国（福井県坂井市）に男大迹王

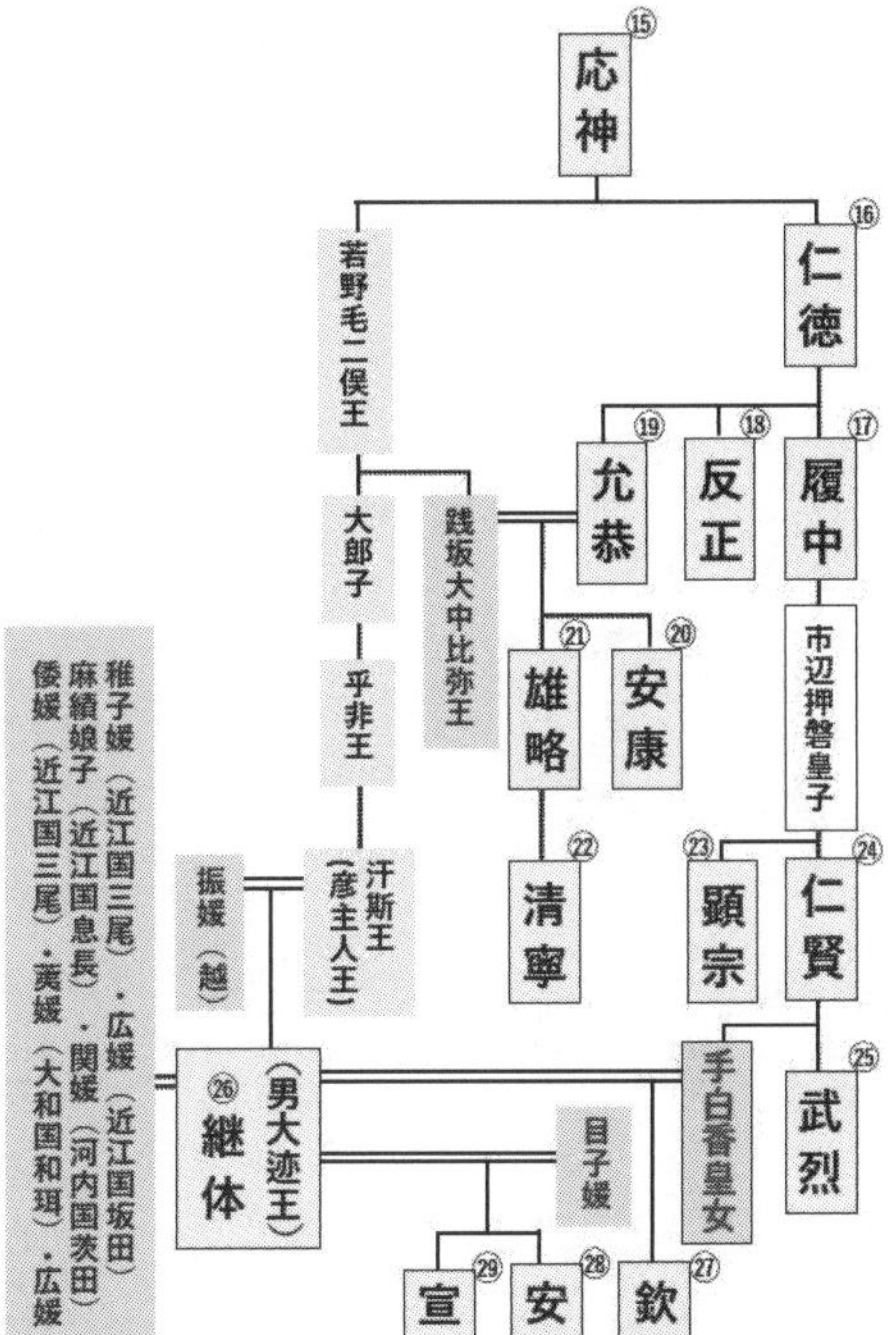

上：今城塚古墳（出典：国土地理院）　下：応神天皇の系譜と継体天皇

を連れ帰りました。そこで民間人として育てられ、越前地方を治めていたのです。

継体天皇の真のお墓は、十年間に及ぶ発掘調査の結果、大阪府高槻市にある今城塚古墳であることがわかっています。今城塚古墳は宮内庁の管轄から外れていたので、文化庁が発掘調査に入ることができたのです。

大阪府茨木市には宮内庁が定めた継体天皇陵がありますが、五世紀に築造されたものであるため継体天皇の年代と一致しないことから、考古学では今城塚古墳が真の継体天皇の墓であると断定しています。

今城塚古墳は誰もが入れる古墳公園となっており、日本で唯一入ることのできる天皇墓でもあるのです。(写真)

六世紀の前方後円墳は次第に規模が小さくなっていきます。仁徳天皇陵は全長四八六mに対して、今城塚古墳は全長一九〇mですが決して小さくはありません。むしろ仁徳天皇陵がいかに巨大であるかということです。

第四段

自我なき縄文文明と神々が乗った巨石＝ＵＦＯの夢

はじめて今城塚古墳に行った日に
夢を見ました。
夜の今城塚古墳にわたしはいて、
ＵＦＯ？　のような、
巨石っぽいのにＵＦＯみたいに
ライトが点滅している飛行物体が
上空を飛んでいたのです。
巨石は古墳の中に降りて来ました。
わたしが巨石に駆け寄ると

我々はこの星を救うためにここに来た

という意思が伝わってきました。
（このときの「我々」というのは
地球人として転生した人間も含まれます）

そのときわたしは
「ああ！　そうだった！！」
と我に返って目が覚めたのでした。

巨石に乗った神とは宇宙船に乗った宇宙人？

はじめて今城塚古墳に行った日の夜、非常に鮮明な夢を見ました。わたしは夜の今城塚古墳の周濠にいて、上空に巨石が浮いていたのです。巨石の周囲にはライトが点滅していて、まるでＵＦＯでした。その巨石がゆっくり古墳の周濠に着陸しようとしていたので駆け寄ると、

我々はこの星を救うためにここに来た

と意識ではっきり伝えられました。それを聞いたとき、すぐに目が覚めました。夢であって夢でない感覚でした。このように高次領域からのメッセージは人間の自我が働かない浅い夢を利用して伝えられるのです。

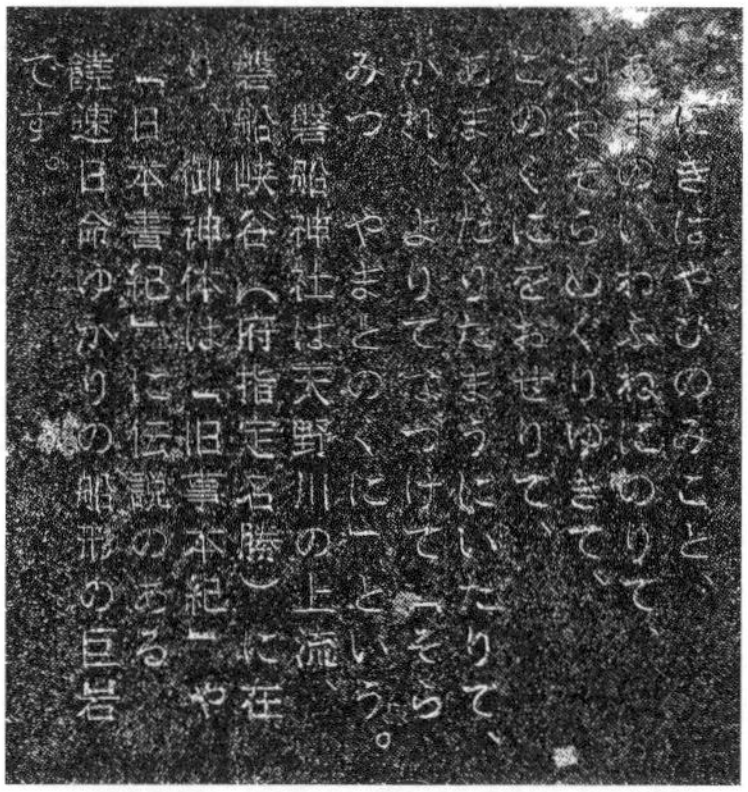

磐船神社（大阪府交野市私市）

大阪府交野市には天の磐船と呼ばれる巨石をご神体とする磐船神社があります。ご祭神は天照国照彦天火明《あまてるくにてるひこあめのほあかり》櫛玉饒速日命《くしたまにぎはやひのみこと》です。この神は物部氏の始祖・可美真手《うましまじ》

の父であり、尾張氏・海部氏の祖先でもあります。

磐船神社の起源は縄文から弥生への過渡期とご由緒にあるとおり、神武天皇が即位に至る直前までは饒速日命が生駒山を本拠地として日ノ本を治めていたのです。

磐船神社は古来より、生駒修験の磐座信仰の聖地として栄えてきました。現在は一般の参拝客も修験者の修行と同様に岩窟めぐりで参拝することができます。大人一人がやっとくぐりぬけられるほどの巨石群の隙間をくぐりぬければ、生まれ変わると信じられてきました。磐船神社には次のような伝承があります。

> にぎはやひのみこと、天の磐船に乗りて、大空巡りゆきて、この国をおせりて、天下りたまうに至りて、彼、よりて名付けて「虚空《そら》見つ日本国《やまとのくに》」という。

饒速日命が船形の巨石に乗って空を巡行してこの地に降臨し、日本国《やまとのくに》と名づけて治めていたと読み取れます。縄文時代には巨石を浮かせる宇宙のテクノロジーがあったことが伝承されているのです。このことについては後ほど取り上げてまいります。

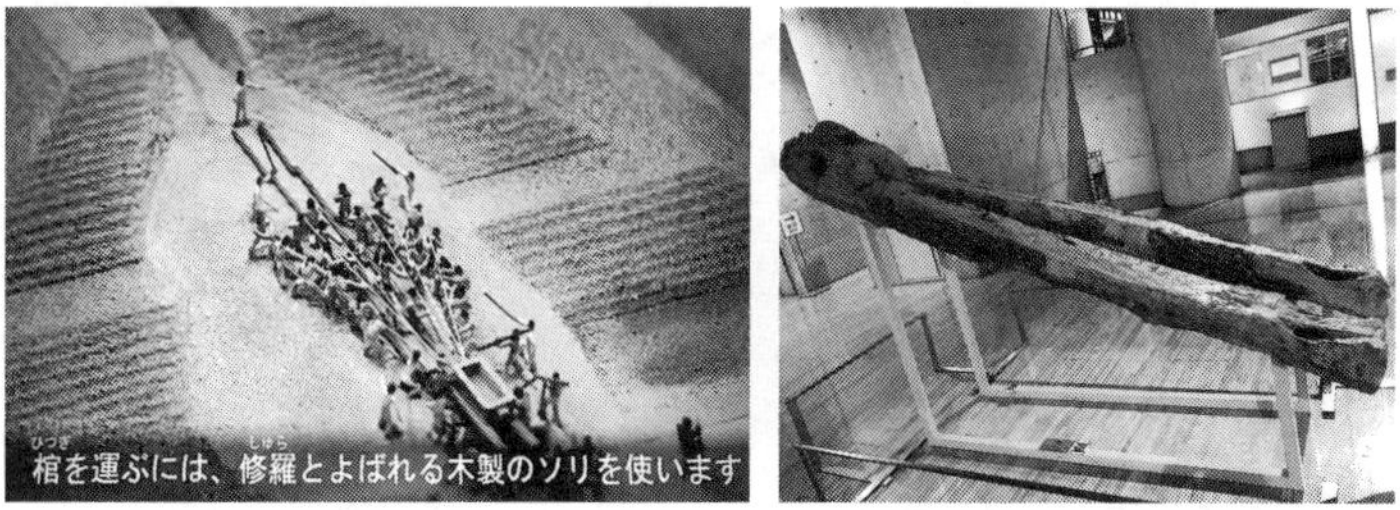
柩《ひつぎ》を運ぶには、修羅《しゅら》とよばれる木製のソリを使います

修羅の解説と実際の修羅を縮小した模型（大阪府立近つ飛鳥博物館）

縄文人には不可能という概念はなかった

現在がもっとも進化した時代で、過去は未発達の文化だと思い込んでいれば、ことの本質は理解できないし、認めたくないとする感情が思考を停止させてしまいます。そのため過去の出土品や遺跡を見ても無視したり封印したりしてしまうのです。

現代科学に基づいた試算では、仁徳天皇陵の築造年数は、人力であれば毎日二〇〇〇人動員しても十五年と八か月はかかるそうです。石室に納める棺は修羅《しゅら》を使って運んでいたと考えられています。修羅とは大型の木ゾリの名称です。（写真）

その修羅が大阪府藤井寺市の三ツ塚古墳から発掘されました。藤井寺市には応神天皇陵を代表とする古市古墳群があります。

全長九mにも及ぶ巨大な修羅は、驚くべきことに一本のカシの木から作られたのです。このような巨大な木造物でさえ、現代では作ることができません。古代の出土品や遺跡は現代科学ではわからな

金毘羅船々《こんぴらふねふね》
追風《おいて》に帆かけて
シュラシュシュシュ
まわれば　四国は讃州《さんしゅう》
那珂《なか》の郡《ごおり》
象頭山《ぞうずさん》
金毘羅大権現《こんぴらだいごんげん》
一度まわれば

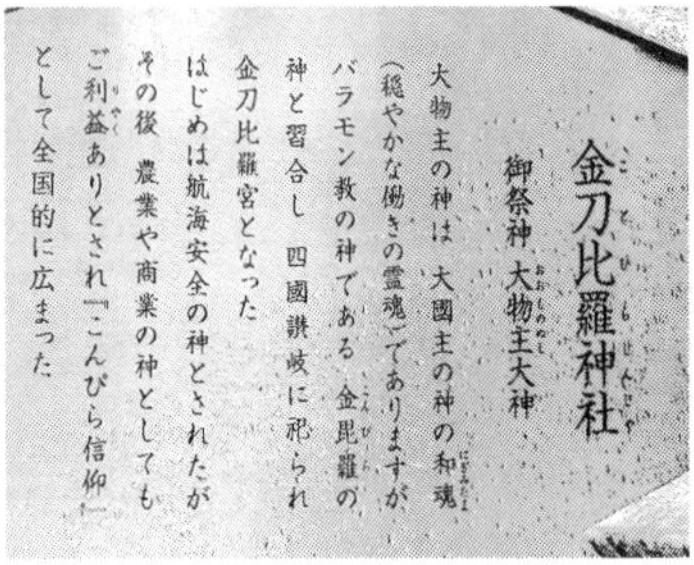
金刀比羅神社
御祭神　大物主大神
大物主の神は　大國主の神の和魂
（穏やかな働きの霊魂）でありますが
バラモン教の神である　金毘羅の
神と習合し　四國讃岐に祀られ
金刀比羅宮となった
はじめは航海安全の神とされたが
その後　農業や商業の神としても
ご利益ありとされ『こんぴら信仰』
として全国的に広まった
難波神社（大阪府大阪市中央区）

いことだらけです。

修羅といえば、香川県の金刀比羅宮《ことひらぐう》を題材にした『金毘羅船船』の民謡に「しゅらしゅしゅしゅ」と歌われているように修羅が出てきます。

古来より人々は、忘れてはならない古の神を民謡に暗号化して歌い継いできました。**金毘羅大権現は大物主であり、大物主は大国主の和魂《にぎみたま》で饒速日命と同一神なのです。**

磐船神社の伝承のとおりであれば、縄文時代は決して未開な文明ではなかったことになります。縄文時代は自我なき精神文明だったので、不可能という概念はなかったのです。

しかし「巨石は浮かない」という先入観と固定観念が集合意識として構築されてしまえば、決して巨石を浮かすことはできません。縄文時代を閉じて暗闇の時代に転じてからは、人々の意識エネルギーは次第に低下していったのです。

第五段

馬は進化を遂げた陸上生命体

うまは神
うまやど　うまこ　うましまじ
うましあしかび　発酵一宇

人間は新種の下等生命体。
だってこの世を逆さまにして
生命を滅ぼしてきたのだから。
人間は自分たちを高等生命体と思い込み
愚かさを賢いと思う逆転脳が

腐敗と破壊を生みだした。

馬は神。
秦氏は馬を神と崇めてきた。
馬は進化を遂げた生命体。
草食なのに高スペックな肉体美。
性格は大人しく従順でよく働く。
他の生命を脅かさないから
神のプログラムどおりに進化した。
人間様は低スペックなのに傲慢だから
生命を絶滅危惧種にしてしまう。
そのため
悪魔のプログラム通りに退化した。

馬の起源は五二〇〇万年前に遡る。
はじめは指が五本あり、
体はキツネ程の大きさだった。

肉食獣から身を守るため
早く走ることに特化して
馬の進化がはじまった。

地球の気候変動で滅びたり
人間に狩り尽くされたりして
繁栄と絶滅を繰り返しながらも
生き延びた種は進化を止めなかった。

馬は走るために究極に進化して
五本指は中指の爪だけになり、
機能と美しさを兼ね備えた
見事な生命体に完成した。

やがて野生種が人に馴れはじめ、
馬を飼育する人間が現れた。
馬は母性愛が強いこわがり屋。

だから群れを成して行動する。
その習性がよく似た民族と相性よく
共生するようになった。

秦氏が馬を神として祀るのは
陸上で進化を遂げた生命体だから。
動物を食糧としか見ない種族が
馬を神と崇めるだろうか。
馬飼いたちは讃良の馬を
我が子のように大切に育て、
美しい馬具をつけて
神の使いとして送り出していたのだ。

左：今城塚古墳　右：準構造船に乗せられた馬（四條畷市立民族歴史資料館）

馬は応神皇統のシンボル

今城塚古墳では、出土した埴輪が復元され、当時のまつりの様子が再現されています。馬の埴輪が祭祀場に並んでいますが、日本にはもともと馬がいませんでした。埴輪は秦氏のシンボルです。馬はおとなしく人に従順ですが、臆病な性格なので船に乗せて海を渡るのは想像を超えたご苦労だったと思われます。

それでも馬を命がけで日本に連れてきたのは、当時最新の戦車であり、交通と情報伝達ツールだったからです。

秦氏は秦の始皇帝の子孫と自称していました。秦のはじまりは紀元前九〇五年、周の孝王に仕えていた非子が馬の生産を行った功績により、秦の地に領地を貰ったことがはじまりです。秦の始皇帝は馬を扱ったからこそ中国を統一できたのです。

秦の始皇帝陵の東方には兵《へい》馬《ば》をかたどった陶製の兵馬俑《よう》が地下坑から見つかりました。その数約八〇〇〇体におよびます。兵馬

今城塚古墳（大阪府高槻市）

俑は人物や馬が忠実に再現された造形となっています。

秦氏は日本で古墳や埴輪をつくりましたが、前方後円墳も埴輪も日本独自の形態なのです。特に人物と馬型埴輪はデフォルメされた造形なのが兵馬俑と大きく違う点です。

埴輪はゆるキャラの元祖と思わせられる愛らしさがあります。馬のデフォルメは秀逸で、武人や力士、鷹飼はみなやさしい顔をしていて微笑みさえ浮かべています。（写真）

オオドノ王は大国主の器だった

わたしが今城塚古墳に訪れた令和元年（二〇一九年）九月十六日の夜に、

オオドノ王は大国主

と夢で伝えられました。

こういうことは自分の考えではないので思ってもみないことで

継体天皇樟葉宮伝承地

生駒聖天　宝山寺

はありましたが、なぜか確信が伴います。わたしは男大迹王《おおどのおう》が本当に大国主なのかどうかを確かめてまいりました。

大阪府枚方市に位置する交野天神社《かたのてんじんしゃ》の境内は、継体天皇が即位したといわれる樟葉宮《くずはのみや》跡伝承地です。創建は第五十代桓武天皇です。ここは京都の貴船《きふね》神社と同じ御神気を感じたのですが、そのとおりで奥の宮に貴船神社があるのです。

交野天神社境内の継体天皇樟葉宮跡伝承地には、石のきんちゃくが置かれていました。（写真）これは大国主が背負っている袋を暗号化したもので、大国主のシンボルです。ちなみに大国主は出雲の神の役職名です。

大国主は饒速日命と同一の神です。なぜなら生駒山の寺社は大国主を隠して祀っているからです。

今城塚古墳に並べられている円筒埴輪には継体天皇のブランドマークとして船に二本の柱が刻まれています。これは天の磐船に乗る夫婦神のシンボルなのです。（写真）

今城塚古墳（大阪府高槻市）

船に乗る夫婦神は創造の原理の象徴でもあり、出雲の神を奉じていた証でもあるのです。

わたしは令和二年（二〇二〇年）から仁徳天皇の導きによって動かされてきたのですが、必ずと言ってよいほど継体天皇も出てこられました。仁徳・継体天皇に動かされていくうちに、歴史では教わらないことが次々とわかっていったのです。

第六段
仁徳天皇と継体天皇から降りたメッセージ

生命には法則があることを
古代の天皇はご存知だったようです。
命の継承あってのお役目ですから。

仁徳・継体天皇さんは
男前で優しいだけでなく、
国づくりも上手だったので
お后さんもたくさんいました。

大国主さんもまた、
容姿端麗のやさ男でしたから
日本中にお后さんがいましたが、
正妻さんの嫉妬がお悩みでした。
しかし！　縄文時代には
嫉妬がありませんでした。
わたしはあなた　あなたはわたし
みんながわたしです。

ところが分離の周期になり、
地球に入ってきたのは
わたしはあなたとは違うという概念。
この思いを生みだす元が嫉妬なのです。

仁徳天皇から伝えられたのは

「まことの万世一系を伝えてほしい」

継体天皇から伝えられたのは

「前方後円墳は生命なのだ」

ということでした。

この二人の天皇さんは
大国主であり饒速日命の器です。
だからいつも同じタイミングで
出て来られるわけなんですな～。

一八〇人もの子供を残した大国主は
容姿端麗で親孝行、
情け深く広い心でありながら
抜群の判断力と実行力で
沼地をインフラ整備から取り組み

稲穂が黄金に輝く豊かな国をつくった。

そんな男前の優れた遺伝子を
一人でも多く残したい！
嫉妬なき世の女たちは、
モテ神の子をみんなが産みたがった。
みんながモテ神の子を産んだから、
みんなの子はわたしたちの子でもあった。

命は永遠だけど
器は世代交代するから、
皇后との間に生まれた長男が皇太子です。
弟たちは天皇を補佐して
より良い国づくりに励んだのです。

仁徳天皇の生まれ変わりが継体天皇だった

『記紀』によりますと、第十六代仁徳天皇と第二十六代継体天皇に共通するのは、堂々たる風格を備えており、容姿端麗、親孝行で情け深く、心の広い持ち主であるということです。ともに応神天皇を始祖とする系譜です。

応神天皇は素戔嗚命の器であるとするならば、仁徳天皇と継体天皇は大国主の器ということが言えるのです。令和四年（二〇二二年）九月に仁徳天皇の生まれ変わりが継体天皇だと直観したときに、

そのとおりだ

と答えてくださったことで決定的となりました。

その鍵は石のきんちゃくが置かれていた交野天神社にあります。以下はその境内にある継体天皇樟葉宮跡伝承地御由緒からの引用です。

> 武烈天皇の死後、大連大伴金村らによって越前の三国から迎えられた男大迹王は、

五〇七年樟葉で即位したとされます。このとき王の知己であった河内馬飼首荒籠《かわちのうまかいのおびとあらこ》が密使として活躍しており、即位には北河内を本拠地とする馬飼部の大きな貢献があったと考えられます。

越前の男大迹王と河内馬飼首荒籠が知り合いだった理由

継体天皇を即位へと導いた切り札となる人物が河内馬飼首荒籠です。男大迹王は荒籠と知己の間柄とのことですが、男大迹王は越前にいるのに、なぜ遠く離れた河内の馬飼を知っていたのかが疑問です。

日本ではじめて馬の牧場を開いた河内の馬飼部の本拠地は、応神皇統の重要な拠点でした。讃良の馬飼部では馬の飼育だけでなく、馬の餌となる藻塩づくりもされていました。その証拠となる製塩土器が一五〇〇個以上四條畷（讃良）で発掘されています。

興味深いのは、使い捨ての製塩土器に縄の模様がついていることです。藻塩は縄文時代の発明品のひとつで、土器と海藻を使って作られていました。藻塩は古墳時代になってから、秦氏によって縄文時代と同じ製法でつくられていたことから、古墳時代は縄文の復興と言えるので

製塩土器（四條畷市中野遺跡）

馬型埴輪（四條畷市南山下遺跡）

す。

讃良で母馬の愛情を十分に受けて育てられた馬は、一歳になると馬具と装飾品をつけて奈良県桜井市や河内王権に出荷されていました。（写真）

その裏付けとなるのが『日本書紀』応神天皇十五年（五世紀前半）、百済から牡牝《おすめす》の良馬二頭が贈られ、厩坂で飼育したとあります。継体天皇六年（六世紀初め）には筑紫国の馬四十頭を百済に送るまでになっています。いずれも讃良の牧の最盛期と一致しているのです。

以上から馬は応神皇統（河内王権）のシンボルといえるのです。

越前を治めていた男大迹王が遠く離れた河内の馬飼を知っていた理由は、讃良の馬飼部を治めていた仁徳天皇の記憶があったからです。つまり、だったのです。

生まれ変わるには霊的法則がある

このことを証明するためには、「生命には霊的な法則がある」ということを明らかにしなければなりません。天皇は神の子孫として最高神官を担う特殊な家系ですので、むしろ霊的側面を無視して天皇の系譜を述べることはできません。そのことを踏まえて読み進めていただきたく存じます。

継体天皇（男大迹王《おおどのおう》）は近江国高島で生まれましたが、三歳のときに父が亡くなったので、母の故郷の越前の三国で育てられ、民間人として越前国を治めていました。

越前は現在の福井県です。今から一五〇〇年前の越前は九頭竜《くずりゅう》川、足羽《あすわ》川、日野川の三本の川が坂井平野に流れ込む沼地だったために、農地が少なく作物があまり採れませんでした。

男大迹王はある日、現在のあわら市の清滝に位置する剣ケ岳に登ってこの平野を見渡したときに、海沿いの三国に水門をつくって沼地の水を海に流せば、坂井平野を農地にすることがで

きることに気がついたのです。（地図）

その大事業を何年もかかって見事に成し遂げられたのは、かつて仁徳天皇だったときに大阪平野の治水事業を経験していたからです。男大迹王の治水によって越前国はわが国有数の農業国となりました。ちなみに、コシヒカリという品種は、越前の「越の国に光輝く」という意味を込めて命名されました。

その頃、第二十五代武烈天皇が子を残さず、皇嗣《こうし》を立てずに崩御したため、朝廷は皇統をつなぐ人物を探していました。大伴金村《かなむら》と物部麁鹿火《あらかい》は、男大迹王の品格と治水事業の実績こそが仁徳天皇の生まれ変わりの証だとわかったのです。

そこで男大迹王が仁徳天皇の生まれ変わりであるならば、讃良の馬を知っているはずと考えて、讃良の河内馬飼首荒籠《かわちのうまかいのおびとあらこ》を密使として遣わせたのです。

予想は的中し、男大迹王は荒籠を信頼したことから即位を決心したのです。越前国の王が遠く離れた河内の馬飼を知己としたのは、魂の記憶があったからにほかなりません。

仁徳天皇は淀川の南側の治水を手がけましたが、淀川の北側は未着手でした。そのため男大迹王に生まれ変わって継体天皇に即位してからは、仁徳天皇だったときにやり残した地域の治水を手掛けていったのです。

『日本書紀』によると、継体天皇が即位した樟葉《くずは》宮の五年後に筒城《つつき》宮、その十二年後には弟国《おとくに》宮へと拠点を移して二十年間かけて淀川水系を治水した後に、大和入りを果たしたのです。

（地図）

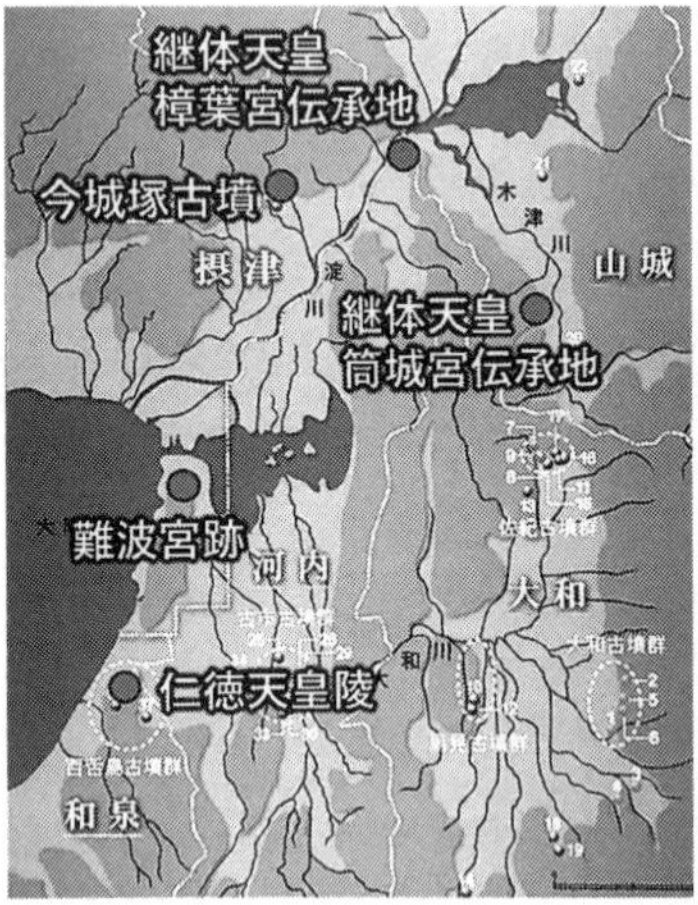

今城塚古代歴史館の掲示物を加工

仁徳天皇は王仁博士から『論語』『千字文』を学びました。継体天皇も百済の五経博士から五経を学びました。

五経とは『易経』『書経』『詩経』『礼記』『春秋』の五つを指します。これらは孔子以前に編まれた書物を原典として孔子の手を経て現在の形になったと考えられています。

『易経』は太極から陰陽に分かれて生成される宇宙の理を述べたもので、これが中国古典の根本原理となっていることは先に述べたとおりです。

森羅万象から生み出される物質世界は、宇宙の法則に基づいて形作られるため、国家形成においても例外なく宇宙の法則が適用されるのです。そのため天皇たる人物には必修の学問だったのです。

東洋思想の陽明学者・安岡正篤氏は「『易経』と出合わなければ、どんな人生になっていたかわからない」と言ったほど『易経』は東洋思想の根底となる神髄が記された書物なのです。

仁徳天皇も継体天皇も治水事業に取り組むために、水の神をお祀りしていました。水は命の源ですから、生命誕生の摂理に従わなければなりません。

仁徳天皇も継体天皇も、これを正しく守ったからこそ国づくりを成功させることができたのです。その事績は図のとおりです。

- ●男系継承（子孫繁栄）
- ●土木事業（治水・農地・古墳）
- ●稲作の普及（食糧確保）
- ●造船技術と漁業の発達
- ●埴輪・かまど・陶質土器
- ●養蚕・機織り・染色
- ●発酵・造酒・医薬・製塩
- ●管弦楽器の制作（文化）
- ●鉄器（刃物・農具・武具）
- ●馬の飼育（国防）

古墳時代はインフラ整備から始まり、衣食住、農水産業、交通などの技術革新の時代でした。当時の技術力を証明するのが、巨大前方後円墳にほかなりません。

五世紀にのみつくられた三環鈴とは何なのか

五世紀（古墳時代中期）のみ発掘された出土品に三環鈴《さんかんれい》と呼ばれる青銅製の鈴があります。考古学では馬の装飾品の一つと考えられています。三環鈴は石が入った三つの球体を環状に一体化させた、特徴的な形状をしています。（写真）

三環鈴は五世紀の一〇〇年間しかつくられなかったことから、その間に何が起きていたのかを知れば歴史に隠された本質をつかむことができると思われます。

三環鈴
（橿原市新沢109号墳／５世紀）

五十鈴（天河大辨財天社）

三環鈴は、大峰本宮・天河大辯財天社（奈良県吉野郡天川村）のご神宝で五十鈴《いすず》と呼ばれています。五十鈴は鈴紐の上部に三環鈴を二つ重ねて祀られています。（写真）

三環鈴をシンボル化した形態に、州浜《すはま》紋があります。これは熊野三山奥宮・玉置神社（奈良県吉野郡十津川村）の神紋でもあります。三環鈴は三つの鈴が一体化したものですから、「三」に意味があるようです。熊野のシンボルは三本足の八咫烏です。

吉野や熊野は自然崇拝ですから、「三」は造化三神（天御中主《あめのみなかぬし》神・高御産巣《たかみむすひ》・神産巣日《かみむすひ》神）を意味していると思われます。造化三神は自然界の法則であり、すべてを支配する根源神です。アラハバキ三神像も造化三神を形態にしたものと思われます。（写真）

五世紀は、巨大前方後円墳が築造された時代と一致していることから、三環鈴は五世紀の河内王権のシンボルであり、祓い清めの道具として神馬に付けていたと考えられます。馬が鈴を鳴らして大地を駆け、河内王権の存在感を示すと同時に、鈴の音で空間を浄めていたのかもしれません。このことから河内王権は吉野と熊野で信仰されてきた水の神と深く関係していることがわかりました。

水の神は生命を司る創造神でもあります。中性子は陽子と結びついて原子核となり、原子核は電子と結びついて原子（物質）となり、

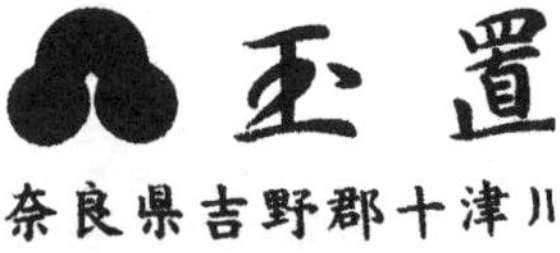

州浜紋（玉置神社）

荒吐三神像

八咫烏（熊野本宮大社）

原子が複数結びついて分子となるように、生命の発生には秩序があるのです。

生命の本質は霊であり、水（物質）に宿ることから、古より水の神はそのはたらきに応じた様々な神名で奉じられてきました。

巨大前方後円墳の周濠には水がたたえられています。宮内庁の調査によると、仁徳天皇陵の内側の周濠の水量は推定約三四万一〇〇〇立方ｍであることがわかりました。これは二十五ｍプール約七〇〇杯分に相当するそうです。

仁徳天皇陵の周囲には河川はなく、その付近には周濠をもつ古墳がいくつもあるため、水がどこから供給されているのか疑問です。

左：応神天皇陵　右：仁徳天皇陵（出典：国土地理院）

堺市によりますと、現在の仁徳天皇陵の内側の周濠は、一・四㎞ほど離れた芦ヶ池から水路をつくり、水質・水量改善と併せて、水のネットワーク化を図っているとのことです。つまり一日に二五〇〇立方ｍの水量の水を芦ヶ池から供給しているのです。

もともとは約十㎞離れた南河内の狭山池（大阪狭山市）から水を引いていたとのことです。狭山池は日本最古のため池で国史跡に指定されています。

周濠に水がたたえられているのは、最も古い三世紀の箸墓古墳以降、仏教が輸入されはじめた六世紀の古墳時代後期までです。それ以降は前方後円墳がつくられなくなっていったのです。

あれは子宮

これは突然受け取った直感ですが、前方後円墳は子宮をシンボル化したもののようです。そうすると水濠に囲まれ

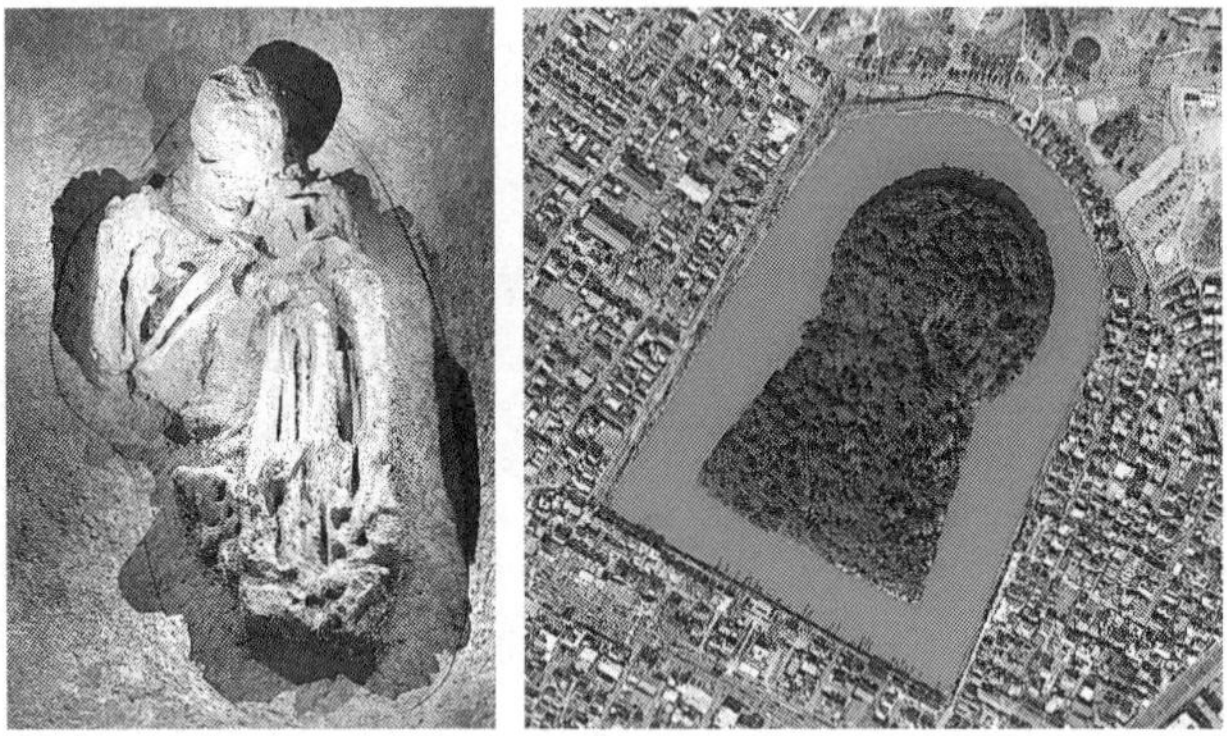

左：屈葬（橿原考古学研究所付属博物館）　右：履中天皇陵（国土地理院）

た墳丘は胎児ということになります。円墳が頭、方墳は体、つくり出しの部分は手に相当すると思われます。

巨大前方後円墳が築造された時代は、縄文を復興させた太陽信仰でした。縄文の屈葬は、被葬者が再び生まれ変わって生まれてくることを祈った証です。

屈葬された縄文人の遺骨が奈良県橿原《かしはら》市・御所《ごせ》市で発掘されました。遺骨はごく自然に体を丸めた状態であり、保存環境が良好であることから、縄文人は母なる大地に還ることを家族に祝福されながら寿命を迎えたのでしょう。そして再び母の子宮に宿って生まれ変わることを祈られながら埋葬されたのでしょう。（写真）

このように、胎児の体勢をとって寿命を迎えた縄文人からは、死に対する恐怖はみじんも感じられないのです。

縄文の祈りを形態化した役行者は、巨石の隙間をくぐり抜ければ生まれ変わる岩窟めぐりを行場としました。生駒修験の行場として栄えた磐船神社の近くには巨石の間に祀

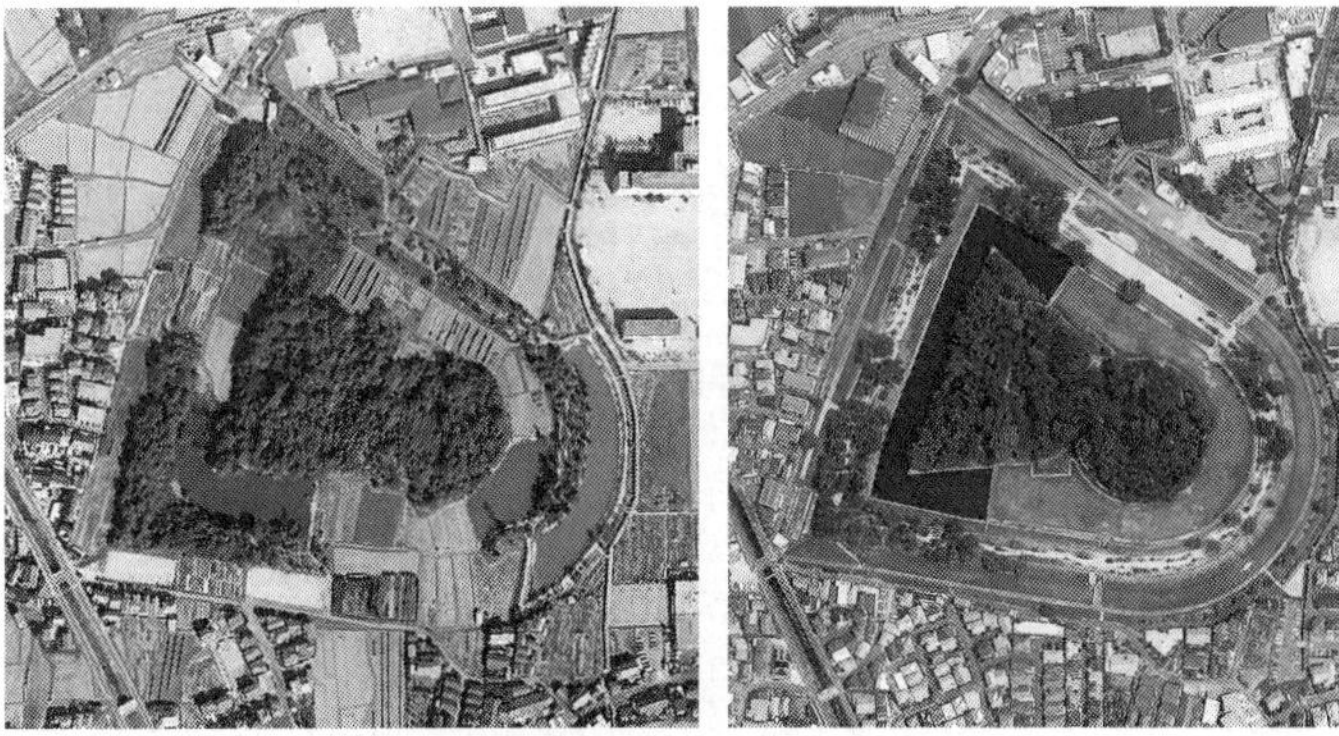

今城塚古墳（大阪府高槻市）
左：1982年10月27日撮影　右：2021年６月８日撮影（出典：国土地理院）

られた役行者像があります。

水はたたえるもの

たたえるとは「湛える」と「讃える」の両方の意味があるため、やはり古墳築造当時から周濠には水がたたえられていたのです。

古墳は祈りを捧げる祭祀場としてだけでなく、生命を維持する装置の役割もありました。古墳は干ばつ時の貯水池としてや農地として使われていたのです。

今城塚古墳は発掘調査される以前は、地元の人が農地として利用していたようです。空中写真からそのことを認めることができます。平成十二年（二〇〇〇年）より本格的な発掘調査がはじまり、古墳公園として整備されるようになり現在の姿になりました。（写真）

生命は循環しなければ種は絶滅してしまいます。**前方**

後円墳に生命誕生の原理を暗号化したのは、その叡智を後世に伝えるためだったのです。

その叡智とは、命を絶やさずに永遠につなぐための奥義です。**生命の循環こそが太陽信仰の本質なのです。**

古墳にこめた未来の子孫へのメッセージ

筒城宮跡に来るように

と今城塚古墳に行った後に、直感を受け取りました。筒城宮跡は今城塚古墳の墳丘の延長線上に位置していたのです。（地図）

筒城宮跡は京都府京田辺市に所在する同志社大学の敷地内にあります。到着すると、キツツキが木をつついて歓迎してくれました。どうやら「筒」に重要な意味が込められているようです。

継体天皇と筒、といえば円筒埴輪です。子宮をシンボル化した今城塚古墳には、船に乗った夫婦神のシンボルが刻まれた円筒埴輪が隙間なく並べられていることから、重要なメッセージが込められていることがわかります。

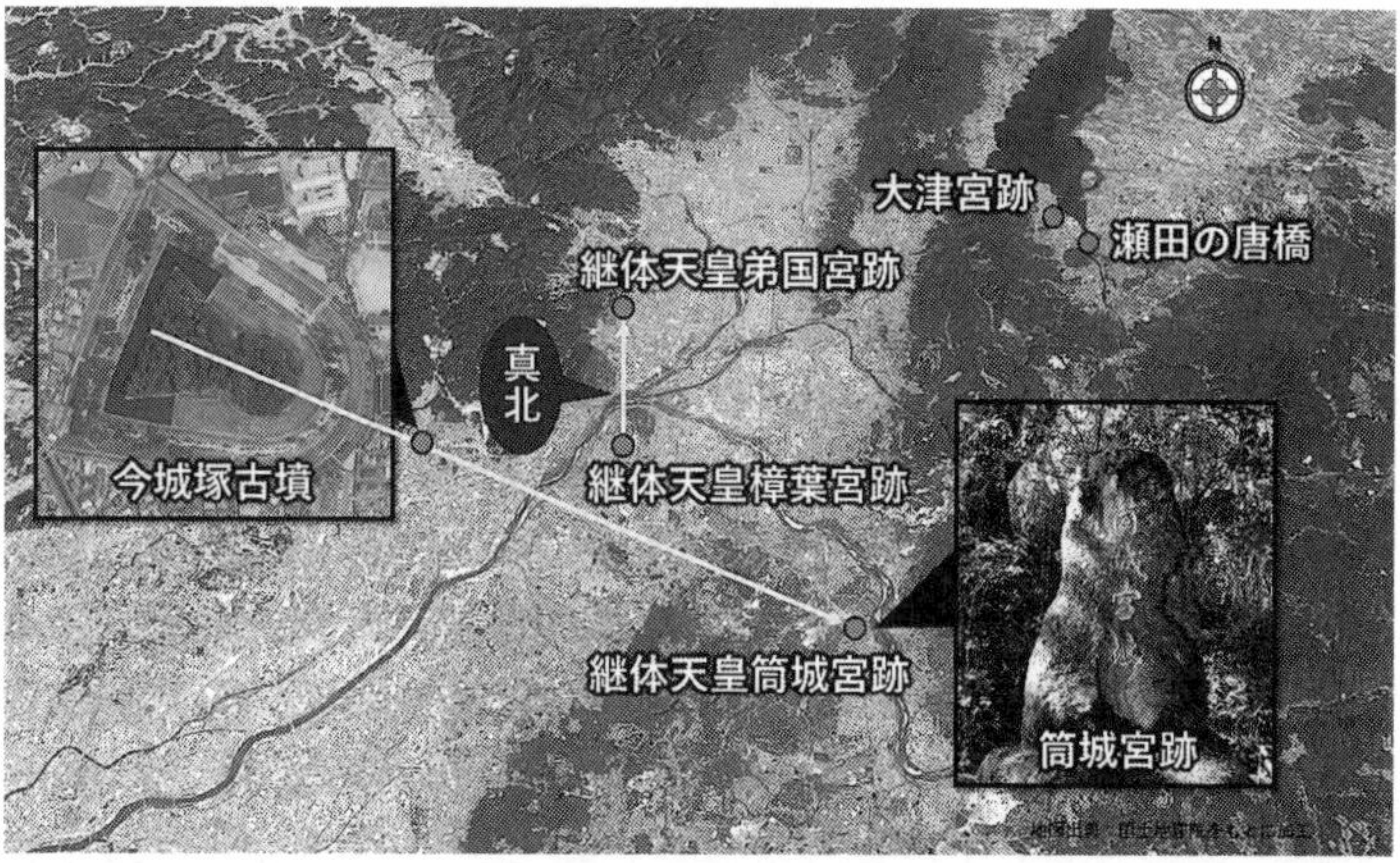

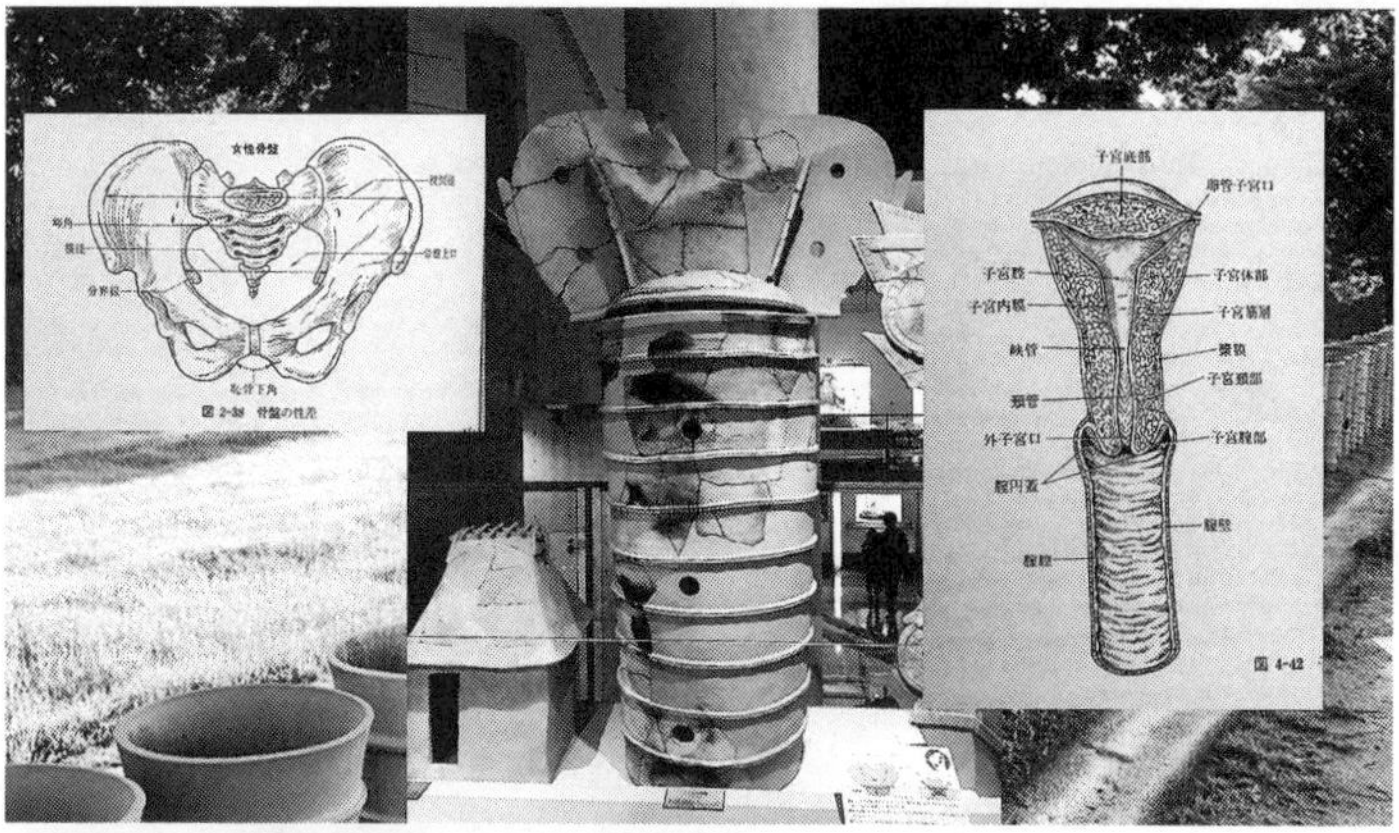

上：「衝立形埴輪（上部）」大阪府立近つ飛鳥博物館
下：「円筒埴輪」今城塚古代歴史館

左：住吉大社（大阪市住吉区）
右：今城塚古墳（大阪府高槻市）

大阪府立近つ飛鳥博物館の円筒埴輪には上部に飾りがついています。これは衝立《ついたて》形ハニワという名称がついています。この形態は明らかに女性の骨盤をかたどってつくられたものであることがわかります。（写真）

つまり、円筒部分は女性器の膣だったのです。円筒埴輪とは上下逆になった別の形状の埴輪がありますが、これは男性器をシンボル化した埴輪です。（写真）これは男女一対であることから縄文時代の性器信仰と同じであることがわかります。

筒といえば、筒の神様がいます。住吉大社の神様です。住吉大社の御祭神は、底筒男《そこつつお》の命《みこと》、中筒男《なかつつお》の命《みこと》、表筒男《うわつつお》の命《みこと》、息長足姫《おきながたらしひめの》命《みこと》です。筒は女性の暗号なので神名に男がつけば男女一体になっていることがわかりま

高津宮　陰陽石（大阪市中央区）

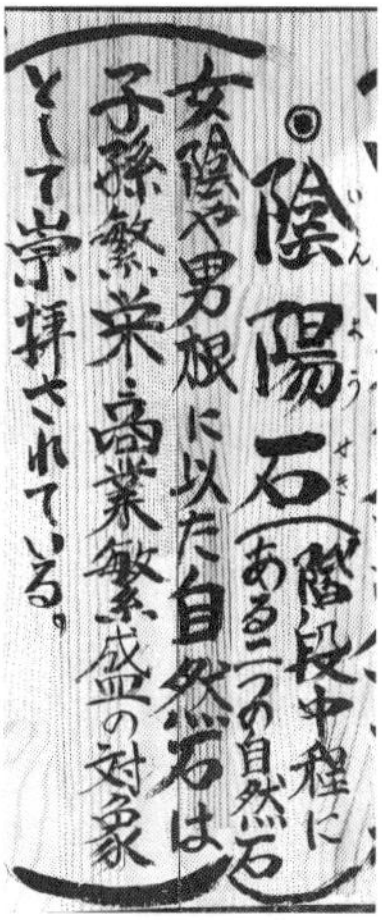

す。

住吉大社の社は、住吉造りと称する神殿をギザギザの塀で囲む神社建築史上最古の様式です。これは埴輪と同じ形状なのです。（写真）

住吉造りのように、建築にも男女一対であることが、千木で表現されています。切り口が垂直なのが男神、水平なのが女神を意味しています。（写真）

高津宮には陰陽石が祀られています。（写真）これらのシンボルからわかるように、古墳時代中期から後期にかけて縄文の信仰形態が盛んに取り入れられていたことがわかりました。

教科書では渡来人が文化を伝えたと教えていますが、**日本の縄文が起源であって、本当は帰国人が諸外国に伝播した文化を日本に持ち帰ってきたのです。**

祇園祭は生命誕生のドラマの再現

祇園祭といえば、京都の三大祭りのひとつです。平安時代に疫病退散の神として祀られるようになったのが素戔嗚命でした。素戔嗚命をご祭神とする祇園祭は八坂神社の祭礼で、その起こりは八六九年です。

第五十六代清和天皇の時代に国々で疫病が流行し、人々はこれを牛頭《ごず》天王の祟りとして恐れたのです。そこで、国の数と同じ六十六本の矛を立てて祭りを行い、疫神の祟りを祓おうとしたのがはじまりでした。

稚児《ちご》を務められるのは京都の由緒ある家柄のご長男です。稚児と決まれば、衣食住のすべてを男性がお世話をします。

その間一切女性との接触はできないのです。稚児の母親であっても接することは許されません。稚児は生きた神様なので、地上を歩くこともしません。そのためお世話役の男性が抱っこして移動するのです。

祇園祭に参加している男性はみな精子の象徴なのです。この精子たちはたったひとりの稚児を八坂神社の奥宮へと送り届けることを役割としているのです。そこに女性が立ち入ることは

祇園祭

ありません。

つまり祇園祭は生命誕生のドラマを再現しているのです。これはミクロの世界を生命秩序に従って執り行われているのです。

参道（産道）は過酷な道ですから、精子たちは露払いし、自ら壁となって、たったひとつの原子細胞である長男（稚児）をお守りしながら全員で奥宮へと送り届けているのです。

これほどまで厳格に祭りの儀式が執り行われるのは、生命こそが神だからです。祇園祭は素戔嗚命の火種を絶やさずに次世代へ継承する生命誕生のドラマを氏子全体で再現しているのです。（写真）

祭りは人間が乱した自然界の摂理を整える儀式

日本の性教育はまったく歪んでしまって、嘘を教えています。精子は決して競争しているのではありません。生命の本質を学校で教えないことが悲劇のはじまりなのです。

男女を正しく教えない歪んだ性教育を一刻も早くやめなければなりません。そのせいで多くの日本人が歪められた性を植え付けられてしまい、本来の創造力を見いだせないでいるのです。

お祭りは人間が生活していく上で乱してしまう自然界の摂理を、正しく整える儀式であり、性の歪みを正しくする機能が隠されています。祭りの参加者は意味もわからず行動しているようで、理にかなっているのです。

祭りが男性の行事なのは、霊を継承するのは男性の役割だからです。女性は肉体の属性なので、男性の行事には女性が裏方で理にかなっているわけです。

秦氏は日本を守るために命がけで帰ってきた

秦氏は学校の教科書ではほとんど出てこない謎の氏族といわれてきましたが、男系氏族の彼らが日本を水面下で動かしてきた一族であることは間違いないようです。

教科書では渡来人と記されてきましたが、彼らほど大和魂を燃やした一族はいませんでした。なぜなら日本を守るためにいつも命がけだったからです。

彼らの祖先は何千年もの未来に日本が破壊されることを知ったために、今から五五〇〇年前（縄文時代中期はじめ）に次の文明発祥の地へと旅立ったのです。その地で興ったのがシュメール文明です。

シュメール人は太陽系の運行、天文学、農耕、治水、灌漑、土木技術、医学、数理学、太陰暦、楔形文字などを用いた文明を築いていました。シュメール人は日本語と同じ語彙を使っていたものが多くあります。その代表が「スメラミコト」「ミカド」「スメラギ」です。宗教は太陽神を奉じる多神教で日本の信仰と重なる点が多くあります。シュメールのスサという地名の王がスサノオであるとの説もあります。

地球の回転周期に合わせて文明発祥地ごとに移動を繰り返してきた一族がいたことを示す、千賀一生氏の『ガイアの法則』に登場するシュメール人最高神官の言葉を引用します。

> あなた方の天皇家の祖先は、大元は西回り周期の一三五・〇度の次代の後に日本から出た叡智集団をその起点としている。我々もそうなのだ。太古の叡智の保持者たちは、その叡智を永久に保持することを願って、【聖なるリズム】に従い、周期的に移動を繰り返した。シュメールも、計算の上で、あの場所を選び、文明を開始させたのだ。

日本を出発した一族がシュメール文明発祥の地へと移動した目的は、やがて外国によってもたらされる**破壊の文明から日本を守るため**でした。日本にいたままでは、奪う、争うといった概念がないために、守る術もなかったからです。

文明の発祥地ごとに移動を繰り返して古墳時代中期に百済から船に乗って縄文遺跡に帰ってきたのが秦氏でした。

子馬型埴輪（四條畷市立民族歴史資料館）

彼らが命を懸けて守りたかったのは、日本の国体と縄文遺伝子です。外見（肉体）は母の遺伝が現れやすいですが、縄文遺伝子はY遺伝子に受け継がれることから、種を保存するために厳格に男系を守ってきたのです。

ちなみに全国で唯一、四條畷で発掘された子馬の埴輪はオスなのです。（写真）

縄文人が文字を用いずに情報を形態にして後世に伝えたように、不変の生命誕生の原理は、時代の変化に合わせた形態をとって伝承されてきました。その情報を読み取れるのは、縄文遺伝子保持者だけなのです。

人々が伝統行事やお祭りを再現するたびに**霊的な意味合いが**

生きてくる「しかけ」を施せるのは、霊性の発達した民族の証です。これこそ縄文の遺伝子のなせる業なのです。

第七段

秦氏は誇り高き縄文の渡り鳥

秦氏は縄文の遺伝子が刻まれた
誇り高き日ノ本の民。
なぜなら彼らの創造物には
縄文の精神が刻まれているから。

彼らが弓矢を袋に入れて
武をおさめていたのは、
「争わない」精神を示していたから。
彼らが守る術を外国で習得したのは

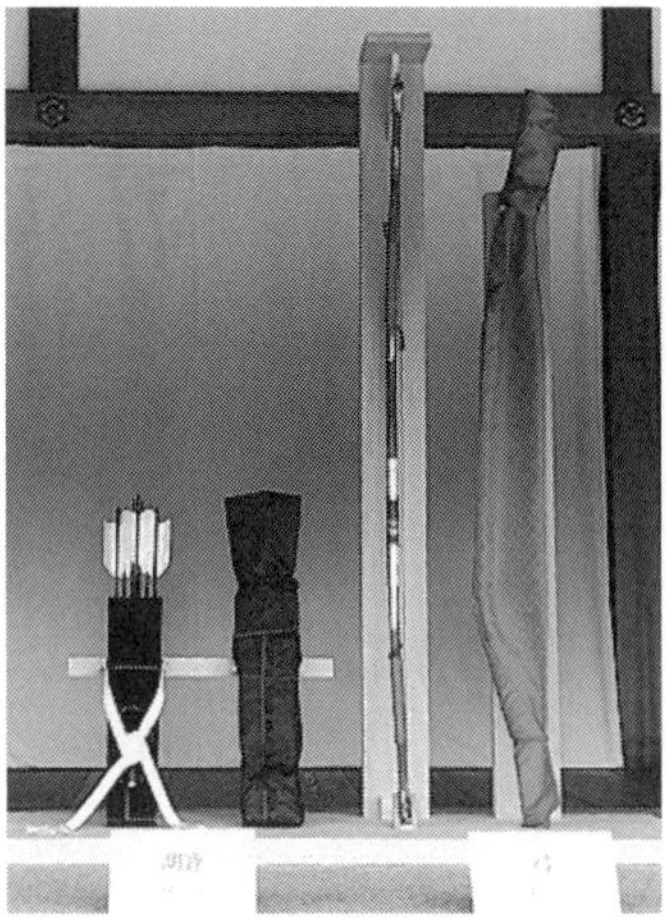

日本を守るためであって
外国へ侵攻するためでは決してない。
埴輪にかたどった
馬や水鳥や武人や力士たちは
侵入者から身を守る免疫の役割です。

疫病退散の神といえば素戔嗚命。
「蘇民将来子孫なり」
といえば守ってくださるのは、
素戔嗚命の子孫だからです。

素戔嗚命は
外敵から守ってくださる神であって
外国へ侵攻する神ではないのです。

男系継承は生命の霊的法則に従った記憶のバトン

流鏑馬《やぶさめ》神事は、弓矢と馬が暗号です。弓矢は縄文の発明品、馬は秦氏が日本に連れてきた神です。このように伝統行事のすべてにわたって、縄文時代の知恵が形態として暗号化されているのです。

秦氏はもともと技術集団ですから、それぞれが職人の技術を世襲として受け継いできました。その理由は、先祖の記憶は職人の技術に直結する要素だからです。

ただし世襲は自我意識が強ければ成り立ちません。自我が介入すると伝統は歪んでしまいます。先祖の経験が書き込まれた遺伝子情報を子孫が再現するためには、あくまでも自我を離れ、真我顕現・神人合一の道を体得することが必須となります。

この叡智を次世代に伝えなければ絶えてしまうのです。生命と技術はいったん絶えてしまったら、二度と取り戻せません。そこはロボットもＡＩでも補えない人間特有の感性と霊性の働く領域です。これこそが守るべき人類の遺産なのです。

地球の回転周期に従い、日の出の国である日本はつねに創始・発明・原初の役目を担い、海外に伝播して発展・洗練して日本に帰ってきます。

縄文時代中期に日本を出た秦氏が古墳時代に持ち帰ってきたのは、土偶を埴輪に、縄文土器を陶質土器に洗練させた物質そのものよりも、先祖代々、技術を継承してきた記憶すなわち遺伝子だったのです。

世界最古の男系継承を守り続けた大和民族は、生命には霊的な法則があることを知っていました。生命の発生には秩序があるように、人間は男と女が夫婦となり、父と母から子が生まれ、兄弟姉妹として家族を構成します。家族にはそれぞれ役割があり、霊的な法則で結ばれているのです。

生命はたったひとつであり、鉱物、植物、動物といったあらゆる形態に宿っています。姿形は器であって、本体は霊なのです。生命はあらゆる体験をするために、物質化するときに陰と陽の対極に分かれます。そのため人間の魂も二つに分かれているだけなのです。

生まれた子も長男、二男、三男…、長女、二女、三女、四女…と男女は順番どおりに続柄が決まります。家族はそれぞれ性格が違いますが、魂は二種類に分かれているだけです。(図)

男が先、女が後になるので、夫婦は夫側が先で、妻側は後です。

陽	陰
男	女
日	月
火	水
上	下
左	右
前	後
動	静
霊	肉
精神	物質

魂は二つに分かれているだけです

父	母
二男	長男
四男	三男
長女	二女
三女	四女
長男嫁	二男嫁
三男嫁	四男嫁
二女婿	長女婿
四女婿	三女婿
同じ魂	同じ魂

長男嫁から生まれた長男は、母の分け御霊と父方祖父の分け御霊として誕生します。**長男は唯一両家をつなぐ魂として誕生してくるのです。**

二男、四男、長女、三女は父の分け御霊となり、長男、三男、二女、四女は母の分け御霊となります。それぞれの配偶者はその対極の属性となります。たとえば長男嫁は、父親と同じ魂となり、二男嫁は母親と同じ魂というように、正反対で一対になるしくみです。

兄弟には役割があり、**長男は継承者であり、弟たちは初代となります。**どの家も生まれた長男が跡継ぎです。娘はいずれ魂の故郷へ嫁いで、母となります。ちなみに後妻を迎えた場合は、先妻との間に生まれた長男が嫡男です。

兄弟姉妹は字のとおり、兄弟が先、姉妹は後になります。①長女、②二女、③長男、④二男の順で生まれた場合でも、

③長男、④二男、①長女、②二女の順番になります。
また、結婚すれば長男夫婦は親を一番に、弟夫婦は長男夫婦を一番にします。嫁いだ姉・妹夫婦は外戚となるため、実家であっても他人行儀が一番です。この順序を守っていればたいてい、もめごとやトラブルは回避することができます。

家族が幸せになるには「型」がある

親は長男夫婦を選ぶこと。これは鉄則です。近くに住んでいる弟たちや娘を選ぶのではありません。

長男夫婦は親に孝行、弟夫婦は長男夫婦に孝行が筋道です。これを守らず、弟夫婦が長男夫婦を飛び越えて親孝行することはでしゃばり行為となり不調和となります。

嫁側の親や兄弟姉妹は出しゃばらないこと。嫁側、母方

長男は継承者。
弟は初代。
長男を中心にする。
主人側が先、妻側は後。
兄弟が先。姉妹は後。
外戚は出しゃばらない。

親や兄弟姉妹には
自分の立ち位置を正して
行動で示すこと。
子供には小さい頃から
立場と順序を教えること。

は外戚となり、筋が違いますから立場をわきまえることが鉄則です。これを無視して干渉すれば不調和な現象を起こしてしまいます。

家族の調和度は家族の立ち位置がそれぞれの「型」どおりにできているかに関わっています。まずは自分の立ち位置を正して行動で示すこと。子供には小さいころから立場と順序を教えることがとても大事なことなのです。

男子が生まれなかったり、生まれても死んでしまったりするのは、家族の立場と順序が守られなかった結果であることが多いのです。

『記紀』によると第二十五代武烈天皇は、悪逆非道の暴君で子を残さず、十八歳で崩御してしまったために、皇統が絶えてしまいました。

親は長男夫婦を選ぶこと。
長男夫婦は親に孝行、
弟夫婦は長男夫婦に
孝行すること。

武烈天皇には姉の手白香皇女《たしらかのひめみこ》がいましたが、女性は家系の遺伝子を持たないため家を継ぐことはできません。そのため女性が天皇に即位するという概念がなかったのです。そこで仁徳天皇の転生である継体天皇を入り婿にお迎えして手白香皇女が皇后となり、皇統を継いでいただいたのです。

継体天皇は九人の后がいましたが、手白香皇后との間に生まれた長男を嫡男（第二十七欽明天皇）としました。これにより皇后の立場が守られるのです。

物事は地球の回転方向に沿っていればうまくいく

この地球は左回転の銀河に属しているため、物事の道理は左回転システムに基づいています。そのため**左回転の宇宙では男神主導であり、霊主体従の精神文明が進化の道です。**（図）

地球において右回転システムを導入すれば女神主導となり、体主霊従の物質文明となるのです。体主霊従は物質的価値観となるため、霊的、精神的な領域は重視されなくなり、肉体、地

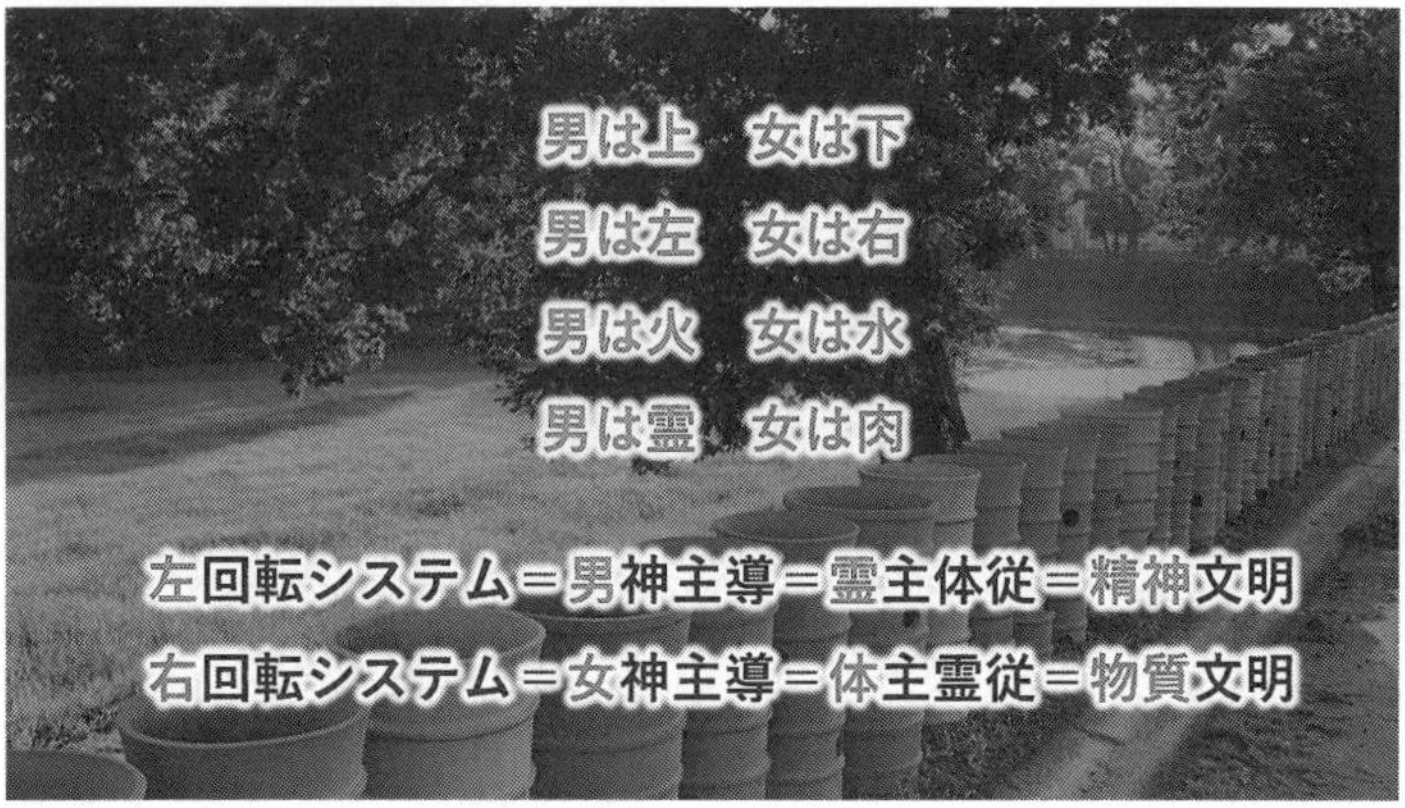
男は上　女は下
男は左　女は右
男は火　女は水
男は霊　女は肉
左回転システム＝男神主導＝霊主体従＝精神文明
右回転システム＝女神主導＝体主霊従＝物質文明

位に価値を置くようになってしまうのです。

地球が闇の周期にある間は、精神文明発祥地である日本は、物質的に発展を遂げた外国の文化を積極的に取り入れることが求められたのです。

第二之巻

和合を潰乱する血脈呪詛の暗躍

——聖徳太子と天智天皇時代。
現代にも残留する長男殺しと日出づる国封じ

第八段

聖徳太子・上宮王家滅亡と長男殺しの呪詛の始まり

聖徳太子と呼ばれた厩戸《うまやど》皇子は
用明天皇の第一皇子であり、
継体天皇の直系ひ孫。
聖徳太子は皇位継承争いを避けて、
天皇にはなりませんでした。
「和を以って貴しと為す」
先祖の意思にしたがって。

秦河勝が側近となり、

聖徳太子をお守りしましたが、
聖徳太子亡き後に建てられた夢殿には
呪詛《じゅそ》がかけられていたのです。

呪詛とは長男殺し。
聖徳太子の長男・山背大兄王《やましろおおえのおう》は、
皇位継承争いに巻き込まれ、
上宮王家は滅亡。
それ以降、皇位継承争いが
長きにわたって続いたのは、
長男を選ばず、
傍系や女性を即位させたい者により、
ことごとく長男が殺されていった
闇の時代の幕開けだったのです。

隋から日本を守るための聖徳太子の政策

六世紀の終りになると、水濠のある前方後円墳はつくられなくなって、飛鳥時代に入ります。

厩戸皇子（聖徳太子）は継体天皇の直系三代孫で用明天皇の長男でしたが、皇位継承争いを避けて敏達天皇の皇后・額田部皇女《ぬかたべのひめみこ》を初代女性天皇（推古）に据えて、摂政の立場で政治を執り行いました。

この時代は仏教が日本に入ってきました。蘇我氏は熱心な仏教徒で聖徳太子もその一人でした。しかし縄文の祭祀を司ってきた物部守屋と宗教戦争に発展してしまいました。その結果、物部氏が敗れ、物部宗家は滅亡してしまいました。それが丁未《ていび》の乱です。

しかし蘇我氏と物部氏は婚姻関係を結んでいたのです。

当時の大陸は緊迫した情勢にあり、隋は高句麗と争っていました。そのためわが国は隋に比肩する独立国としての基礎固めが急がれたのです。

物部氏は国体を護る軍事氏族ですから、その軍事力をもって同族を滅ぼすことは道理に反することになってしまいます。

蘇我氏が持ち込んだ仏教の大日如来は太陽神ではありますが、物部守屋は日本固有の神を祀

左：宝山寺（奈良県生駒市）　中央：磐船神社（大阪府交野市）　右：父を暗号化した剣

る立場上、外国の宗教を祀ることはできなかったのです。

父の文字を暗号化した剣は、物部氏のシンボルでしたが、宗家滅亡後は剣を大根に変えて、母方の弓削《ゆげ》姓を名乗らなければなりませんでした。それは一族が生き延びるための苦渋の選択だったのです。

一方、厩戸皇子は「和を以て貴しとなす」縄文の叡智を込めた『十七条の憲法』を役人向けに発令し、朝廷の秩序を保とうとしました。

「日出処《ひいづるところ》の天子、書を日没する処の天子に致す。つつがなきや」と隋の皇帝に書簡を出して、我が国が隋と対等の立場であることを表明したことで隋の皇帝は激怒したといいますが、それを承知の上で独立国としての立場を明確にし、内政と外交の両方に取り組んだのでした。

しかし厩戸皇子は四十八歳で薨去《こうきょ》してしまい、国づくりの基礎をつくり固めるにはあまりに寿命が短かったのです。推古天皇は七十四歳まで生きましたが、聖徳太子を失った六年後に後継者問題に課題を残したまま崩御してしまいました。
本来なら推古天皇の後は、厩戸皇子が継体天皇の皇統をつなぐ目論見でしたが、女性は寿命が長く、男性は短く、後継者が先に亡くなってしまう事態に見舞われたのでした。それからは長男殺しが繰り返されてゆくのです。

長男殺しの呪詛は誰が仕掛けたのか

八角円堂の夢殿は七三九年に厩戸皇子の供養のために建てられたものですが、夢殿には何世紀にもわたって秘仏が安置されていました。法隆寺の歴代住職は、「厨子を開ければ天罰として地震が起き、寺は壊れるだろう」と言い伝えられていたために何世紀も秘仏は隠されたままになっていました。明治十七年（一八八四年）にこれを開けさせた人物が、アメリカ人美術史家のアーノルド・フェノロサでした。

現れたのは光背の裏に「尺寸王身《しゃくすんおうしん》」との文字が刻まれた厩戸皇子の等身大の救世《ぐぜ》観音菩薩立像でした。造仏年代は、厩戸皇子が薨去した七年後の六二九～六五四年と推定されています。これをエックス線で撮影した結果、観音像の後頭部が釘で打ち抜かれていたことが判明しまし

救世観音菩薩立像（国宝）

た。この措置は、上宮王家への呪いではないかと考える学者もいて大騒ぎになりました。

実際は、光背をつなぎとめるための当時の技法にすぎなかったようですが、何世紀も救世観音菩薩像が封印されてきたのは、上宮王家を封じる呪詛であったことを否定することはできません。

歴史では上宮王家は六四三年に蘇我入鹿によって滅ぼされたことになっています。しかし蘇我入鹿はその二年後に暗殺されているのです。蘇我入鹿と山背大兄王はいとこ同士だったのです。

第九段

わが国に巣食う獅子身中の虫を明かす

天智天皇より
許可をいただきましたので、
隠されてきた歴史を
表に出してまいります。

わが国の因縁とはすなわち、
歴代天皇の因縁でもあります。
このことがわかるためには固定観念、
先入観、偏見はもとより、被害者意識、

テレビ新聞教科書が正しいという、
思い込みから脱却しなければなりません。

ひふみのしくみは
文献にもとづいた推理推測ではなく
直感と体験にもとづいておりますので、
正しいか正しくないかの判断は
読み手にゆだねたく存じます。

現在の日本は物質的にも精神的にも
外国に蝕まれて末期状態にあり、
先祖が守り続けた民族性まで
破壊されつつあります。

それは、
嘘をつかない、だまさない、
悪口を言わない、盗まない、

人様に迷惑を掛けてはならないことや、
父母、先祖、神仏を敬う心、
「お天道様は見ておられる」といった
自律心と信仰心です。

これらは先祖代々親や祖父母が
子や孫に言い聞かせてきました。
してはならないことを破れば、
自分勝手な言動が禍となり、
一族が連帯責任を負うことになると。

ましてや天皇の子女は
それ以上に厳しく育てられました。
「公」のために生きることが
一族の定めだからです。
しかし、
だまされることになるとは

思いもよらなかったのです。

六四五年に起きたのは
皇子が宮中で起こした暗殺事件。
二十歳の皇子を懐柔していたのは
藤氏《とうし》と呼ばれた人物だったのです。

天智天皇の勅命により歴史の真実を明らかにする

令和四年（二〇二二年）五月に近江神宮とご縁ある方から、天智天皇から次のメッセージを受け取りました。

勝者によって捻じ曲げられた歴史の真実を明らかにする時が来たのだ

天智天皇は中臣鎌足とともに大化の改新を行った歴史の転換期に活躍した人物です。

大化の改新は中大兄皇子《なかのおおえ》（後の天智天皇）と中臣鎌足が蘇我入鹿を暗殺した乙巳《いっし》の変（六四五年）からはじまります。実際はクーデターだったのですが、教科書ではこの二人が英雄で、蘇我入鹿は悪役になっています。

この事件を知る手掛かりとして、上宮王家が滅亡したのは皇極天皇二年（六四三年）十一月十一日と記録されていることから、皇極天皇即位の背景を見極めれば、真相がつかめるのではないかと思われます。皇極天皇は夫である舒明天皇が崩御した後、皇位継承争いを避けて立てられた女性天皇でした。

上宮王家が滅亡した翌年の皇極三年（六四四年）、中臣鎌足は公職を退いて、摂津・三島の

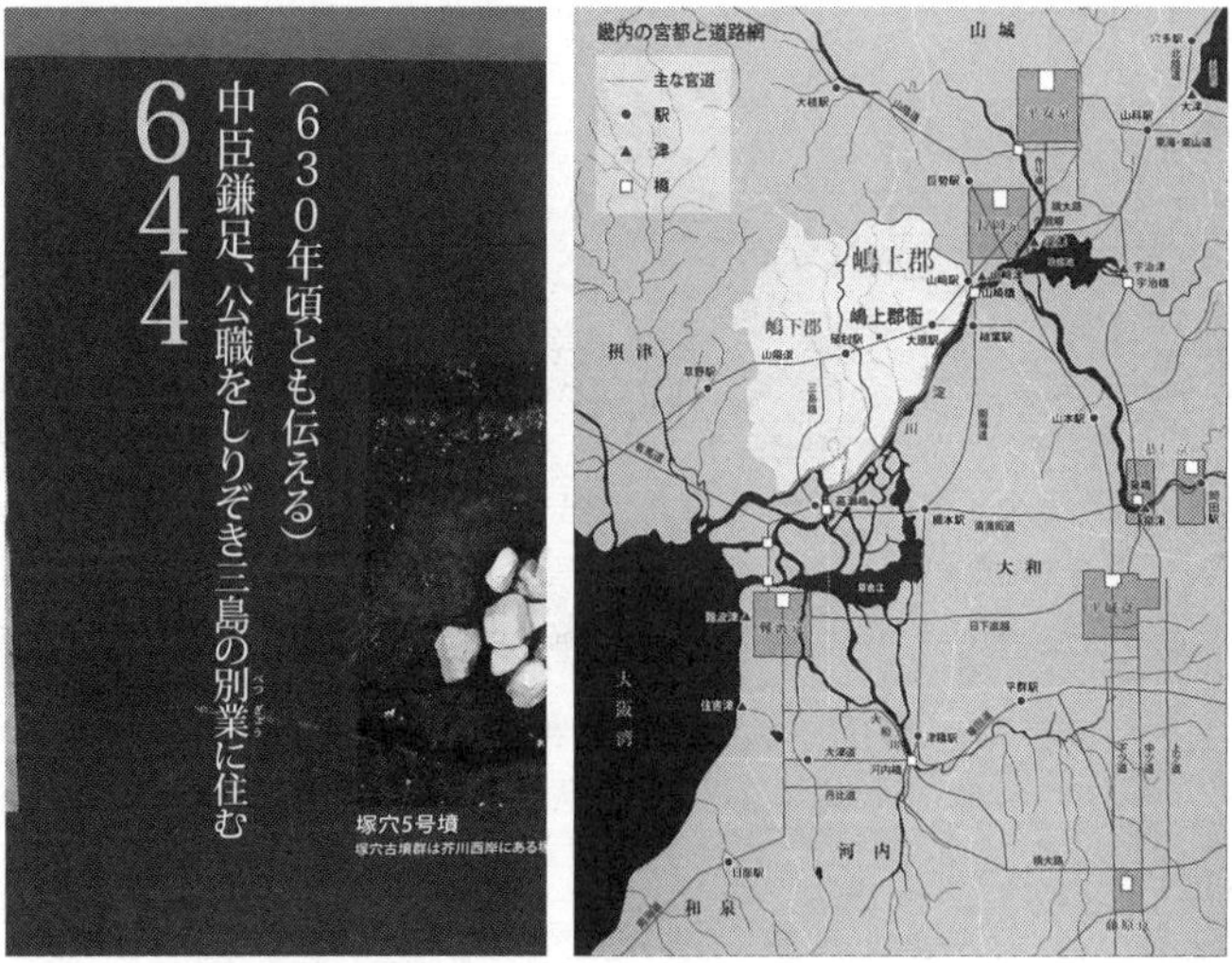
644
中臣鎌足、公職をしりぞき三島の別業《べつぎょう》に住む
（630年頃とも伝える）
塚穴5号墳
畿内の宮都と道路網
主な官道
駅
津
橋
山城
嶋上郡
嶋下郡
嶋上郡衙
摂津
大和
河内
和泉
今城塚古代歴史館

別業に住んでいました。中臣鎌足が拠点としていた三島の別業とは、摂津の安威《あい》地区（大阪府茨木市）を中心としたエリアでした。中臣鎌足とその息子たちは三島に広大な土地を所有していたのです。

三島は大宝律令後に嶋上郡と嶋下郡に分かれましたが、この地域はかつて継体天皇が押さえていた淀川水系の拠点だったのです。（写真）

中臣鎌足は上宮王家滅亡後に、公職を退いて中大兄皇子に近づいていたのです。このときの中臣鎌足は三十歳、公職を退くには早すぎる年齢です。蹴鞠をきっかけに中大兄皇子と出会ったドラマティックなエピソードは、偶然を装った用意周到な計らいだったのかもしれません。このときの中大兄皇子は十九歳でした。

歴史の教科書では、権力をほしいままにして

阿波人形　蘇我入鹿
明治35年（1902）
徳島県
大阪歴史博物館
Awa puppet Sogano Iruka
1902 (Meiji 35)
「妹背山婦女庭訓《いもせやまおんなていきん》」の敵《かたき》役とされる蘇我入鹿。国崩しの謀反人たる入鹿は、目と眉のほかに口が開くよう作られた文楽の「口あき文七《ぶんしち》」にあたる角目《かどめ》の首《かしら》で演じられる。この動きにより憎らしい表情をうみだしている。本資料の首は阿波の人形師・人形忠（1840～1912）の作。

左：蘇我入鹿の首塚（奈良県明日香村）　右：阿波人形　蘇我入鹿

いた蘇我氏が悪役です。このレッテルを貼り続けておかなければ、大化の改新の大義名分が成り立たなくなりますから、蘇我氏は歴史に抹殺され続けてきたのです。

このことを忘れられてしまわないように人形浄瑠璃の演目『妹背山婦女庭訓《いもせやまおんなていきん》』では、天智天皇を皇位から追った蘇我入鹿が悪役として活躍する筋書きにして後世に伝えてきたのです。（写真）

ところで蘇我氏の馬子、蝦夷、入鹿は本当の名前ではありません。蘇我入鹿の本当の名前は蘇我鞍作《くらつくり》です。蘇我入鹿は舒明天皇の長男・古人大兄《ふるひとおおえ》皇子を次期天皇に推していました。それは道理にかなっていたのです。

大兄とは長男、中大兄とは二男を意味しています。中大兄皇子は天皇と皇后の間に生まれた長子なのですが、皇后が天皇に即位すれば、その息子は即位できないという当時の掟があったのです。

母が皇極天皇に即位した時点で中大兄皇子は皇位継承者

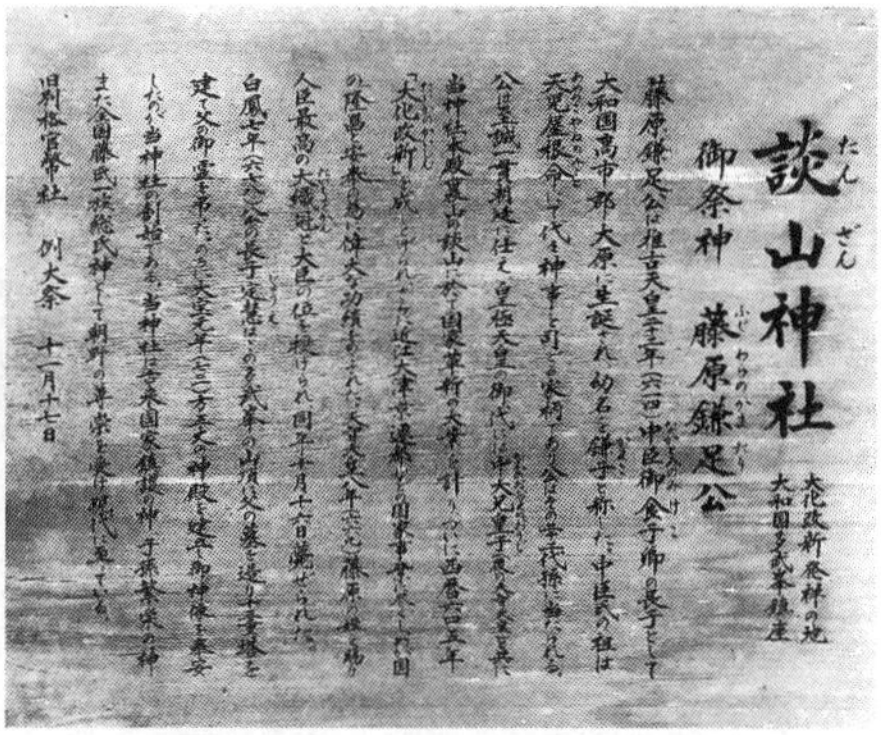

談山神社（奈良県桜井市）

の資格を失ったため、皇位継承権者から外されていました。

奈良県桜井市に大化の改新発祥地と銘打った談山《たんざん》神社があります。ご祭神は中臣鎌足公。全国藤原氏一族総氏神神社であります。（写真）

ご由緒によると談山で中大兄皇子と中臣鎌足公が語らいあったことから、談山を「談合」と呼ぶようになって、やがて談合する場所を「森」と呼ぶようになったとのことです。このことは大変重要なことを示唆しています。

談合とはつまり、人間の計らい事を意味します。政治に談合を持ち込むということは、人間の自我と欲にもとづいた政治になってしまうのです。

拝殿の奥には掛け軸の「多武峰《とうのみね》曼荼羅《まんだら》」が掛けられています。中臣鎌足が中心に大きく描かれており藤原氏の世界観を表しているようです。（写真）

唐の律令制をわが国にもたらした藤原氏は唐と同じ読み

多武峰曼荼羅（談山神社）

の藤氏《とうし》と名乗っていたことから、「多武峰」は「唐の峰」を意味していると思われます。

談山神社には鎌のシンボルを見ることができます。中臣鎌足はもともと鎌子という名前でした。乙巳の変を機に鎌足と改名したようです。

出産の神と死神の正反対は一対で存在する

鎌は西洋では死神のシンボルです。出産の神がいるのですから、死神がいてもおかしくないわけです。

縄文の死生観では生と死は不可分であって生命は循環すると考えられていたため、人を殺すという概念自体が存在しませんでした。

死を概念としてはじめて明文化したのは、記紀神話の国生みの神・イザナミの死です。イザナミが死んだ原因は火の神を産んだせいだとして、イザナキが火の神を斬殺し、神殺しが始まります。

この神話によって黄泉《よみ》の国という死者の世界が概念化され、黄泉平坂《よもつひらさか》は生と死の世界を分断しました。**神話の世界観は縄文の統合意識を反転させた分離意識なのです。**

これは宇宙の源から切り離された本来存在しない意識なのですが、精神文明から物質文明に転換させるには、存在しない概念を植え付ける必要があったのです。

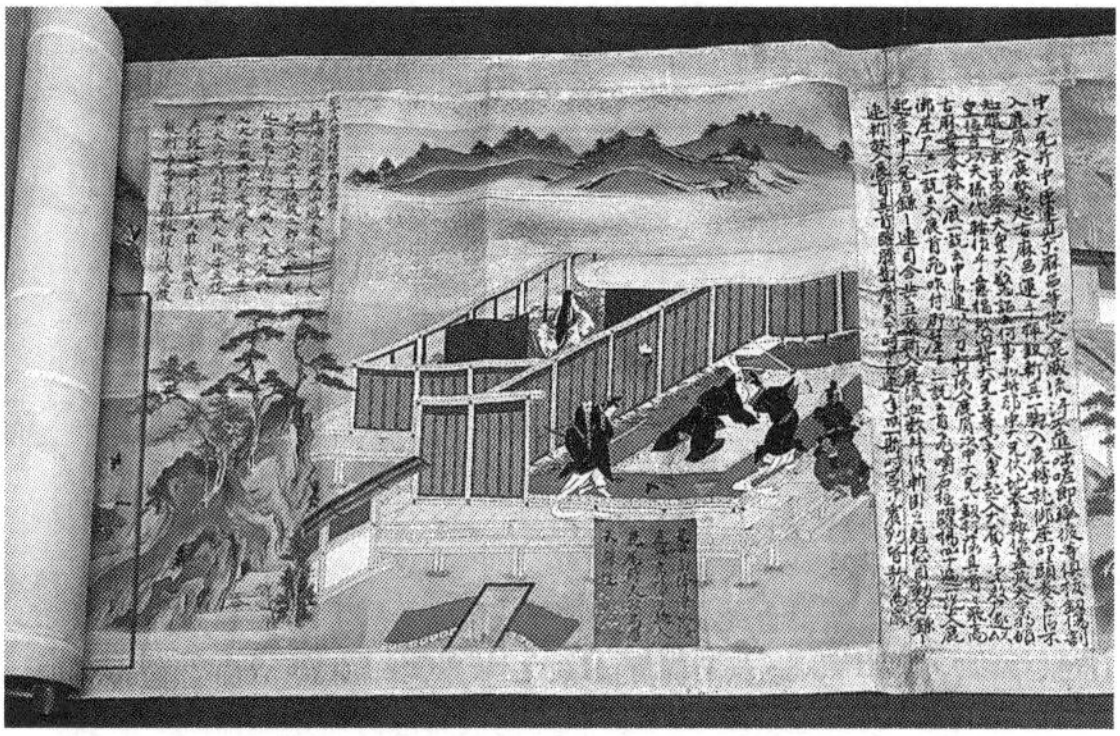

「多武峰縁起絵巻」第一巻（談山神社）

「多武峰《とうのみね》縁起《えんぎ》絵巻」には蘇我入鹿暗殺シーン（乙巳の変）が描かれています。

絵は善と悪の対立関係を視覚的にインプットするのに最適なツールです。右側で剣をふるっているのが中大兄皇子で、左側で弓を持っているのが中臣鎌足です。ここでは蘇我入鹿が悪役で中大兄皇子は悪を討伐した英雄として描かれています。御簾の奥に描かれているのは皇極天皇です。（写真）

大化の改新はわが国初の談合政治

「多武峰縁起絵巻」には乙巳の変について次のように記されています。

> 中大兄皇子、中臣鎌足連に言って曰く。「鞍作《くらつくり》の暴虐をいかにせん。願わくは奇策を陳べよと。中臣連、皇子をひきいて城東の倉橋山の峰に登り、藤花《とうか》の下に撥乱反正《はつらんはんせい》の謀《たばか》りを談ず」

このように中臣鎌足と中大兄皇子は多武峰で談合していたことがわかります。

舒明天皇の長男・古人大兄皇子を皇位継承者として推していた蘇我入鹿は、誰かにとって邪魔な存在だったのです。それは長男の即位を望まない者です。上宮王家の山背大兄王もまた、誰かにとって邪魔な存在だったのです。そして蘇我入鹿も長男でした。

皇極四年（六四五年）七月十日、蘇我入鹿は暗殺される直前に、「わたしに何の罪があるのでしょうか。お裁き下さい」と天皇に訴えました。そこへ中大兄皇子が「入鹿は皇位を奪おうとしました」と反論したのです。

蘇我入鹿が皇極天皇に裁きを求めたということは、「皇位を奪おうとした」疑いをかけられ

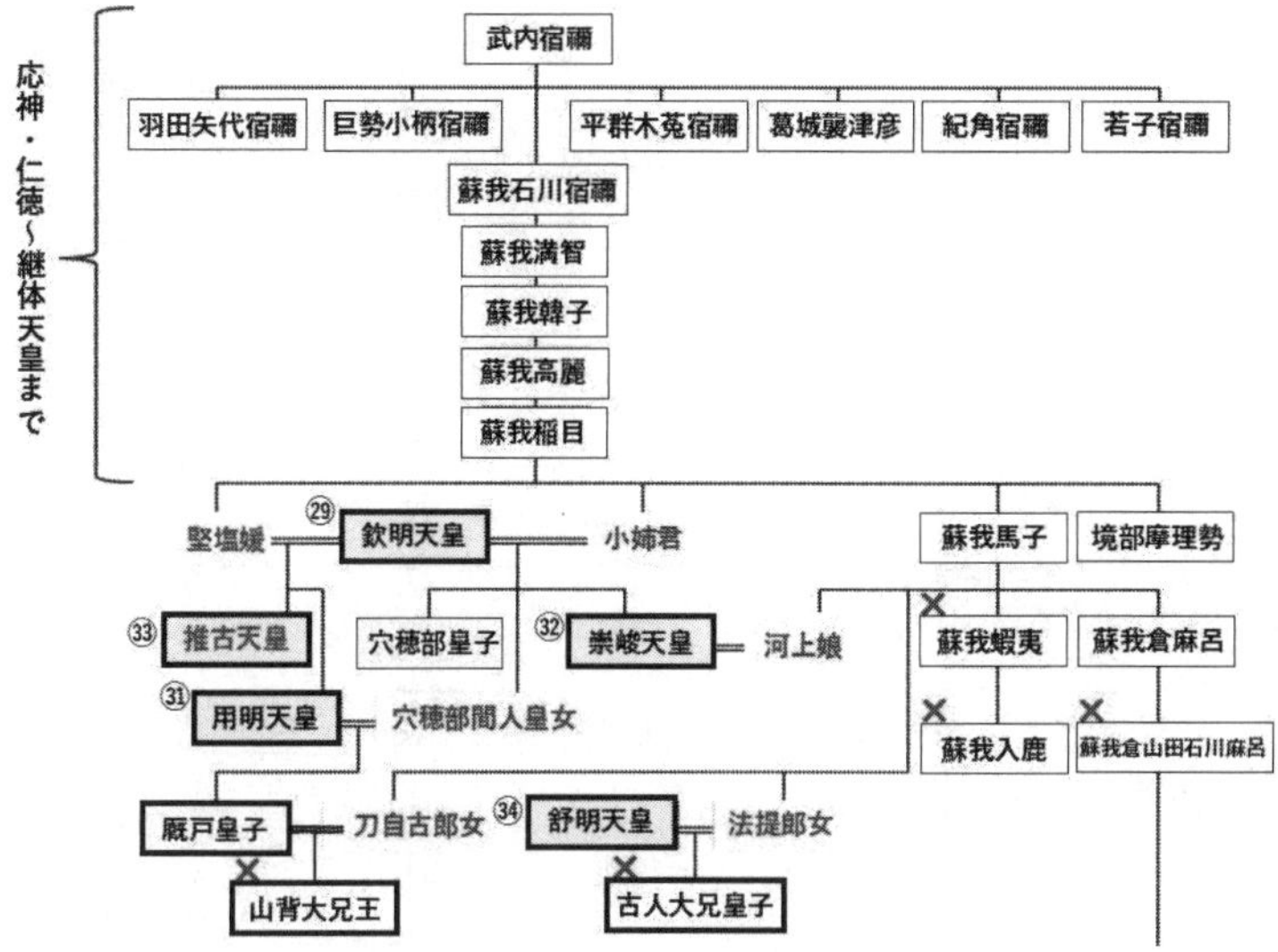

たことに対して潔白を証明しようとしたのです。ところが皇極天皇は御簾の奥に隠れてしまい、裁きを受ける機会を与えられないまま、斬殺されてしまったのです。

蘇我氏の始祖は武内宿禰とされています。武内宿禰《たけのうちのすくね》は応神皇統の側近を務めた家系ですから、家臣が皇位を奪うという概念自体がなかったと思われます。家臣はあくまでも天皇を補佐する立場だったからです。(系図)

他人を陥れるために、ありもしないことを目上の人に告げ、その人を悪く言うことを讒言《ざんげん》といいます。

中大兄皇子に「入鹿は皇位を奪おうとした」と讒言《ざんげん》し、入鹿の「暴虐」を誅するよう焚きつけることのできた人物は中臣鎌足しかいなかったのです。

蘇我入鹿の死を受けて、その父・蘇我蝦夷は自害し蘇我氏宗家は滅亡しました。これが乙巳の変です。蘇我氏を朝廷から排除した後、中臣鎌足は中大兄皇子の側近として再び公職に就いたのです。

長男が次々と殺された大化の改新

この時代の皇位継承はめちゃくちゃでした。第三十五代皇極天皇（宝皇女《たからのひめみこ》）はもともと舒明天皇の皇后の立場でしたが、夫亡き後、多くの皇子がいるにもかかわらず、二代目女性天皇に即位したのは、蘇我氏の血を引く古人大兄皇子の即位を阻む者がいたからです。


ここで申し上げておきたいのは、天皇は自分の意思で即位できないということです。正しい皇位継承を捻じ曲げて女性を天皇に即位させたい人物がいたからこそ、実現したのです。

皇極天皇は蘇我入鹿が暗殺された後、道理に従って亡き夫・舒明天皇の長男・古人大兄皇子に次の天皇に即位することを勧めました。

しかし、母が蘇我馬子の娘・法堤郎媛《ほほてのいらつめ》であり、蘇我氏宗家滅亡により後ろ盾を失ってしまった古人大兄皇子は、身の危険を感じたために皇位継承を固辞して吉野に出家したのです。

危機を察知したとおり、古人大兄皇子は謀反を企てているとの嫌疑をかけられ、潔白を証明する暇を与えられないまま中大兄皇子に攻め滅ぼされてしまったのでした。

中大兄皇子にとって古人大兄皇子は異母兄であり、義理の父でした。中大兄皇子の后は、古人大兄皇子の娘・倭姫王《やまとひめのおおきみ》なのです。しかし二人の間に子はありませんでした。

蘇我入鹿暗殺計画に加担していた蘇我倉山田石川麻呂は、蘇我馬子の孫であり、蘇我入鹿のいとこにあたります。娘・遠智娘《おちのいらつめ》を中大兄皇子に嫁がせており、中大兄皇子の義理の父でした。

中大兄皇子は古人大兄皇子と蘇我倉山田石川麻呂の二人の義理の父が謀反を企てているとの讒言を信じて死に追いやったのです。蘇我倉山田石川麻呂の死により、その一族は自害に追い込まれてしまいました。（系図）

このような行為は弱冠二十歳の皇子が独断で実行したとは考えられません。その共謀こそが中臣鎌足との談合だったのです。

中臣鎌足は中大兄皇子を焚きつけて、自らの手を汚さず自身にとって障壁となる人物を次々と葬っていったのです。

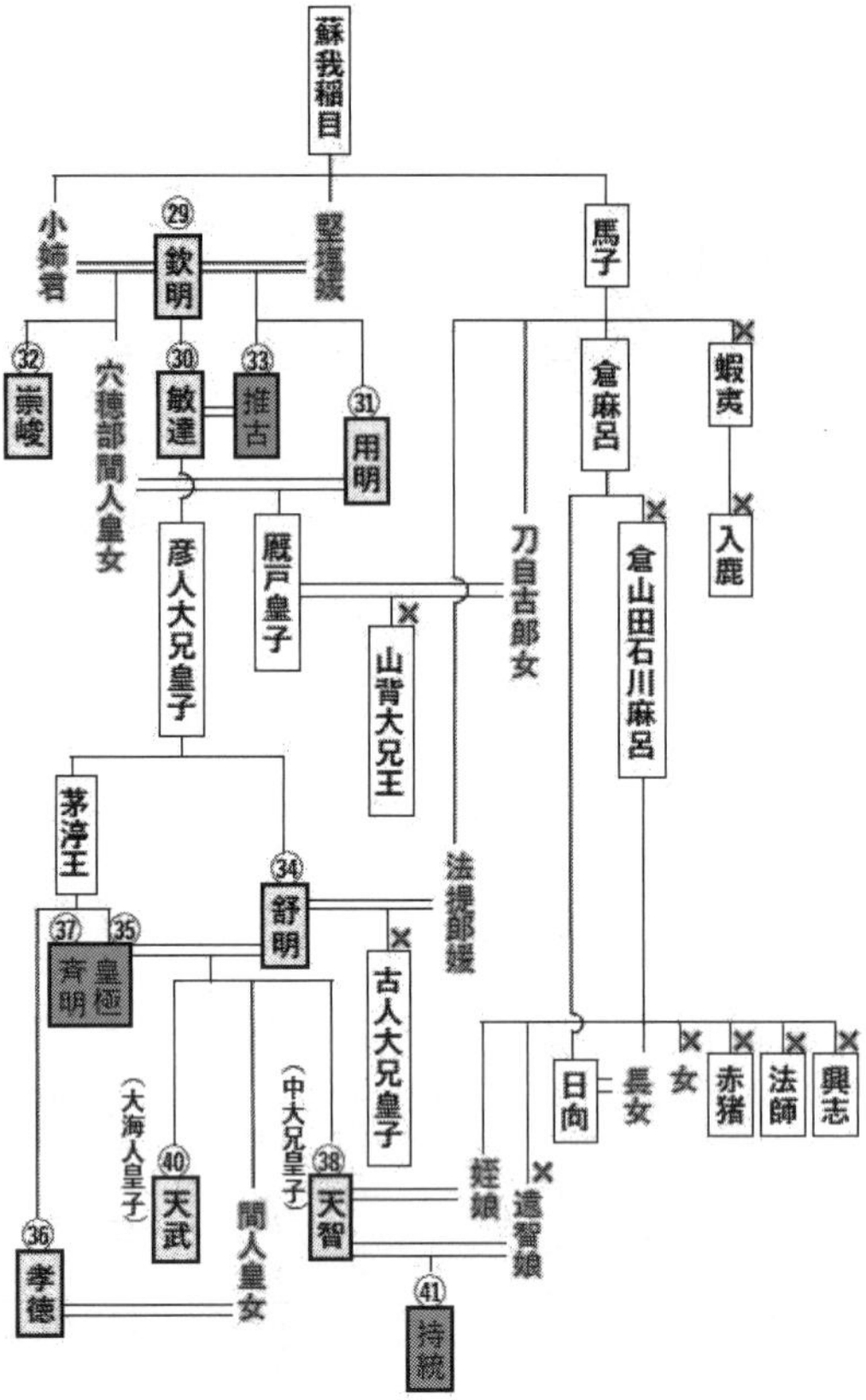

さて、中臣鎌足が中大兄皇子を即位に導くためには、まだしなければならないことがありました。

当時の掟では母が天皇である以上、中大兄皇子は皇位継承権を失ったまま生涯を終えることになってしまいます、そこで皇極天皇の弟・軽《かる》皇子（後の孝徳天皇）にいったん譲位させたのです。

しかし天皇は命の継承であるため、生前退位して次代に譲位することは、生命の秩序に反することになってしまいます。そもそも軽皇子は、舒明天皇の皇后の弟の立場である以上は皇族であっても外戚にあたるため、皇位継承のルール違反です。これを軽皇子の曾祖父が敏達天皇だったことを正当化したのです。

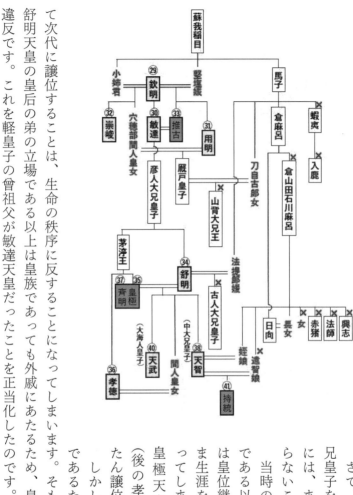

敏達天皇の長男で軽皇子の祖父にあたる押坂彦人大兄皇子が皇位から外されていたのは、母が蘇我氏ではない広姫皇后だったためです。広姫皇后は敏達天皇の先妻でした。後妻に迎えられたのが天皇の異母妹で母が蘇我氏の額田部皇后（後の推古天皇）でした。皇后がはじめて即位したのはこのときです。皇極天皇が女性天皇になることができたのは、皇后が即位した推古天皇の前例があったからです。

『日本書紀』によると、六四二年に皇極天皇が即位した翌年に上宮王家が滅亡。その翌年に中臣鎌足は公職を辞して三島に住み、軽皇子と中大兄皇子に近づいていたのでした。

第十段

難波宮と飛鳥宮――新生日本への深謀遠慮

難波宮は応神―仁徳天皇の時代から
百済との交易が盛んな港として栄えた
政治の中心地でした。
現在の法円坂がまさに
難波宮だったのです。
なぜここが選ばれたのか。
縄文時代から一度も
水に浸かったことがない土地だからです。

当時の政治は太陽信仰だったため、
難波宮は生駒山が真東となる位置に
建てられたのです。

古墳時代が終わり、
政治の中心は飛鳥宮へ移りました。
皇極天皇（姉）から譲位された
孝徳天皇（弟・長男）は、
大化の改新を機に
再び難波宮に拠点を移しました。
孝徳天皇はここで
意欲的に政治に取り組んだのです。
このとき甥の中大兄皇子は
孝徳天皇の皇太子となりました。

ところが中大兄皇子と中臣鎌足は、
天皇をひとり難波宮に置き去りにして、

皇后を含む皇族を全員引き連れて
飛鳥宮へ移動してしまったのです。

真東から太陽が昇る難波宮は
中臣鎌足にとって鬼門だったからです。
天皇に太陽を拝んで政治をされては
都合が悪かったために
中臣鎌足は天皇以外の皇族を
飛鳥へ引っ込めたのです。

孝徳天皇がいじめられてしまったのは、
傀儡にならなかったことと、
難波宮を拠点にしたことが原因でした。
ひとりぼっちになってしまった天皇は、
気を病んで崩御してしまいました。

孝徳天皇には

長男・有間《ありま》皇子がいましたが、
謀反の罪を着せられ、
処刑されてしまったのです。
これにより孝徳天皇の皇統は
断絶してしまいました。

さて次期天皇は？
ここで中大兄皇子を即位させず、
母・皇極天皇を再び即位させたのです。
それがわが国初の重祚《ちょうそ》・斉明天皇でした。

傀儡にならず冷遇された孝徳天皇

蘇我入鹿が暗殺された後、突如天皇の座に就くことになった軽皇子は第三十六代孝徳天皇として即位しました。

孝徳天皇の皇太子を務めた中大兄皇子は、天皇を補佐することなく、孝徳天皇をたったひとり難波宮に置き去りにして皇族・家臣ともども飛鳥宮へ移ってしまったのです。

このとき皇后まで連れて行ってしまったのですから、総スカンを食らって失脚させられた天皇は気を病んで翌年に崩御してしまったのでした。

孝徳天皇の時代の元号は、「大化《たいか》」「白雉《はくち》」です。これは「退化」「白痴」と同じ読みであるため、侮辱的な意味合いが込められていることに気づかされます。元号を取り決めるのは朝廷の重臣です。

中臣鎌足にとって女帝は飾り物であるのと同じく、天皇はあくまでも傀儡でなければならなかったのですが、孝徳天皇は意のままにならなかったために廃されたのです。

天皇が崩御した後、朝廷は次期天皇が問題となります。孝徳天皇には当時左大臣を務めた阿《あ》

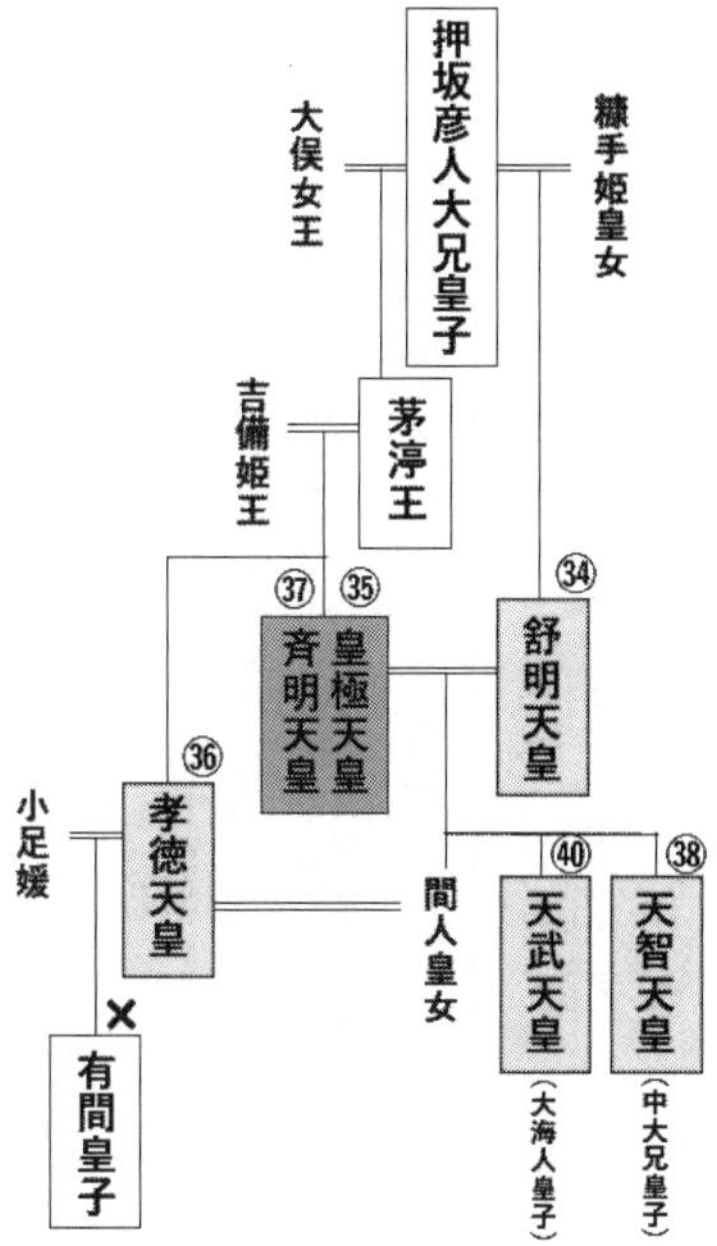

倍内麻呂《べのうちまろ》の娘との間に生まれた長男の有間《ありま》皇子がいました。中大兄皇子を即位させたい中臣鎌足にとって、有間皇子は取り除いておかなければならない人物でした。（系図）

　しかし有間皇子を葬った直後に中大兄皇子を即位させてしまえば、有間皇子を滅ぼした嫌疑をかけられる恐れがあったため、皇極天皇が史上初の二度目の即位（第三十七代斉明天皇）させる形をとりました。これが重祚《ちょうそ》です。

飾り物の適任者は女性天皇より他になし

　皇位の継承は命の継承ですから、一度退位した天皇が再び即位することは、死んだ者が生き返ったことを意味し、自然界の摂理に反することになるのです。

　皇族は皇位継承について決定権を持ちません。そのため重祚という前代未聞の措置を持ち出した者は重臣以外にありません。

乙巳の変で御簾の奥に隠れた皇極天皇を重祚に導いた人物は中臣鎌足でした。中大兄皇子は母が天皇である以上、皇太子の資格がなかったために、即位せず称制という形で政務をとっていたのです。

ところで斉明天皇が皇極天皇だった頃、田植え時期の雨ごいを成功させたことで「至徳の天皇」と讃えられた事績があります。本来の政とは自然の神々を感得し、神の意を世に実現させることにほかなりません。

ところが重祚した斉明天皇は三つの失政を批判されていたのです。

① 大きな倉を建てて財を蓄えたこと。
② 長い水路を掘って多数の人員を動員し、多額の税金をつぎ込んだこと。
③ 船に石を多数積んで運び、丘を築くという無駄な事業に手を染めたこと。

土木事業を繰り返した斉明天皇は「狂心渠《たぶれごころのみぞ》」と揶揄され、民から怨嗟が起きていました。怨嗟というのは、うらみ、嘆くことの意味です。この失政は土木事業を成功させた仁徳天皇とは正反対であることがわかります。斉明天皇の後ろで政治を執っていたのは中大兄皇子と中臣鎌足でした。

土木事業を打ち立てたのは斉明天皇ではなく側近であることは容易に察しがつきます。いずれも失敗してしまった責任を側近が負うことなく、天皇に責任転嫁したのです。それだけでなく、失政を孝徳天皇の長男・有間皇子を失脚させるための政争の具に利用したのです。

有間皇子を陥れるために動いた人物は、蘇我赤兄《あかえ》でした。蘇我赤兄は、蘇我入鹿の暗殺に加担したメンバーの一人だった蘇我倉山田石川麻呂の三男です。父は中大兄皇子に謀反の罪を着せられ、母も兄弟姉妹も自害してしまっていましたが、蘇我赤兄だけは生き残っていたのです。

狂心渠（たぶれごころのみぞ）

有間皇子の家に訪れた蘇我赤兄は、天皇の失政を批判し、新たな政治改革を有間皇子にそそのかしたのです。これに賛同した有間皇子は、蘇我赤兄の裏切りによって陥れられ、中大兄皇子に謀反の罪で処刑されてしまったのです。

蘇我赤兄にとって中大兄皇子は父の仇であるはずですが、有間皇子が処刑された数年後に左大臣の位に就いています。有間皇子を葬ったことで、次期天皇は中大兄皇子が最有力候補となりました。その黒幕は一体誰か。

上宮王家の山背大兄王が蘇我入鹿に攻め滅ぼされたのが皇極天皇二年（六四三年）十一月十一日でした。これは中臣鎌足が公職を退く一年前の出来事です。

有間皇子が処刑されたのが斉明天皇四年（六五八年）十一月十一日でした。同一人物の女性天皇の背後にいたのは中臣鎌足だったのです。

無実の罪を着せられて葬られた山背大兄王、古人大兄皇子、有間皇子は、いずれも長男で皇位継承候補者でした。中臣鎌足は山背大兄王が自害した後に、公職を辞して軽皇子（孝徳天皇）と中大兄皇子に近づいていた経緯を踏まえると、すべてがつながってまいります。

政治に自我を持ち込めば支離滅裂になる

さらに、内政の失敗に続いて国難が降りかかってきたのです。六六〇年、唐・新羅連合軍によって百済が滅ぼされたために、百済の遺臣・鬼室福信《きしつふくしん》から救援要請を受けたのです。

斉明天皇は出征を決断し、中大兄皇子とその弟の大海人《おおあま》皇子を伴って、六六三年に難波津から九州へ出航しました。しかし斉明天皇は、出征を目前にして崩御してしまったため、中大兄皇子が大将に就任したのです。

676 新羅が朝鮮半島を統一
飛鳥に宮が移る
672 壬申の乱
壬申の乱　武人
670 はじめて全国規模の戸籍《こせき》・庚午年籍《こうごねんじゃく》がつくられる
中臣（藤原）鎌足没する
669 中臣鎌足、大織冠《たいしょくかん》、内大臣《うちつおおおみ》の位、藤原《ふじわら》姓を賜る
668 唐が高句麗《こうくり》をほろぼす
667 大津に宮が移る
664 大宰《だざい》府防備のため水城《みずき》がつくられる
倭国の百済復興軍、唐・新羅連合軍にやぶれる
663 白村江の戦い

今城塚古代歴史館の資料をもとに加工

ところが鬼室福信が処刑されたことにより、わが軍の到着が遅れ、唐水軍と遭遇し思わぬ相手と交戦することになったのです。唐水軍の火矢を用いた組織的な攻撃に太刀打ちできなかったわが国は、大敗を喫したのでした。これが白村江の戦いです。

そもそも百済救援に異を唱えた人物がいます。それは大海人皇子（後の天武天皇）でした。大海人皇子は母を同じくする中大兄皇子の弟で、政治の実績を積んでいた人物です。しかし大海人皇子の意見は覆されてしまい、斉明天皇は御自ら百済救援に挙兵したのです。

ここで本当に斉明天皇が御自ら挙兵したのかどうか疑問が残ります。これまで天皇の背後で政治を執ってきたのは、中大兄皇子と中臣鎌足だったからです。人間の考えを政治に持ち込んで天皇を動かせば、支離滅裂な結果になってしまうのは、歴史が証明しているとおり、わが国は大惨敗してしまったのでした。

敗戦国となってしまったわが国は、国家存亡の危機にさらされてしまいました。当時は国防体制が整っていなかったために、急遽九州に水城《みずき》を設置して防人《さきもり》を配置し、警備に当たらせたのです。

防人制度は悪政の極みともいえる内容でした。西日本の民は白村江へ徴兵されて激減し疲弊していたために、防人は九州から遠く離れた東国から動員されることになったのです。これにより民からさらなる怨嗟が巻き起こっていました。

突然徴兵された東国の民は、理不尽の極みを押し付けられることになったのです。防人の任期は三年でしたがほとんどが延長されてしまいました。

韓衣　裾に取りつき
泣く子らを
置きてそ来ぬや
母なしにして
『万葉集』

任務先の住居は土地だけが与えられ、そこに自力で家を建てなければならず、掘っ立て小屋で集団生活を余儀なくされました。その上食糧は自分たちで賄わなければなりませんでした。

さらに任務期間中も税を納めなければならず、任務を終えても帰りの交通費は支給されませんでした。そのため帰れずに行き倒れになった者も多くいました。このように当時の我が国は、民を使い捨てにする非人道的な唐の防人制度を採用したために、敗戦後の体制を整える人的国力さえも低下させてしまったのです。

結局は、唐が攻めてきたわけでもないのに多くの者が無駄死にさせられ、支離滅裂な国防体制となったのでした。

家族の秩序が崩壊すれば国も滅びてしまう

天皇と外戚関係にあった古代豪族を滅ぼし、後から来た渡来人が帰化して若き皇族を取り込んで政治に干渉しはじめたのが飛鳥時代です。

この時代の唐に大惨敗したわが国は、当然唐人による内政干渉があったと考えるのが妥当ではないでしょうか。このことは教科書に書かれることはありませんが、一九四五年の大東亜戦争敗戦後、アメリカが日本を支配した構造と同じことが起きていたのです。

後から来た渡来人は外国魂の帰化人です。彼らは道理に背いているため、わが国が先祖代々受け継いできた方法論をことごとくひっくり返してしまうのです。それで、日本に禍《わざわい》をもたらし弱らせていくのです。**その根底にあるのは、天皇の長男を滅ぼし、傍系と女帝を立てて政治に人間の自我を持ち込む手法です。**

天皇が世襲なのは、あくまでも長男が継承者の役目があるからであって、皇位は奪い合うものではないのです。

長男以外が家を継いだとしても、長男の役目ができないため、不調和が起きて家庭が崩壊し、機能不全になってしまうのです。これが一国を治める家系で起きてしまえば国難になってしまうのです。

第十一段
天智天皇からの伝言とわが国が隠してきた天武天皇

今朝、掃除機をかけているときに直感が来ました。

性別を破壊したい者たちは
男女の無限の創造力を
恐れているのだよ。

そのすぐ後に
玉置神社の神紋のサインが出ました。

玉置神社は吉野の熊野三山の奥宮で
悪魔退散の神様です。

その後、天智天皇から
メッセージを伝えられたとき、
魂の奥底から号泣してしまいました。
このときわたしは天武天皇について
書くことを心に決めたのでした。

すると第二十六代継体天皇さんをはじめ、
歴代天皇からGOサインをもらいました。
その直後、
吉野からもGOサインが来たのです。
歴代天皇連携プレイは絶妙なのです。

歴史とはお家騒動の連続です。
わが国最大の内乱といわれた

壬申の乱はどうして起きたのか。
その本当の理由を
教科書に書かれることはありません。

朝廷の出来事を一部始終見ていたのが
大海人皇子でした。
大海人皇子は中大兄皇子の弟です。
大海人皇子はもともと
白村江の戦に猛反対していたのです。

弟は補佐役として兄を助けていましたが、
兄のそばにはいつも中臣鎌足がいました。
弟はこの二人をじっと見ていたのです。

天智天皇からの伝言メッセージ

令和五年（二〇二三年）五月二日の朝、天智天皇からわたし宛に伝言を受けた方から次のメッセージが届きました。

信じている　進め　愛している

わたしはこの言葉に込められた父の愛に感応して、号泣してしまいました。魂の奥底から湧き起こった涙でした。天智天皇は一三〇〇年間にわたる宇宙の計画を、先手を切って実践されたのです。一族がすべての罪を背負うことを承知の上で…。

天智天皇と天武天皇はわたしにとって特別な存在です。わが国が真に自立の道へ進むためには、歴史に隠されてきた本当を表に出さなければならないと思っていました。天智天皇はそんなわたしの背中を押してくださったのです。そこでわたしは吉野へ行って天武天皇の足跡を追うことになったのでした。

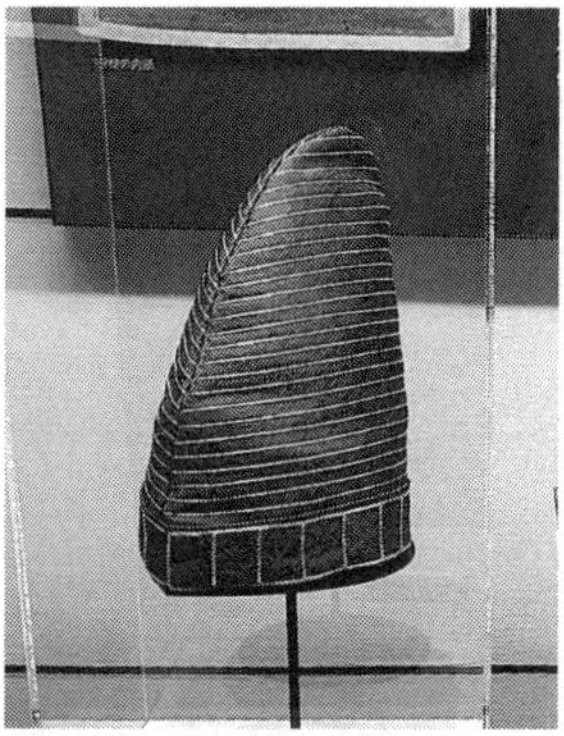

左：玉枕　※複製品　右：大織冠　※複製品（今城塚古代歴史館）

中臣鎌足に心酔した兄を助けたかった弟

大化の改新、白村江の戦い、大津宮遷都を経て、中大兄皇子が天智天皇に即位して三年目のある日。天智天皇は大海人皇子と中臣鎌足とともに狩りに出かけた際、鎌足は落馬して骨折したことを機に、病気になってしまいました。

天智天皇は大海人皇子を使いに出して、これまで尽くしてくれた中臣鎌足に最高位の大織冠と藤原の姓を与えました。三島の阿武山古墳から出土した棺の中に、金糸で刺繍した冠帽《かんぼう》と、銀線で青と緑のガラス玉を綴った玉枕《たままくら》が納められていました。

三島は中臣氏の領地だったこと、被葬者は骨折した後が認められたこと、高貴な人物であることを示す副葬品が納められていたことから、阿武山古墳は中臣鎌足の墓とする説が有力です。

蹴鞠の出会いから二十四年間も頼りにしてきた心の支え

を失った天智天皇は、鎌足が亡くなった二年後に病に臥せってしまいました。天皇は余命いくばくもなくなったころ、大海人皇子を呼びだして、次期天皇の座を託したのです。大海人皇子は自身の病を理由に固辞し、

「次期天皇は、皇后か長男の大友皇子が即位されるのがよろしいでしょう」

と自ら役職を辞し、武器を持たず、家族とわずかな従者を連れて吉野へ出家したのです。兄・天智天皇が崩御してからの大海人皇子は本来たどることのなかった人生を歩むことになったのでした。

初代応神―仁徳―履中、継体―欽明までは、親子間の長男継承でしたが、欽明の次の代より兄弟間の継承に変わっていきました。

親から子への継承は、政に携わるには経験不足であることを理由に、兄弟間の継承が正当化されていたのです。しかしそれは、争いの原因となるわけです。

天智天皇は中大兄皇子のときに、長兄の古人大兄皇子を粛清しましたから、次期天皇は自分の長男を即位させたいと思っても、それでは道理が通らないことになります。自分の長男を脅かす存在が、弟だったという因縁は、「江戸の仇を長崎で討つ」ということわざが当てはまるように、自分が蒔いた種は必ずどこかで刈り取ることになるのです。

第三之巻

神政復古への大いなる祓い浄め

——天武天皇時代。縄文神を継ぐ英雄は寄生族にどう対峙したか

第十二段

大海人皇子（天武天皇）と吉野の人々との絆

吉野に出家した大海人皇子は、
吉野宮にて隠遁生活を送りました。
そこは吉野川流域の宮滝遺跡にあり、
縄文早期から人々が暮らしてきた
文明発祥の地だったのです。

吉野は秦氏の本拠地です。
百済経由で大陸から渡ってきた彼らは、
紀伊半島の山深い縄文の故郷で

静かに暮らしていたのです。
その地に吉野宮は造営されました。

吉野の人々は
天照大神の子孫である
大海人皇子の吉野入りを
快く受け入れてくれたのです。

大海人皇子には
皇位簒奪の意図はありませんでした。
なぜなら大海人皇子は
もともと皇位継承権はなく、
兄の補佐役となるよう
教育を受けてきたからです。

皇族は天皇を補佐して民を守り、
国を守る責務があります。

けれども大海人皇子は、
天皇を補佐する役目を果たせず
民の命を守れず苦しみを与え、
国家存亡の危機を招いてしまったことに、
打ちのめされていたのです。

これでは先祖に顔向けできぬ。
大海人皇子は
先代の補佐役を終えたと同時に
大津宮から身を退くことで
自らけじめをつけたのです。

大海人皇子が物部びいきだった理由

吉野宮は奈良県吉野郡の深い山々の谷を蛇行する吉野川流域にあり、天智天皇と大海人皇子の母・斉明天皇が造営しました。吉野宮は縄文早期から人々が暮らした宮滝遺跡の上に建てられました。

約1300年前の宮滝遺跡の復元イラスト（早川和子氏）

大海人皇子が吉野に潜伏した理由は、母が造営した宮だっただけでなく、大海人皇子を支援した後ろ盾があったからです。大海人皇子は、大海人《おおあま》すなわち海部《あまべ》氏の拠点で養育されたか、海部氏の豪族の乳母に育てられたかいずれかの理由で名づけられました。

海部氏が尾張氏から分かれて丹後の国に拠点をおいた地が元伊勢《もといせ》籠《この》神社なのです。籠神社には始祖彦火明命《ひこほのあかりのみこと》から平安初期に至るまで縦一本に、世襲した直系の当主名が書かれた系図が国宝になっています。海部氏の始祖・彦火《ひこほ》明命《あかりのみこと》をさかのぼれば饒速日命なのです。

元伊勢籠神社の古称は吉佐宮《よさのみや》です。吉野宮と吉佐宮は似ていることに気づかされます。

神代の昔より、ここ吉佐宮にて天照大神と豊受大神を共におまつりされていまして、全国にある「元伊勢」の中でも天照大神と豊受大神が一緒に住まわれたのは、ここ宮津市の籠神社だけなのです。伊勢に天照大神と豊受大神をおうつししたのち、天照大神の孫にあたる海部氏の始祖である彦火明命を主祭神としました。（籠神社の御由緒）

大海人皇子は、海部氏とのつながりが強かったことがこれで明確になったと思います。元伊勢籠神社は、男神天照大神と豊受大神の両神を祀る海部氏の拠点であり、饒速日命と瀬織津姫を皇祖神としてお祀りしていました。

また、大海人皇子の舎人《とねり》・朴井雄君《えのいのおきみ》は物部守屋の息子でした。このような背景があるために、大海人皇子は物部びいきだったのです。

つまり、大海人皇子は吉野で古代祭司族を味方につけたのです。これを裏付けるように朝廷を辞して吉野に隠居した大海人皇子を「虎に翼をつけて放てり」と『日本書紀』に記されています。

「虎に翼」とは、韓非子を引用した言葉で、ただでさえ強い力をもつ者にさらに強い力が加わ

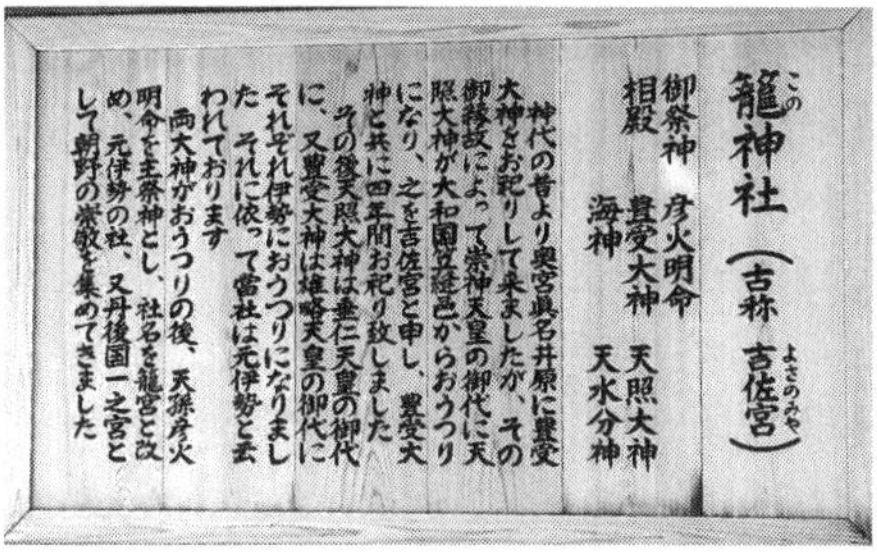

左：籠神社（京都府宮津市）　右：眞名井神社（京都府宮津市）

るという意味なのです。

一方、大海人皇子の姪であり后である鸕野讃良皇女《うののさららのひめみこ》は、鸕野・讃良馬飼部で育てられたことがその名前からわかります。鸕野は讃良の砂遺跡あたりと断定されています。砂遺跡の真東には饒速日命の巨石が位置しています。讃良は古墳時代中期に、秦氏が我が国ではじめて馬の牧場を開いたかつて縄文時代に栄えた土地でした。

以上のことから吉野宮に住んでいた大海人皇子と鸕野讃良皇女はともに、饒速日命を奉じる一族に養育されたことが明らかになりました。

第十三段

国難を救え！　役行者と蔵王権現＝足の神の顕現

「蔵王権現は足の神」

これは吉野で受け取った直感です。
役行者は修験道の開祖。
幼いころから頭脳明晰の天才でした。
人生の転機は十一歳の時。
蘇我入鹿暗殺事件が起きたのです。
葛城山ろくで生まれ育った彼にとって、
このことは大事件でした。

中大兄皇子の諱《いみな》は葛城《かつらぎ》。
葛城山ろくで養育された皇子が、
刃傷沙汰を起こしたのですから。
この大きな政変を機に
わが国は大きく変わり、
民からは怨嗟が起きていました。

役行者は苦しみにあえぐ人々を救うため、
一〇〇〇日に及ぶ厳しい山岳修行で
神仏の出現を祈りました。
現れたのは、
釈迦如来、千手観音、弥勒菩薩でした。
しかしこのやさしい仏様では、
今の乱れた世を救うことはできないと、
さらに祈り続けました。
現れたのは憤怒の相に満ちた厳しき仏。
人間を改心させ、正道へ導いてくださる

釈迦如来、千手観音、弥勒菩薩の
裏の姿の顕現でした。
現れた姿はあまりに巨大であるために
足しか見ることができぬほど。

わが国を国難に陥れた原因は、
葛城皇子にとりついた獅子身中の虫。
この虫を取り除かねば世の穢れは祓われぬ。
蔵王権現が大海人皇子に味方したのも、
古代豪族が大海人皇子についたのも、
わが国を守り、
民の暮らしを守るためだったのです。

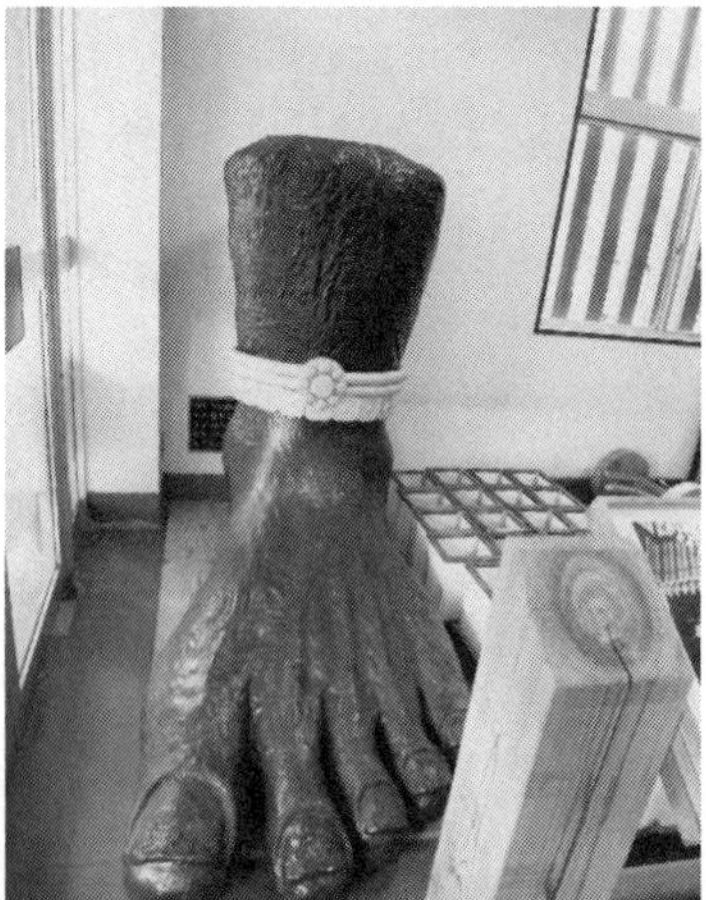

蔵王権現は足の神＝ナガスネヒコだった

この時代に吉野の山を束ねていたのは、修験道の開祖・役行者です。本名は賀茂君役小角《かものきみえんのおづぬ》です。葛城山麓で生まれた役行者は幼少期からの天才でした。役行者は葛城山や生駒山で修行して蔵王権現を感得し、吉野山で修験道の総本山・金峯山寺《きんぷせんじ》を開きました。

賀茂氏が大海人皇子の後ろ盾となり、壬申の乱へと導いたのは、中大兄皇子こと葛城皇子を養育した一族だったからです。葛城山を本拠にしていた彼らは、葛城皇子の後ろ盾となる一族だったのですが、中臣鎌足に皇子を懐柔され、奪われてしまったのです。

歴史の教科書では、葛城皇子の名を隠して、二男という意味でしかない中大兄皇子の名を使ってきたのは、葛城皇子の後ろ盾を封じたかったからと思われます。

ちなみに蔵王権現の「権現」とは、仏や菩薩が仮（雁）の姿として現れることを意味します。しかしこの仏様はインドに起源がなく、仏典にも記述がないため、日本固有の仏とされています。

金峯山寺の御本尊として祀られている金剛蔵王大権現像は、右足、右腕を上げ、左足だけで立っている姿が特徴です。この姿は足の神を暗号化していることがわかります。つまり日本固有の「蔵王権現」とは縄文のアラハバキ神のことであり、長髄彦のことでもあるのです。

蔵王権現が左足を軸にして立っている理由は、長髄彦の名が刻まれた石碑を見ればわかります。そもそも長髄彦の「髄」の文字は「すね」とは読みません。随《ズイ》の旧字体の「月」が「日」になっていることから、長髄彦の名に込められた暗号は、「左回転の太陽」であることがわかります。（図）

役行者は生駒山系で修行した痕跡をそこかしこに残しています。生駒山宝山寺の寺伝によると、役行者が梵文般若心経を書写して納め、弘法大師も若いころに修行したと伝えられています。

河内と大和を結ぶ四條畷市清滝峠を越えた逢坂には、二つの巨石の間に、役行者石像が祀られており、巨石信仰の原始の姿をとどめています。

讃良（四條畷）に位置する天野川の源流は長髄彦の本拠であり、文明発祥の地として古より信仰が守られてきました。清滝瀑布と権現の滝は、修験道の聖地として火の神と水の神が祀られており、権現の滝には八大龍王の伝説があります。生駒山系最大の池である室池（讃良の氷室）は龍の形をした長髄彦のご神体なのです。讃良と役行者は深い関わりがあったことが隠されてきたのは、長髄彦の本拠である讃良が封じられてきたからなのです。

讃良は修験道の重要拠点であり、天野川水系を文明発祥地として重要視してきたことから、讃良と役行者と蔵王権現は深い関わりがあることが明確になってまいりました。

金剛蔵王大権現

髓➡髄

音読み	ズイ
意味	骨の中心にある柔らかい組織。
	物事の中心。本質。要点。

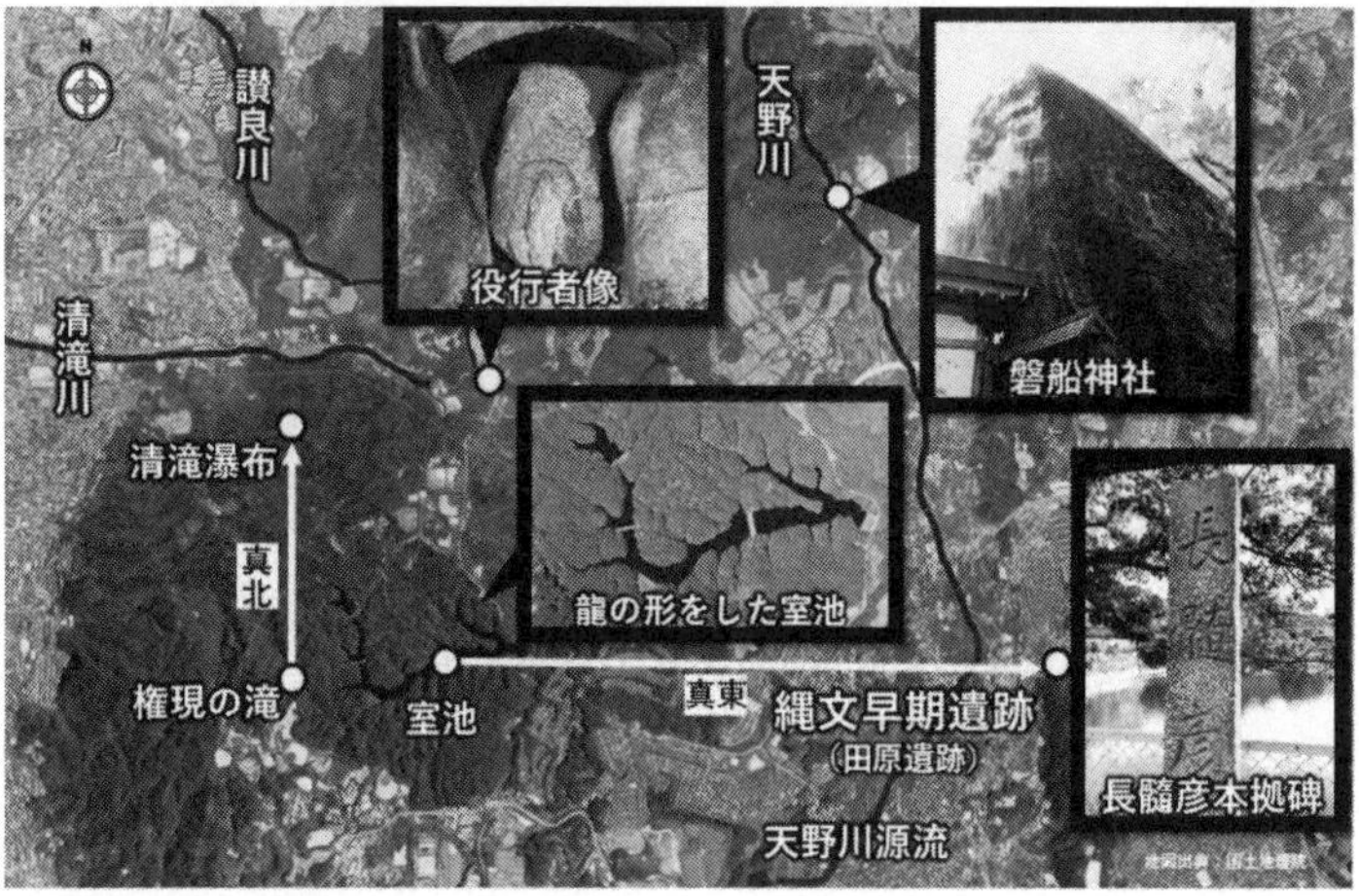

清瀧瀑布（大阪府四條畷市）

権現の滝（大阪府四條畷市）

第十四段

天武天皇に忠誠を尽くした物部氏

人は自分のことしか考えない者のために、
命を懸けて戦うでしょうか。
それがお家相続争いといった
内輪もめならなおのこと。

近江朝は中臣鎌足亡き後、
そのいとこの中臣金《かね》が右大臣に、
蘇我赤兄《あかえ》が左大臣となっていました。
この二人は壬申の乱の決戦のとき、

あろうことか、
主君の大友皇子を見限って
逃亡したのです。

大海人皇子は
これを捕らえて蘇我赤兄は流罪、
中臣金は斬首の刑に処したのです。
その他の重臣は流罪、
その他大勢の兵は無罪としました。

最後まで大友皇子のそばにいたのは
物部麻呂でした。
大海人皇子の物部びいきは一貫しており、
物部麻呂の忠誠心を買って
自分の家臣にしたのです。
これを機に没落していた物部氏は
復興を遂げました。

物部麻呂は石上朝臣《いそのかみあそん》麻呂となり、
天武、持統、文武《もんむ》、元明《げんめい》、元正《げんしょう》の
五代の天武系天皇に仕え、
文武天皇以降は右大臣・左大臣を務め、
生涯忠誠を尽くしたのでした。

七支刀（石上神宮）

極めていました。

大海人皇子に古代豪族が加勢した理由

蘇我氏宗家が滅亡してはじまった大化の改新以降、朝廷の度重なる悪政に民は疲弊し困窮を極めていました。

その後に起きた白村江の戦いで大惨敗を喫し、疲弊した民に追い打ちをかけるように、防人に召集された者の家族は引き離されてしまい、苦しみと悲しみにあえぐ世に暗転してしまいました。それだけにとどまらず、敗戦後に急遽、近江に遷都したことが、古代豪族たちの怒りを買った決定打となったのでした。なぜなら我が国最大の水がめを朝廷に抑えられたのも同然だったからでした。

そもそもこのような事態になったのは、葛城皇子（中大兄皇子）が中臣鎌足（鎌子）に取り込まれてしまったことからはじまったのです。

それ以来、藤氏（唐氏）が朝廷に内政干渉しはじめ、皇位継承に奸計をめぐらせ朝廷秩序を乱し、挙句は白村江の戦いに誘導したのみならず大敗を喫し、我が国の防衛力の脆弱さを露呈しただけでなく、その責任を天皇と民にかぶせて唐の防人政策を持ち込んで国力を大きく削いだのです。

天の道に背いて弱冠の皇子を心酔させて傀儡にし、挙句は天皇から最高の位を得るまでに至った一族の横暴をこれ以上許してしまえば、必ず我が国は乗っ取られてしまうであろうことは、大陸の民族性を知っている者なら誰しも予見できることでした。

壬申の乱・戦いの地（なら記紀・万葉プロジェクト）

一刻も早く反逆因子を朝廷から取り除くために決起したのは賀茂氏、尾張氏、そして大海人皇子の後ろ盾の海部氏、尾張氏、物部氏の古代豪族たちでした。彼らの先祖は古墳時代に国体を護るために命がけで海を渡って帰郷した秦氏であり、天皇とともに国づくりに励んだ出雲系の神々の子孫です。朝廷奪回を果たして大海人皇子が次期天皇に即位すれば、人間の自我による政治から神の政治への転換を図り、乱れた祭祀形態を正常化して太陽信仰を復興させることができると考えたのです。

瀬田の唐橋
（滋賀県大津市）

桃配山
（岐阜県不破郡関ヶ原町）

天智天皇崩御に先立てて出家した大海人皇子をかくまった吉野宮と、海部氏の本拠・吉佐宮が山と海の独自のネットワークで連携し、大海人皇子側につく兵を集めていたのでした。

大海人皇子軍は吉野から出発して宇陀で宿を取り、そこで武器と兵を集めました。ルートは大きく二手に分かれましたが、河内と大和と伊賀では大友軍に苦戦を強いられました。

その理由は、大友皇子の諱《いみな》は伊賀という名前のとおり、伊賀では増援を受けた大友皇子が優勢だったからでした。

桑名と不破（関ヶ原）では尾張氏とその同族が大海人皇子軍に加勢し、気運が高まりました。大海人皇子は不破で兵たちに桃をふるまってねぎらった逸話もあります。桃は古より邪気を払う効力があると信じられてきました。

この逸話によって桃配山《ももくばりやま》と名付けられたことから、徳川家康は大海人皇子が勝利した縁起を担いで関ヶ原の合戦

での重要な拠点にしたのです。(写真)

最終決戦のとき、大海人皇子は瀬田の唐橋で大友皇子を追い詰め、わが国最大の水源地と朝廷を奪回したのです。(写真)

大海人皇子の真の敵は中臣氏だった

左大臣の蘇我赤兄と右大臣の中臣金は大友皇子の負けが決まったとき、主君を置き去りにして逃亡したことは特筆すべき事実です。

主君を見限って逃亡するとは家臣としてあるまじき行為。命をかけて主君をお守りするのが家臣の役目です。しかし近江朝の重臣は、主君を傀儡にして朝廷を専横してきた裏切り者だったのです。

大海人皇子は蘇我赤兄を重役とともに流罪、中臣金を斬首の刑に処したのは、先代の中臣鎌足より朝廷秩序を著しく乱し、皇族を操って支離滅裂な政治で民を苦しめてきたからです。

我が国の歴史では、政治の世界から追放する流罪が最も重い罪に相当すると考えられてきましたが、斬首の刑に処したということは、流罪よりも重い罪ということになります。

現代で最も重い罪は、外患誘致罪にあたります。これは外国と共謀して我が国への侵略を仕向けた者は、陰謀や未遂であっても死刑に処される罪です。

白村江の戦いは、百済救助が大義名分でしたが、このことに猛反対していた大海人皇子の意見を押し切ってまで、「斉明天皇自らの挙兵」により突き進んだのです。その結果、大敗を喫して甚大な被害を被ったのです。斉明天皇は飾り物であり、政務は称制した中大兄皇子と中臣鎌足が取り仕切っていたのですから、朝廷の責任は計り知れません。

中大兄皇子を補佐する立場の大海人皇子の兄弟の間に立ち入ったのは中臣鎌足です。この者が皇族に干渉しなければ戦は避けられたと思われます。

朝廷の大掃除はあくまでも我が国に棲みついた獅子身中の虫を取り除くことだったため、それ以外の大友皇子軍に加担した者たちに対しては無罪放免だったのです。

大友皇子に最後までそばについていたのは物部麻呂でした。大海人皇子は主君に忠誠を尽くした物部麻呂を処刑せずに保護し、自分の家臣にしたのです。

これを機に、天武朝では物部氏が重用されるようになり、没落していた物部氏が返り咲いたのです。

大友皇子は聡明で優しい性格でした。父・天智天皇が亡くなった後、次期天皇を大友皇子に託したかったことも、自分が即位しても取り巻きに利用されてしまうであろうこともわかっていたはずです。
ともに政務に取り組んできた叔父の大海人皇子は有能で多くの実績があり、人望の厚い人物であることも知っていました。だからこそ、父の遺言どおりに叔父が即位することは近江朝の重臣たちが許さなかったのです。

わたしは令和四年（二〇二二年）五月二十九日に、天智天皇の導きで、瀬田の唐橋へ行ってきました。その際、大友皇子から近江神宮の紅葉を賜ったのです。和合の印に授けてくださったのだとわかりました。（写真）

大友皇子から賜った近江神宮の紅葉

大海人皇子の真の敵は大友皇子ではなく、中臣鎌足だったのです。天智天皇は中臣鎌足に大織冠《たいしょっかん》を与えましたが、天武天皇ならばわが国を白村江の戦に巻き込んだ罪で斬首していたでしょう。
しかしすでに亡くなっていたため、中臣鎌足に罪を問うことはかなわず、後任の中臣金が左大臣となりましたが、朝廷を専横してきたのみならず、主君への忠誠心は微塵もなく、己の身の安全のために我先に逃亡する裏切り者だったのです。

結局斬首の刑に処されたのは、中臣金ただ一人だけだったのです。このことから壬申の乱の本当は、朝廷を専横してきた中臣氏を排除するために起こした戦だったのです。

ここで言及すべきは、大海人皇子は中臣氏を根絶やしにはしなかったということです。このことは後にわが国に絶大な影響力を誇る一族の繁栄へとつながっていくのです。

第十五段
浄め祓う浄御原《きよみはら》天皇こそわが国の英雄

太陽信仰を封じた寄生族は、
皇族にとりつき宮中に入り込んで
生命の秩序を破壊し
禍を呼び寄せ民を苦しめてきました。

寄生族は神の理に逆らって生じた禍を、
宿主の天皇に責任転嫁してきたのです。
これを「獅子身中の虫獅子を食う」
というのです。

天智天皇の側近は
だます、嘘をつく、人の悪口を言う、
約束を守らない、信頼できない、
道理に反する思考回路だったので、
対話が不可能だったのです。

秦氏が大海人皇子に協力したのは、
正直、献身、忠誠心、以心伝心、
暗黙知、一を聞いて十を知るように、
志も奉じる神も同じだったからです。

縄文の血を色濃く受け継いだ
吉野の国栖《くず》の人々は、
天武天皇の事績を讃えて

浄御原天皇＝浄め祓う天皇

として崇敬してきました。

国栖人は代々長男が国栖奏《くずそう》を継承し、
一六〇〇年前は応神天皇に
一三五〇年前は天武天皇に
奉納してなぐさめてきました。

二人の天皇に共通するのは
武勇の強き天皇ということ。
舞いは祓い浄めであると同時に、
魂振りで天皇に力を込める呪術。
国栖の人は舞楽で
蔵王権現を天皇に込めたのです。

浄御原《きよみはら》神社にお参りしましたら、
天武天皇が光で現れてくださいました。

まさに天皇の腰掛椅子！

天武天皇が
巨岩と一体となって祀られているのは、
縄文神の子孫である証。

神道の儀式や
宮中祭祀を取り決めたのは、
天武天皇でした。
大嘗祭のときに
国栖奏を奉納する慣習は
蔵王権現を天皇に込めるための
儀式だったのです。

天武天皇と歴代天皇の偉大さを思い知る

天智天皇に背中を押してもらったわたしは、吉野へ行って天武天皇の足跡をたどっていきました。壬申の乱は教科書では、わが国最大の皇位継承争いと教わりますが、本当のことは天武天皇がいちばんよくご存じのはずです。

令和四年（二〇二二年）十二月十二日、継体天皇が御祭神の足羽《あすわ》神社にいたわたしに、

そなたがわたしの妻ならば、何も申さずともわかるであろう

と天武天皇が笑いながら伝えてくださったのです。

そのとき、天武天皇はわたしを導き、ずっと見守ってくださっていたことがわかりました。わたしは懐かしさと親しみをとても感じた一方で、天皇とは思えない荒魂的性質の強烈なご神気だったことに驚いたものでした。そう感じた理由はきっと、天武天皇は蔵王権現をまとい、出雲系の神々を味方につけて我が国の大掃除をされた唯一の天皇だったからでしょう。

令和五年（二〇二三年）五月二十一日に浄御原神社へ行った際は、光ではっきりとご存在を現してくださいました。天武天皇は光のご存在なのに、そのご事績を捻じ曲げて皇位簒奪の印象操作が為された教科書を、わたしたちは疑いもなく信じさせられてきたのです。

我が国は一三五〇年以上前からの呪詛が仕掛けられています。わたしはその呪詛を見破り解除しなければ、日本は真に立ち上がれないことがわかっていったのです。

歴代天皇はどなたも教科書には決して書かれることのないご苦労を背負ってこられたのです。どなたも民を守るために最善を尽くしてくださいました。そして誰一人として責任転嫁される方はおられません。当時も今も、当事者としてこの国を案じておられるのです。

大掃除の後は日本の建て直し

壬申の乱に勝利したとはいえ、大陸の情勢は依然緊迫した情勢にあり、唐は百済を滅ぼした後は高句麗を滅亡させていました。

天武天皇が六七三年に即位した翌年の六七四年、唐の高宗は自らの称号を皇帝から「天皇」と名乗ったことが遣唐使を通じて天武朝に伝えられました。

これを機に天武天皇は高宗と対等の立場をとるために「天皇」の称号を正式に採用し、独立

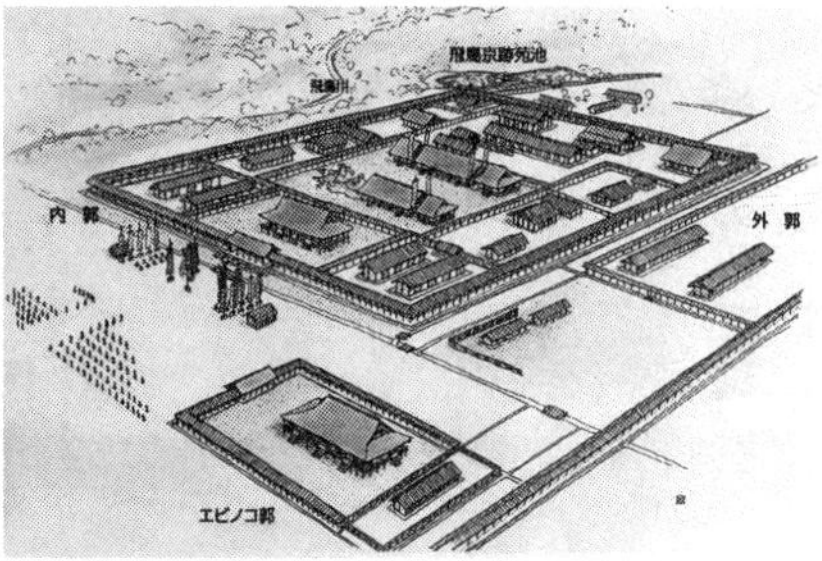

左：飛鳥浄御原宮跡（奈良県明日香村）　右：飛鳥宮復元図

国であることを知らしめるために「日本国」と国号を定めました。それはかつて、厩戸皇子が隋と対等の立場をとった際と同じ対外政策だったのです。

内政は皇族だけで取り仕切りましたが、壬申の乱で活躍した古代豪族が後ろ盾に控えていたことはまちがいありません。

大海人皇子は大津宮を廃し、飛鳥宮を建て直して「浄め祓う宮」との意味を込めて飛鳥浄《あすかきよ》御原宮《みはらのみや》を開きました。政務が急がれたため新しい宮を造営するよりも、両親が使っていた飛鳥宮を再利用したのです。

唐・新羅連合軍に大敗して以来、国家存亡の危機にさらされていた我が国は、天武朝になってから思わぬ急展開となりました。新羅は唐と同盟を破棄して、わが国に親交の意を表してきたのです。

このことは唐と新羅に大敗を喫した日本を好転させるまたとない機会でした。新羅もまた、唐の脅威にさらされていたのです。

近江朝は敗戦後も唐と交易していましたが、天武朝は唐と国交を断絶して新羅と国交を結び、唐をけん制する立場をとったのです。

それまで唐と交易が続いていたのは、敗戦国となったゆえに唐の支配下に置かれてしまっていたからなのか、あるいは近江朝を専横した藤氏が唐との交易を求めたからなのか。いずれにしても、わが国の歴史は一三五〇年前からひっくり返っていたことになります。

天武朝は新羅との交易には盆地の飛鳥よりも難波津が適していると考えたため、難波宮を副都として復興させたのでした。

神政復古を目指した天武天皇

一人の人生で為せることはほんのわずか。そのわずかな人生で国のリーダーが為すべきことの第一は、民の生命を守ること。民と国を守るためには外交だけでなく、内政においても改革が必要でした。

天武朝では大臣を一人も置かず、皇后と揃って政務を取り仕切りました。これは仁徳天皇と同じ政治形態をとったもので、歴代天皇の理想としたものでした。

天皇の補佐は天智・天武天皇の皇子が担い、国防は軍事氏族の秦氏を登用しました。

神事のみでは外国に攻め入られる。軍事は義命なくては成り立たない。

天武天皇はこの二つを両輪とし、新生神国「日本」を立ち上げたのです。朝廷の秩序を取り戻し、唐の脅威からわが国を守るための新たな体制を立ち上げました。

（1）政治

●天照大神を皇祖神とした……元伊勢籠神社の御祭神・彦火明命の祖神が天照大神。
●天皇を神道最高神官と位置づけた……天皇が神政を執り行うため（皇親政治）
●大嘗祭《だいじょうさい》、新嘗祭《にいなめさい》・五節《ごせち》の舞などの制定……神政を執り行うための神と天皇が一体となる儀式。
●式年遷宮を制定……天照大神を内宮、豊受大神を外宮にて祀り、建築技術を保存継承する。
●仏教は家ごとに氏寺を建てさせた……家を捨てる仏教を、日本の国柄に結び付けた。
●道教に造詣を深めた……北極星信仰は老子を神とする太陽信仰。
●芸能を保護し伝承させた……伝統技術と精神性を子孫に保存継承する。
●馬、牛、鶏、犬、猿を食すことを禁じた……家畜や人間を理解する動物の保護。
●稲作の奨励……米は備蓄可能な栄養食。米を神聖視し食糧の確保は最優先の国策とした。
●藤原宮の造営……一代ごとの宮を取りやめ、恒久的に機能する大規模な宮をつくらせた。
●飛鳥浄御原令《りょう》の制定……令は行政をはじめとした刑法以外の法律。持統朝で完成するも現存せず。
●『古事記』『日本書紀』編纂を発令……『古事記』は七一二年、『日本書紀』は七二〇年に完成。

（2） 文化

●土着の文化の保存……縄文をルーツとする文化の掘り起こし。
●伝承や文献の保護……土地の伝承と信仰を記録した文献を整頓。
●万人に「諸悪はするな」と詔を発令……万人に共通する社会秩序を保つ。
●我が国初の貨幣・富本銭《ふほんせん》の鋳造……通貨としてではなく、まじない用としてつくらせた。

（3） 軍事

●「政の要は軍事である」とした……神事と軍事を両輪とする国防の強化。
●役人に武芸と乗馬を命じた……朝廷の護衛と警備の強化。

（4） 人事

●身分不問の官人の雇用制度……志願者の動機と適正を見極めた。
●女性の雇用を創出……志願する女性は夫の有無を問わず女官として採用した。
●能力重視の人事……家柄を問わずすべての者は下級官人《かきゅうかんにん》から登用した。
●氏姓制度の再編……壬申の乱の功労者への褒賞として八色《やくさ》の姓《かばね》を与えた。

(5) 外交

●蝦夷《えみし》との親交……独立国として尊重し、冠位を与えた。
●唐と国交を断絶し、新羅と同盟を結んだ……統一新羅時代は遣新羅使が親交を求めてきた。

天武―持統朝の特徴は、後にも先にも他の天皇には見られない政策が盛りだくさんです。

体制を一新して「日本」を建国した天武―持統朝は、秦氏が大活躍した応神―仁徳朝の再来でした。これは歴代天皇が理想とした神政であり、神事と軍事の一体化は河内王権の復興でした。それは国を護る術を持たなかった縄文人が「日本人」に進化して成し遂げた修理固成の一形態だったのです。

君・臣・民が心を一つにして励んだ理想の国づくりは、国家存亡の危機にあった日本に、内外の戦なく平和をもたらし、飢饉、疫病、災害も少なく世が安定し、白鳳文化が花開いたのでした。

難波宮跡から発掘された新羅土器

第十六段

「吉野の盟約」は八咫烏との固い契り

神事（命）と軍事（守る）の本質は
「命を守るため」
この一言に尽きるようです。

天武天皇が即位して七年後、
天皇には母の違う息子が六人いましたが
草壁皇子を皇太子にすることを
行幸先の吉野宮にて宣言しました。

「兄弟が争わないよう、
皇太子の言うことをよく聞いて
兄弟が助け合うことを誓わせた」
と教科書では教えていますが、
「吉野の盟約」というからにはその本質は
吉野の八咫烏との固い契りだったのです。

壬申の乱の恩賞として、
天武天皇の皇統は物部氏を後ろ盾とする
草壁皇統を嫡流とすることが
「盟約」の意図だったのです。
このとき天武天皇は和歌を詠みました。

よき人の
よしとよく見て
よしと言ひし
吉野よく見よ

よき人よく見

天皇の吉野の人に対する
絶対的な信頼を詠んだ和歌は
天武天皇の揺るぎない誓いを
約束するものだったのです。

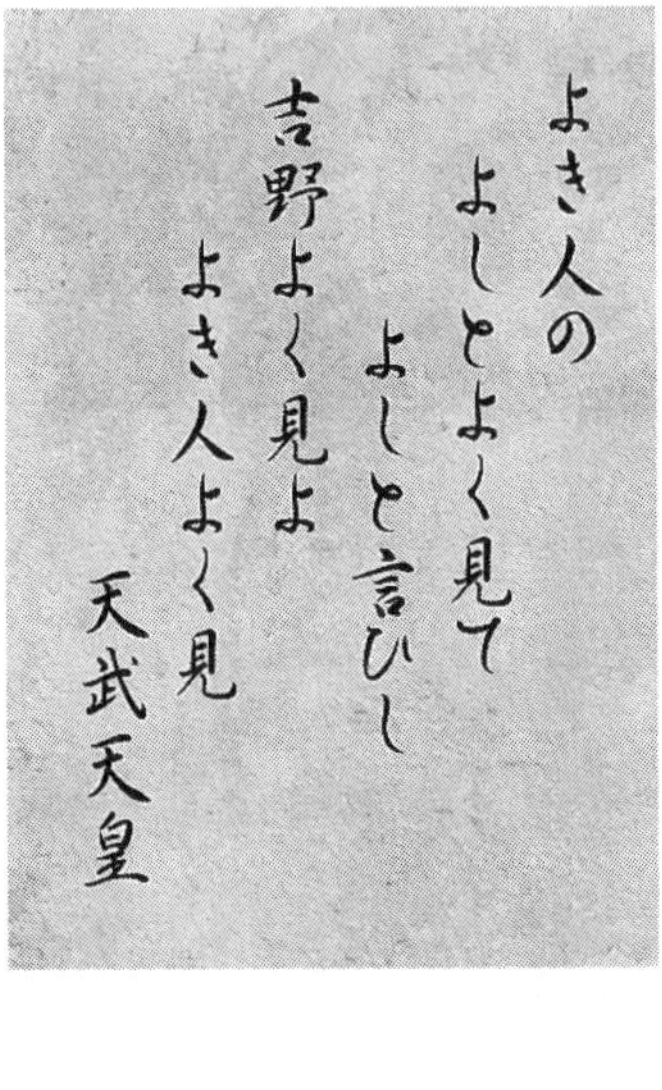

皇位継承を争わず朝廷秩序を保つための秘策

天武天皇は壬申の乱から七年後に皇后と皇子たちを連れて吉野宮に行幸しました。このとき天皇は皇后とともにすべての皇子を抱き、

「私たちには六人の皇子がいて、皆母親は異なるけれども、天皇の勅にしたがってお互い助け合おう」

と言って草壁皇子を皇太子とし、異母兄弟が天皇を助けて互いに争わないことを誓わせました。これが歴史の教科書が教える「吉野の盟約」です。

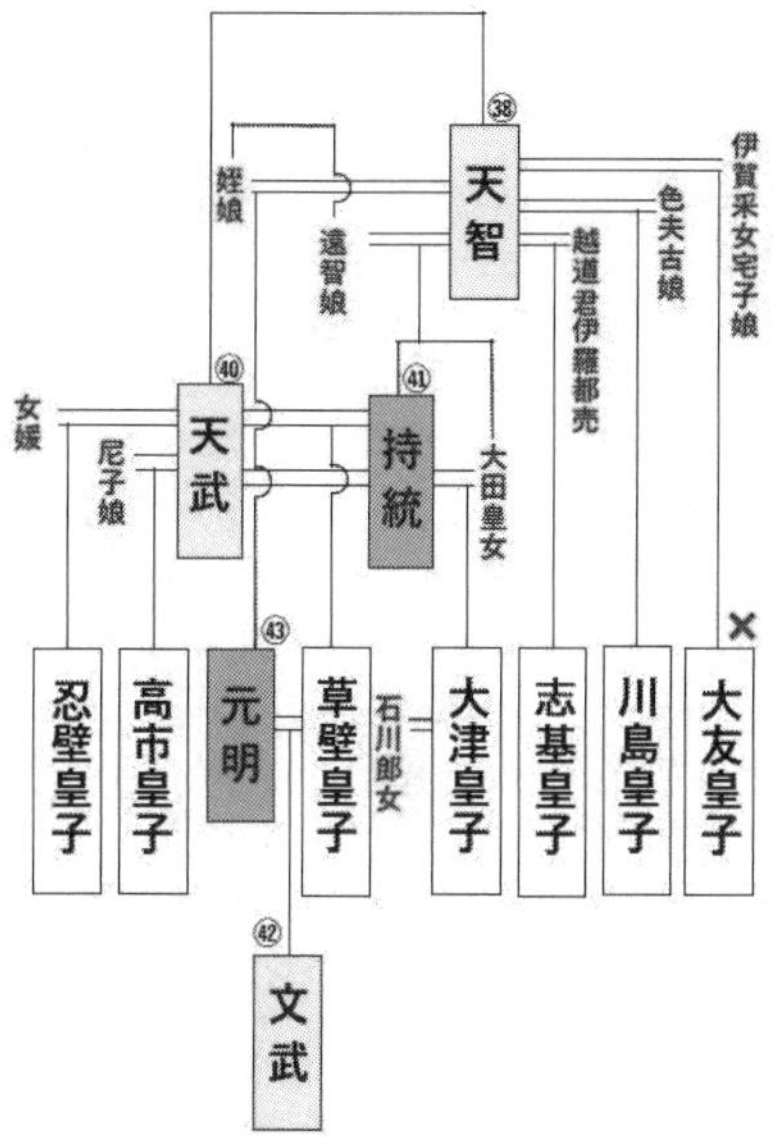

38 天智
伊賀采女宅子娘
色夫古娘
越道君伊羅都売
遠智娘
姪娘
40 天武
41 持統
女嬬
尼子娘
大田皇女
×
大友皇子
川島皇子
志基皇子
大津皇子
石川郎女
草壁皇子
43 元明
高市皇子
忍壁皇子
42 文武

六人の皇子は草壁皇子、大津皇子、高市皇子、忍壁《おさかべ》皇子、川島皇子、志貴皇子で、川島と志貴が天智の子、残る四人は天武の子です。

本来なら、二番目に生まれた弟とは十歳ほど年の離れた高市《たけち》皇子が長男ですが、母親が

身分の低い采女《うねめ》だったため、皇位継承権はありませんでした。

しかし壬申の乱では父に成り代わって軍を取りまとめ、的確な判断力と実行力を見事に発揮した功績がありました。それでも高市皇子は庶子としての立場をわきまえていたのです。庶子はたとえ長子であっても後ろ盾がないために、嫡男にはなれなかったのです。

皇位継承候補者はともに皇族の母を持つ草壁皇子と大津皇子でした。天智天皇の長女の大田《おおた》皇女が大津皇子を生みましたが、すでに亡くなっていました。天智天皇の二女が鸕野讃良《うののさらら》皇女です。その息子が草壁皇子でした。

長女が一番で、二女が二番ですから、天武天皇の皇后となるのは大田皇女でしたが、故人となっていたために、鸕野讃良皇女が皇后になりました。

先妻の皇后との間に生まれた長男が嫡男ですから、大津皇子が嫡男となるのです。ところがこのことが後継者問題に発展していったのです。

『日本書紀』『続日本紀』『万葉集』には草壁皇子が長男と書かれており、『懐風藻』では大津皇子が長子と書かれています。『懐風藻』の撰者は、大友皇子のひ孫にあたる淡海三船《おうみのみふね》です。

草壁皇子は、日下部＝物部氏に育てられたか、乳母が日下（孔舎衙）出身だったかのいずれかです。日下といえば仁徳天皇は、后の髪長媛との間に生まれた子を日下で養育させ、皇子を大日下王、その妹は若日下王と名づけた先例があります。

物部びいきの天武天皇が、仁徳天皇になぞらえて鸕野讃良皇女との間に生まれた皇子を、物部氏の本拠である日下で養育させたことは十分に考えられます。


一方、母を大田皇女とする大津皇子はその名のとおり大津で養育されたか、乳母が大津の豪族の出だったかのいずれかです。大津宮は天智天皇の代で造営されたため、大津皇子の後ろ盾は近江朝の豪族だった可能性が高いのです。天智天皇は、大津皇子をことのほかかわいがっていたことが『記紀』に記されています。

以上のことを背景にするなら、天武天皇がわざわざ吉野で草壁皇子を皇太子にすることを宣言したのは、次期天皇は大津皇子ではなく、草壁皇子を皇統につなぐことで物部氏を後ろ盾にし、朝廷の秩序を保とうとした狙いがあったといえます。

それを裏付けるように天武天皇は和歌を残しています。


「よき人の　よしとよく見て　よしと言ひし　吉野よく見よ　よき人よく見」天武天皇

「吉野の盟約」の真相は、天武天皇と鸕野讃良皇后の直系である草壁皇統を嫡流とし、物部氏を後ろ盾にすることを約束した固い契りであったと考えられるのです。

問題はここからで、天武天皇は「吉野の盟約」の六年後に崩御してしまいます。そのすぐ後に大津皇子が謀反を企てていると密告されたことで自害してしまったのです。享年二十四歳。吉野で天武天皇が草壁皇子を次期天皇とする盟約をすでに交わしているのですから、大津皇子が父の遺言ともいえる約束を反故にしてまで謀反を企てたとは考えにくいため、無実の罪を着せられたものと思われます。

一説では鸕野讃良皇后が首謀者ではないかと考えられているようですが、すでに草壁皇子が次期天皇に決定しているのですから皇后が大津皇子を粛正する理由はないのです。

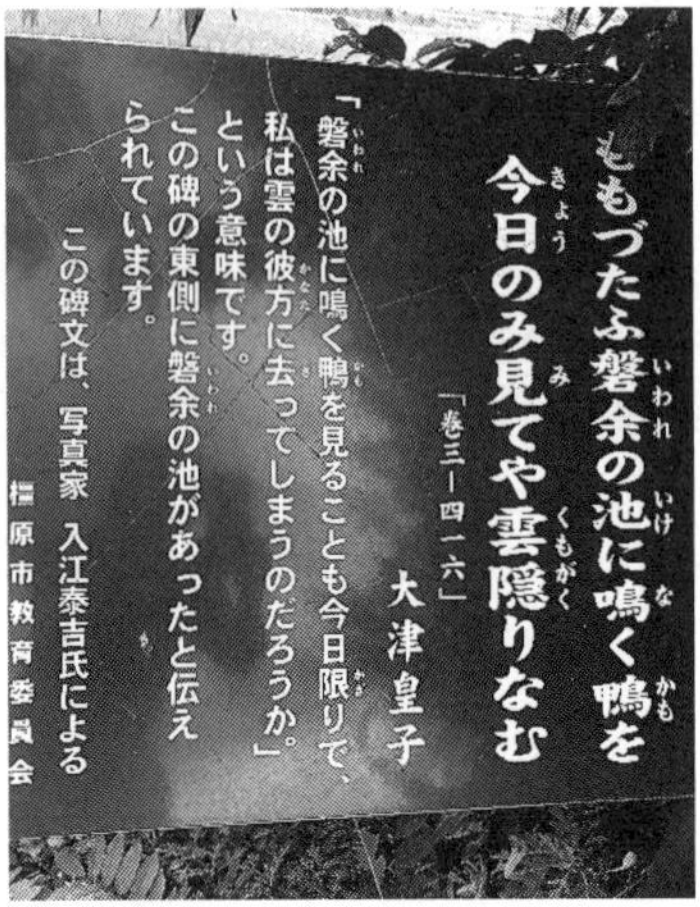

磐余の池（奈良県橿原市）

しかし、首謀者は誰であれ、称制（即位せずに政治を執ること）していた鸕野讃良皇后の責任となるのです。

このことは鸕野讃良の父・天智天皇が天皇の長男に謀反の罪を着せて自害させたことと同じです。このように、親が犯した罪は子が受けついで、孫に現れるのです。

八世紀に編纂された『日本書紀』『懐風藻』では大津皇子を以下のように賛辞しています。

体格や容姿が逞しく、寛大。幼い頃から書物をよく読み、その知識は深く、見事な文章を書いた。成人してからは武芸を好み、巧みに剣を扱った。その人柄は、自由気ままで、規則にこだわらず、皇子でありながら謙虚な態度をとり、人士を厚く遇した。このため、大津皇子の人柄を慕う、多くの人々の信望を集めた。

一方、草壁皇子は病弱だったこともあるにせよ賛辞した記載がほとんどありません。それは、草壁皇子の後ろ盾は物部氏だったからにほかなりません。いずれにしても草壁皇子は編纂者にとって都合の悪い人物だったことはまちがいありません。

後継者問題は続くよどこまでも

天武天皇が崩御した後、「吉野の盟約」どおりに草壁皇子が即位しなかったのは、当時は三十歳に満たない皇子は天皇にはなれなかったからです。そのため天武天皇の殯《もがり》に二年三か月間も行われ、時間稼ぎをしていたものと思われます。

草壁皇子は天武天皇が崩御時はまだ二十五歳でした。そのため次期天皇に即位するまでの間、鸕野讃良皇后が称制（天皇の代わりに政治を執ること）を務めたのでした。

六八九年、天武天皇の殯と埋葬が終わった四か月後、草壁皇子が二十七歳の若さで薨去してしまいました。草壁皇子が即位前に薨去する事態となったことで「吉野の盟約」は消滅したのも同然。草壁皇子を取り巻く豪族たちは動揺を隠せなかったことでしょう。

天武天皇の皇子は他にもいましたが、草壁皇統を守りたい物部氏にとって「吉野の盟約」をゆめゆめ消滅させることはできなかったのです。頼みの綱は草壁皇子の長男・軽《かる》皇子の存在でした。軽皇子が即位すれば「吉野の盟約」が復活するのですから。

草壁皇統を軽皇子につなぐまでの間、鸕野讃良皇后を天皇に即位するよう導いたのが、天武天皇が最も信頼した忠臣・石上（物部）朝臣麻呂でした。

すでに称制を執っていた皇后を即位させることが、天武天皇の政治路線を守り、草壁皇統を確実につなぐためには最善の選択だったのです。このような背景があって六九〇年に持統天皇が即位したのでした。

持統天皇は天武天皇の意思を引き継いだ皇親政治を継続するため、高市《たけち》皇子を太政大臣に任命し、天武朝の政策を完成させたのです。それは夫婦で政策を立てたからにほかなりません。

持統天皇が譲位して文武天皇が即位した後の七〇四年に、石上朝臣麻呂は右大臣従二位に任命され、天皇より二一七十戸を与えられました。石上麻呂は忍壁《おさかべ》皇子の下で二番目の地位になり、皇族以外では最高位となりました。

元正天皇七〇八年には石上麻呂が左大臣正二位に昇格し、七一五年に穂積親王が没すると、石上麻呂が臣下の最高位となりました。これが、天武天皇が吉野で交わした「吉野の盟約」の実現だったのです。

その二年後、石上朝臣麻呂は七十八歳で薨去。元正天皇は深く悼み、従一位を追贈しました。『続日本紀』には「追慕し痛惜しない百姓はなかった」と記されていることから、その人柄がうかがえます。

このように物部氏は、天武天皇の遺言「吉野の盟約」が守られたことによって最高の地位を確立し、天武、持統、文武《もんむ》、元明《げんめい》、元正《げんしょう》の五代にわたる天武系天皇に生涯忠誠を尽くしたのでした。

持統朝にのし上がってきた藤原不比等

持統天皇は即位と同時に高市皇子を太政大臣に任命して側近にしましたが、高市皇子は六年後の四十二歳の若さで薨去してしまいました。頼りにしていた高市皇子を失ったことで持統天皇の皇親政治は不安定になりました。このとき家臣にのし上がってきたのが藤原不比等《ふひと》だったのです。藤原不比等は中臣鎌足の二男で、藤原姓を継いだ初代藤原氏です。中臣鎌足の長男・定慧《じょうえ》は唐に留学して僧侶となっていました。

天武天皇の時代、不比等はまだ政に関わる年齢に達しておらずなりをひそめていましたが、持統天皇の代になってからは、父・中臣鎌足の後を継いで役人になっていたのです。

不比等は自らの地位を上げるため、蘇我連子《むらじこ》の娘・娼子《しょうし》と婚姻を交わしたことにより、藤原氏を立ち上げて間もないのにもかかわらず、外戚関係となった蘇我氏の地位を利用して藤原氏の名を世に知らしめたのです。つまり無名だった藤原不比等は有力氏族の名を借りて出世したのでした。

ちなみに不比等と言う名前は、書記官を意味する「史《ふひと》」から名乗ったことが考えられます。

藤原不比等は父・鎌足と同じく、女性天皇の代に彗星のごとく現れた人物だったのです。

第四之巻　国家／家族の存亡を分かつ宇宙原理

――天武－持統朝以降の時代。神の男女正反対と国家乗っ取りの闇連関

第十七段

文明発生以前の計画と記憶

生命体を進化させる計画は
一個体の寿命では到底成しえないため
一万年のスパンを必要とする
コストのかかる実験となります。

観察者は実験の期間中、
いかなる状況に変化しても
干渉してはならないため
被験者の変化と体験はすべて

貴重なサンプルとなるのです。

清らかで穢れのない地球に
神の分け御霊を生命体として生み出し
地球で進化させることができれば
宇宙の進化の型になりうると考えて。

その頃は神の分け御霊の
物質化が未発達だったため
母体は未熟で死んでしまうし
子も未熟児で死んでしまいました。
母子ともに死なずに生きたとしても
男子は女子よりも身体が弱く、
早くに死んでしまいました。

親が寿命を迎える頃には
子に新たな命が授かり

絶え間なく命の循環を繰り返して
命をつないできました。
その間寿命はほとんど延びず
退屈な期間が長らく続きました。

創造神は生命の進化を見たかったので
正反対の種を掛け合わせる実験を
計画しました。

神の意図は集合意識で共有できたため、
生命の誕生を祈り続けた大人たちは
生まれてくる新たな命が
正反対を体験することを知ったのです。

大人たちは
これから生まれる未来の子供たちに
神の意図を形態にして警告するために、

土偶を破壊して土に埋めたのでした。

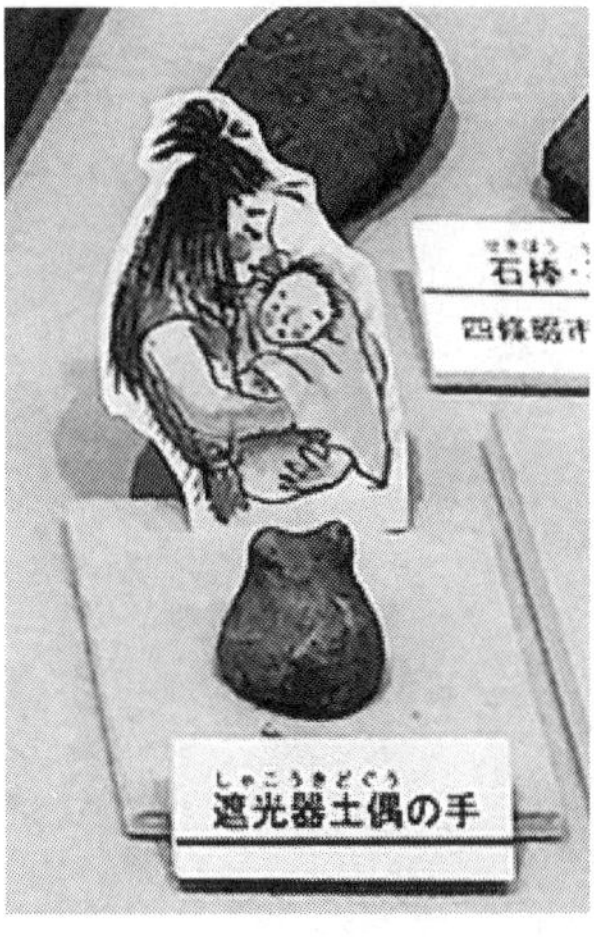

精神は成熟しても肉体が未熟だった縄文人

精神文明においては肉体（物質）化が未熟だったため、老化が早く短命でした。特に男子は女子よりも心身の発達が遅く、身体も弱かったために死亡率が高かったのです。

西日本で突出した出土数を誇る橿原式土偶は、亀ヶ岡遺跡の遮光器土偶とはまるで造形が違っていますが、どちらも縄文時代晩期に子孫繁栄を願ってつくられたものです。（写真）

また、橿原遺跡には多数の石棒が出土しており、石の神様として子孫繁栄を願って制作されました。縄文晩期にはじまった稲作によって定住できるようになっても、縄文人の平均寿命は男女ともに三十一歳でした。

天武天皇は皇祖神の血統を守りたかったために、自分の息子に兄の娘をもらい受け、兄の息子には自分の娘を嫁がせる近親婚を繰り返していました。そのため皇族の男子は病弱で寿命が短かったのです。（系図）

大海人皇子の妻だった額田王《ぬかたのおおきみ》を兄・中大兄皇子に嫁がせたのも近親婚のひとつです。大海人皇子と額田王との間に生まれた十市皇女と中大兄皇子と額田王との間に生まれた大友皇子を

左：石棒／右：橿原式土偶（橿原考古学研究所付属博物館）

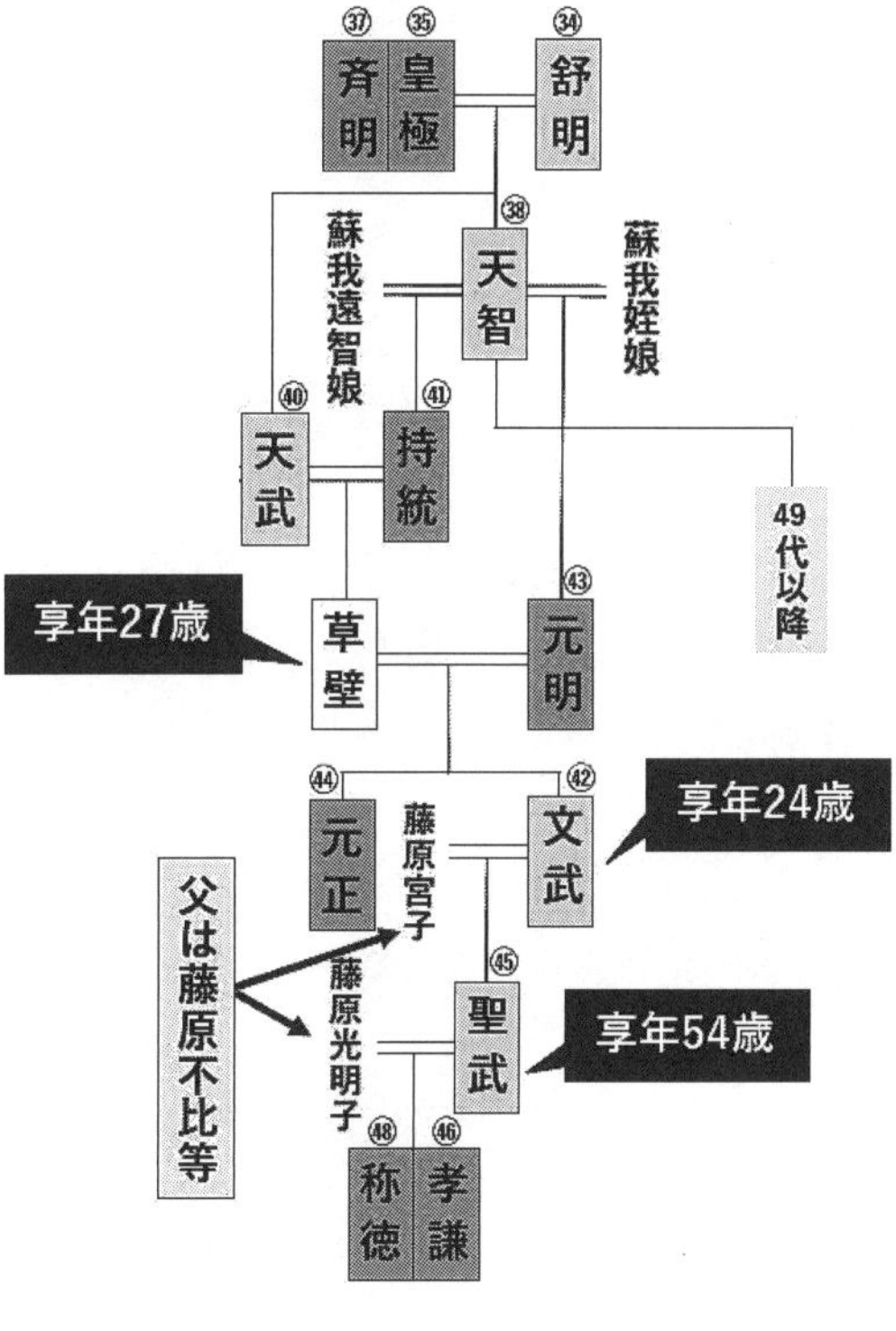

結婚させていたからです。

天武系が藤原氏と血を交えた理由

草壁皇子を二十七歳で失ったのは、純血を守るために近親婚を結び重ねたためでした。草壁皇統を軽皇子に繋ぐまでの間、鸕野讃良皇后が持統天皇に即位した時点で軽皇子は七歳。軽皇子を即位させるまでに直面するのが后問題でした。

両親、祖父母から皇族の血を色濃く受け継いだ軽皇子は、父・草壁皇子と同様に、病弱でした。持統天皇はことのほか軽皇子をかわいがっており、幼い孫の健康を案じる日々を送っていたのです。

これまで夫・天武天皇の国家事業をそのまま受け継いだ持統天皇は、孫の結婚についても夫が守ってきた同族から后を迎えるべきか悩んだことでしょう。しかし純血のままでは肉体が弱るばかりで一族は自滅してしまいます。このことは「吉野の盟約」を交わした天武ー持統朝最大の問題だったのです。

持統天皇は軽皇子が即位するまでの七年間に三十一回、上皇時代に一回、計三十二回も吉野へ行幸していました。それ以前に夫が出家した一年間は吉野宮で暮らしていたのです。天武天皇が吉野を讃える和歌を詠んだように、吉野の人を信頼していた持統天皇は、吉野の行幸先で神託を受けたのです。

火種を絶やしてはならぬ。正反対の家系と血脈を交わせば、命つながる

この神託に吉野の八咫烏は大いに困惑したことと思われます。ここで言及しておくべきは、壬申の乱で活躍した男系古代豪族は、皇族と祖先の神を同じくする同族であるため、該当しないということです。よって神託に従えば、もっとも天皇に近い石上麻呂であっても娘を軽皇子の后に出すことはできないということになるのです。

つまり、皇族と正反対の家系とは、天武天皇が敵対した一族ということになるのです。そこで白羽の矢が立ったのが、藤原不比等の娘でした。このことは藤原不比等にとって、またとない僥倖だったに違いありません。しかし、あくまでも「吉野の盟約」を守りたい持統天皇は、物部氏を次代においても重用し続けることを約束した上で、軽皇子を十五歳の異例の若さで即位させたと同時に藤原宮子を入内《じゅだい》させたのでした。これを機に持統天皇は、生命秩序を正すために、

皇位継承者は直系長男とする

と、皇位継承は父から長男へと固定化させたのです。それができたのは、**持統天皇は継体天皇の生まれ変わり**だったからです。

それを裏付けるように漢風諡号《しごう》をつけた淡海三船は、国を継ぎ血統を保持し、一族の血をずっと継いでいくという意味の「継体持統」という中国の四字熟語から「継体」「持統」と決めたのです。

応神皇統をつないだ継体天皇と、草壁皇統をつないだ持統天皇は皇統をつなぐというテーマを生まれ変わっても取り組むことになったのです。

皇族の男子があまりに弱く寿命が短ければ、万世一系が途絶えてしまいます。この問題は、かつて肉体が脆く寿命が短かった縄文人と同じテーマだったのです。**創造神の遺伝子を埋め込まれて誕生した縄文人の種を永遠に受け継ぐことが、天皇に課せられた責務だったのです。**

継体持統

「国を継ぎ、血統を保持する」

継体天皇⇨応神皇統をつないだ

持統天皇⇨草壁皇統をつないだ

物部氏と藤原氏の拮抗関係

天武天皇の勅命により造営計画を立てた藤原宮は、持統天皇が引き継いで六九四年に完成させました。このとき藤原宮造営に携わった最高責任者は石上朝臣麻呂でした。

石上麻呂は、七〇四年に文武天皇の代で右大臣に就任し、皇族に次ぐ二番目の地位（左大臣は空席）に上り詰めた人物でしたが、実際は後から朝廷に参内した藤原不比等に権力を握られてしまったのです。その理由は、六九七年に十五歳の若さで即位した文武天皇に、藤原不比等の娘・宮子を入内させたからでした。

これを機に、これまでもっとも地位の高かった石上麻呂よりも外戚関係を結んだ藤原不比等の方が力を持つようになったのです。このことについては後ほど詳しく述べてまいります。

ところが文武天皇は二十四歳の若さで崩御してしまいました。そのため阿閇《あへ》皇女（天智天皇の娘で、草壁皇子の正后）が文武天皇の長男・首《おびと》皇子が即位するまでのつなぎとして、第四十三代元明天皇に即位しました。このとき政治の実務は『大宝律令』編纂に携わっていた藤原不比等が握ったのでした。

七〇八年に石上朝臣麻呂は、藤原不比等とともに正二位に叙せられ、その二か月後に石上朝臣麻呂は左大臣に、藤原不比等は右大臣に任ぜられました。しかし、事実上政治を主導してい

左：藤原宮跡（奈良県橿原市）　右：CGで再現された藤原京

左：幢幡の復元　右：大宝元年元日朝賀の様子（奈良文化財研究所　藤原宮跡資料室）

たのは藤原不比等でした。そのことを裏付けるのが七一〇年の平城京遷都です。

そもそも天武天皇が藤原宮の造営を命じたのは、唐に比肩する先進国にするための大都市計画だけでなく、一代ごとに宮を作り変えていた慣習を改め、天皇が代々恒久的に政務の拠点として使うためでした。

藤原宮の大きさは、東西方向約五・三km、南北方向四・八kmで、平城京、平安京をしのぐ古代最大の都だったのです。

巨大な藤原宮を、持統・文武の実質二代の十六年で捨てなければならなかった本当の理由は何でしょうか。

一説には水害が原因とされているようです。しかし古墳時代より土木と治水に携わってきた秦氏が造営した宮を、水害が原因で捨てたとするのは説得力に乏しいのです。

平城京の建設を開始したのは文武天皇が崩御した七〇七年に、元明天皇が即位してからです。平城宮跡へ行けば、藤原氏が創設した宮内省の復元建造物を見ることができます。平城京造営責任者となった藤原不比等は七一〇年に藤原京を捨てて平城京に遷都してから、さらに権力を握ったのです。

このことはかつて孝徳天皇が拠点とした難波宮から中大兄皇子・中臣鎌足が難波宮を捨てて、孝徳天皇を置き去りにしたまま飛鳥へ拠点を移したことが重なります。

天皇が代々使うはずだった藤原宮を藤原不比等によって捨てざるを得なかったのなら、左大臣・石上麻呂をしのぐほどの藤原不比等の専横ぶりは父譲りだったことがわかります。

一方、藤原宮大極殿跡へ行けば、賀茂一族が天武系に忠誠を尽くした痕跡を見ることができます。持統・文武天皇が政務を行っていた大極殿跡に「持統天皇文武天皇　藤原宮跡」の石碑があり、そのすぐそばに鴨公《かもきみ》神社の文字が刻まれた玉垣があります。（写真）

鴨公神社は、藤原宮が捨てられた七一〇年以降に祀られたようです。鴨公《かものきみ》とは賀茂君《かものきみ》のことで、八咫烏と呼ばれた一族です。賀茂君役行者は壬申の乱の陰の立役者でした。持統天皇の頻繁な吉野への行幸は八咫烏とのつながりが深かったからにほかなりません。

藤原宮　大極殿跡と鴨公神社（奈良県橿原市）

夫婦で日本を建国した天武－持統天皇は、夫婦神の「型示し」を実践し、その証として夫婦合同墓にしました。

しかし文武天皇からは夫婦神の型示しがなされなくなってしまいました。藤原氏が入内するようになってから夫婦神としての機能を失ってしまったからです。

藤原不比等は文武天皇が若くして崩御した後、元明・元正の女性天皇を補佐しました。

草壁皇子の正后・阿閇《あへ》皇女（元明天皇）は、天智天皇の娘で持統天皇の母違いの妹でもあった近親婚でした。草壁皇子が天皇に即位しないまま二十七歳で亡くなってしまったために、その息子・軽皇子が文武天皇に即位した時点で、天皇の生母・皇太妃になりました。

ところが文武天皇が二十四歳で崩御してしまったため、その長男の首《おびと》皇子（後の聖武《しょうむ》天皇）が即位す

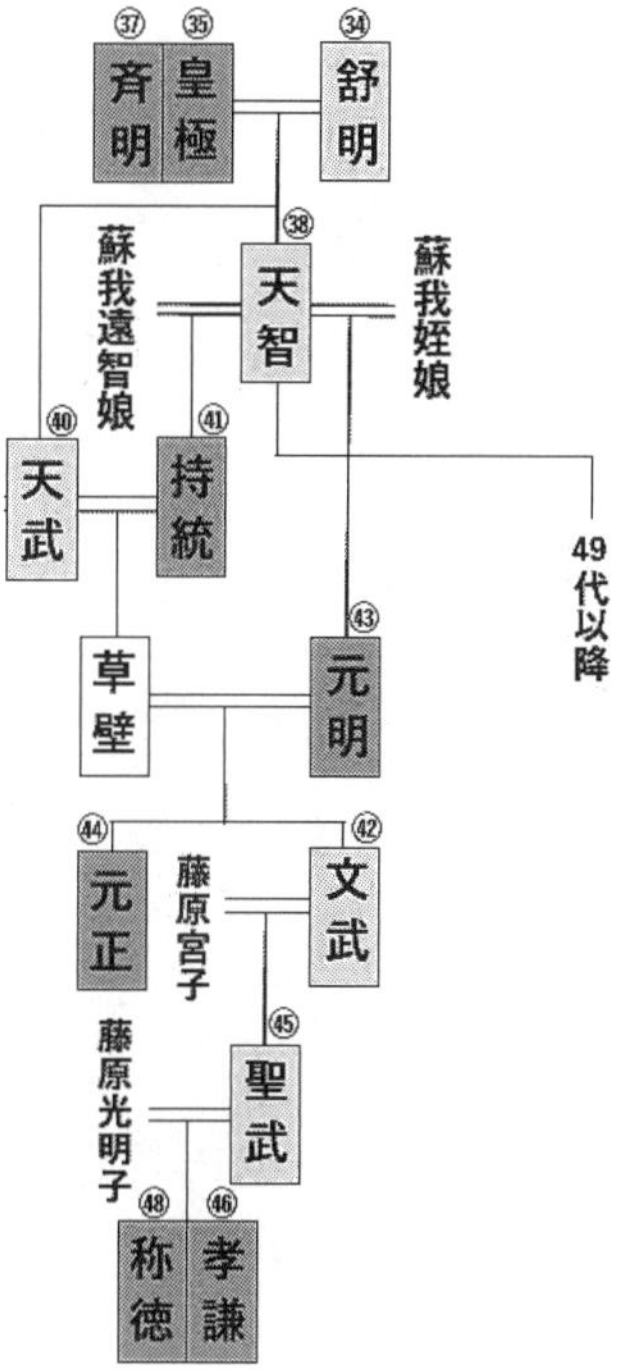

吉野歴史資料館

る年齢になるまでのつなぎとして皇太妃がはじめて皇后を経ずに元明天皇として即位しました。

氷高《ひだか》内親王（後の元正《げんしょう》天皇）は、文武天皇の姉です。文武天皇が即位した時十八歳でしたが、結婚していませんでした。文武天皇が二十四歳で崩御してしまったため、母が元明天皇として即位しましたが、首皇子はまだ若かったために、史上初の母から娘への譲位により第四十四代元正天皇として即位しました。

この二人の女性天皇は藤原不比等にとって都合がよいものとなりました。女性天皇を飾り物にして政治の実権を握ることができたからです。

藤原不比等は、持統、文武、元明、元正の四代にわたる天皇の補佐役となりました。その実績は日本史上、屈指の偉業を成し遂げた書記官（史）でした。

文武天皇七〇一年『大宝律令』編纂、元明天皇七一二年『古事記』を編纂、元正天皇七二〇年『日本書紀』を編纂後、同年に亡くなりました。

神の男女逆さまの次は国の乗っ取りへ

藤原不比等が補佐した唯一の男子は文武天皇です。藤原氏は天孫《てんそん》輔弼《ほひつ》の役職を自ら名乗り出ました。輔弼の意味は、助けるという意味で、補佐役のことをいいますから、藤原不比等は持統天皇の孫の文武天皇を補佐したのです。

藤原不比等は娘の宮子を文武天皇に嫁がせて外戚関係を結び、生まれた子を聖武天皇に即位させて、さらに聖武天皇には藤原不比等の娘・光明子《こうみょうし》を嫁がせました。

枚岡神社

外祖父が天皇を意のままにできたのは、天皇の父方祖父はすでに崩御しているからです。そのため天皇の母方の祖父（外祖父）が力を持ち、母方の兄弟（外戚）が立場をわきまえずに政治に干渉するのは、国の乗っ取りとなるのです。

フジ（誉田八幡宮）

藤原不比等が孫の聖武天皇を意のままに動かす様は、始祖・中臣鎌足が天智天皇を懐柔して動かしてきたことと同じです。

右回転システムは地球の生命秩序に逆らっているため、道理がすべて逆さまで支離滅裂になり、不調和を起こします。女側（外戚）が男側に干渉することは、生命秩序の法則とは反対に作用するため、あらゆる禍を呼び寄せてしまい命の絆が切れてしまうのです。

壬申の乱で、たとえ大友軍が勝利していたとしても、藤原氏は大友皇子に絡みつき、天皇の外戚となっていたであろうことは容易に考えられます。

いずれにしても、藤のつるは自分が生き延びるために、より強い者に巻き付こうとするのです。

朝顔などのつる性植物はほとんどが左巻きなのですが、藤だけが右巻きなのは右回転の宇宙由来の生命体である証です。

すべての生命体は遺伝子のプログラム通りに働くため、左回転の地球において右回転システムの種を持ち込むと、逆の作用をするのです。彼らはことごとく思考回路が逆であるため、正しさを誤りとし、不正を正当化してしまうのです。

応神天皇陵そばの誉田八幡宮には大変立派な藤が植わっています。藤は自立ができないつる性植物なので、支柱などに巻き付こうとする性質があります。鉄筋の藤棚に絡みつかなければつるを保持することができないのです。(写真)

藤の寿命は一三〇〇年といわれています。藤のつるに絡みつかれた木は必ず枯れるといわれています。日本最古の藤のつるに絡みつかれたのはケヤキの木でしたが、やはり枯れてしまったそうです。

藤原氏に滅ぼされた悲劇の長屋王

文武天皇が二十四歳で崩御したことにより、史上初の母(元明)から娘(元正)への男系女性天皇が二代続きました。この異常な系図の実態は、草壁皇統の男子が短命だったことはもとより、皇統が長屋王に移るのを避けたかったことと、藤原不比等にとっては女性天皇を据えての政務が好都合だったからです。

長屋王は天武天皇の第一子・高市《たけち》皇子と御名部《みなべ》皇女(元明天皇の同母姉)の長男で血統は申

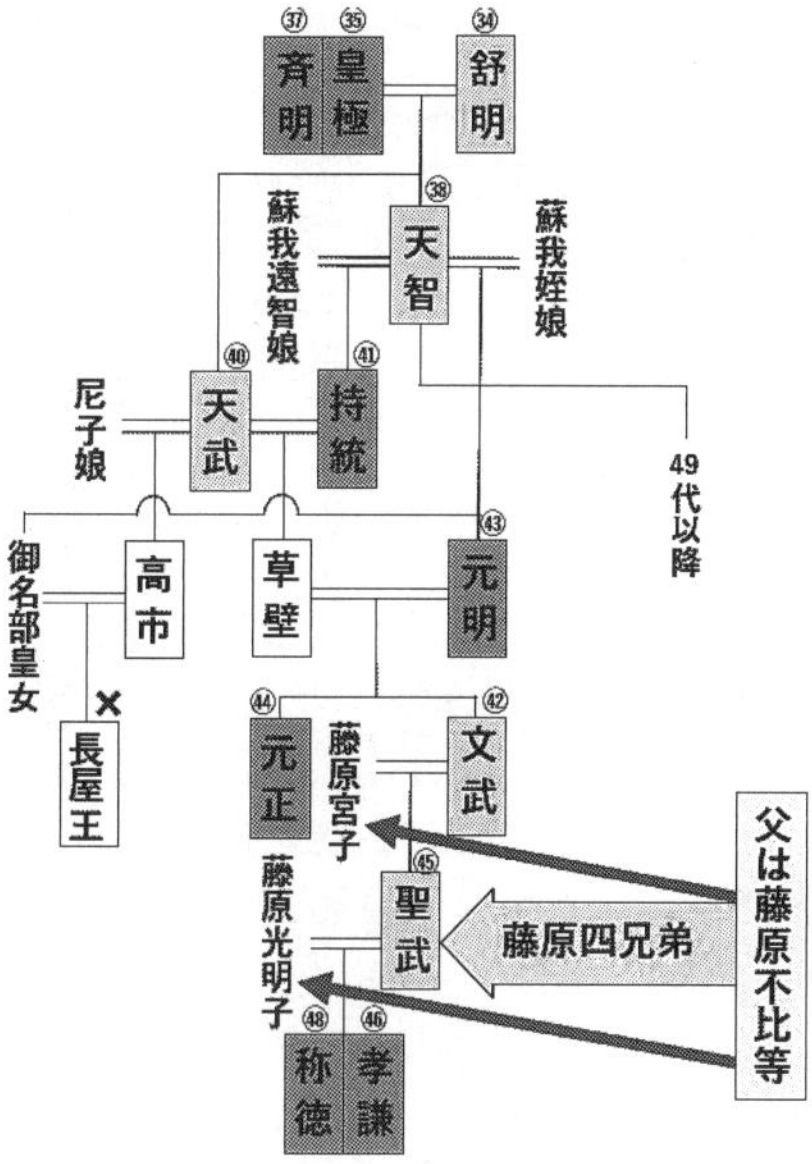

し分なく、能力も優秀だったため、藤原氏にとっては最大の政敵となる人物だったのです。

藤原不比等亡き後は、息子の藤原四兄弟が公卿となって聖武天皇を取り囲み、政治を取り仕切りました。聖武天皇の母と妻と藤原四兄弟はすべて藤原不比等の子供です。

長屋王は祖父・天武天皇がかつて朝廷の秩序を乱した家臣をけん制したように、藤原氏の専横に目を光らせていました。藤原四兄弟が聖武天皇の妻・藤原光明子を皇后にしようとする企てに猛反対したのです。その理由は、これまで皇后は皇族の血筋の女子しかなれなかったからです。

そこで藤原四兄弟は、長屋王を排除するために漆部君足《ぬりべのきみたり》らに「長屋王は密かに左道を学びて国家を傾けんと欲す」と密告させ、聖武天皇に許可を得て兵を挙げたのです。

藤原宇合《うまかい》らの率いる軍勢が長屋王邸宅を取り囲み、長屋王は潔白を証明する猶予も与えられないまま自害に追い込まれました。その後を追って残された家族も自害する結果となり、長屋王の血筋は絶えてしまいました。

長屋王邸宅跡（奈良県奈良市）

その後四兄弟は、縁起のよい亀卜が出たことを口実にして改元するに伴い、ついに光明子を立后させたのでした。娘を入内させ立后させることは父・不比等の悲願であり藤原一族繁栄のための大義名分だったのです。

藤原氏にとって天皇は忠誠を尽くす存在ではなく、一族が都合よく生きていくための宿主にすぎないのであり、その目的を果たすためならば、天皇の孫でさえも粛清してしまえるのです。

天武系と藤原氏の対立関係の板挟みになっていた聖武天皇はつらい立場に立たされていました。母・宮子は長期の精神病、妻・光明子との間に生まれた嫡男の夭逝、藤原広嗣の乱、長屋王の変、藤原四兄弟は天然痘で死亡し、朝廷は機能不全となってしまいました。

聖武天皇は宮中で起きた禍から逃れるかのように恭仁《くに》京、難波宮、紫香楽《しがらき》宮、平城宮へと五年間に四回も遷都

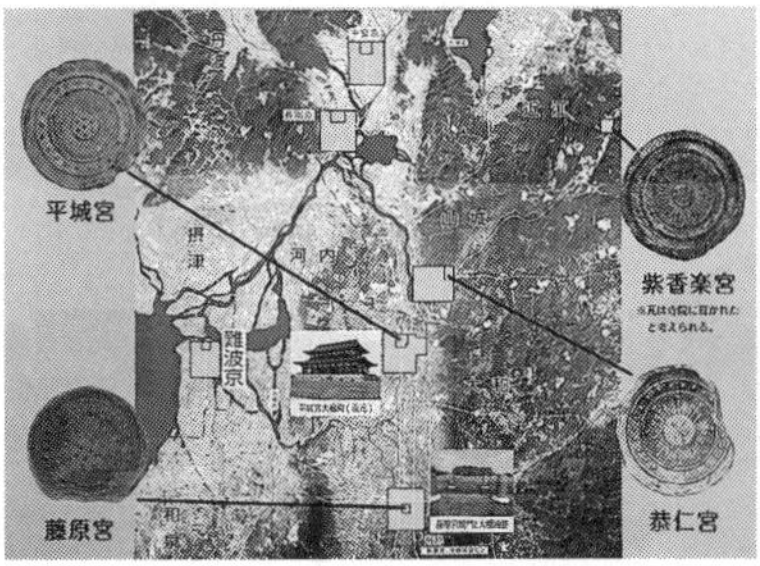

左：近畿の遷都（大阪歴史博物館）　右：盧舎那仏（東大寺）

していました。その後、光明子が国家鎮護のための仏像の建立を天皇に勧めたことにより、盧舎那大仏《るしゃなだいぶつ》建立の詔が発令されました。

聖武天皇の治世は天然痘の大流行、火災、大地震などの国難に加えて、四度の遷都と大仏建立のための膨大な労力と資材と資金を必要としたため、疲弊していた人々にさらなる負担をもたらしたのでした。

第十八段

正道を教えてくれたのは外道

中大兄皇子と大海人皇子の
兄弟に干渉して分裂させたのが
中臣鎌足なら、
天智天皇と天武天皇をつないだのが
鸕野讃良皇女（持統天皇）。

命を滅ぼす原理と
命を生み出す原理の正反対は、
両方を体験してこそわかる道理。

それが天皇という立場なら、
国づくりの原理と
国を滅ぼす原理の
両方の体験が必要だったのです。

国づくりの基礎は家づくり。
家族が崩壊する原理を知ってこそ、
家族の和合の原理がわかる。
崩壊と創造の両方を知らずして
どうして国づくりができようか。

家と国はミクロとマクロで同じ。
それぞれの家が
正しき道理に沿ってこそ
一家を和合することができ
その集合体が国家となる。

理不尽は李夫人
（いまさっき降りてきた言葉）

家の秩序は女の在り方で決まる。
これが崩壊しつつあるのが
わが国の不調和の根本なのです。

国の崩壊を反転させるためには、
家を再建することが根本なのです。

天智系と天武系の分裂が対立構造の根本

宇宙の回転周期により、地球は闇をくぐりぬけなければなりません。物質的価値観は宇宙の法則に背いた自我意識であるため、不調和を体験することになります。そのため禍をもたらす役目は誰かがしなくてはなりませんでした。

悪役は経験を積んだ魂でなければ到底務められません。その役を引き受けられるのは、受け止められる器だからです。天智天皇は大役を果たした偉大な魂だったのです。

持統天皇から感じられた思いは、

捻じ曲げられた天武天皇の御事績を正し、葛城の名とともに消された父の名誉を取り戻したかったのです

ということでした。

歴史がつねに対立構造になっているのは、天智系と天武系の分裂が根本です。

七六〇年に成立した藤原氏初期の歴史を綴った伝記『藤氏家伝』では、「ある日の宴会で激した大海人皇子が長槍で床板を貫き、怒った天智天皇が皇子を殺そうとしたために、藤原鎌足が取りなして事なきを得た」と伝えています。

事の真相はさておき、藤原氏は常に同族を分裂させ対立関係にしてきたことは事実です。闇の周期で体験したことはすべて貴重なデータとして宇宙に保存されるのです。

以下はわたしがはじめて中臣鎌足公とつながったときに受け取った意思です。

中臣鎌足の言葉

「愚かなニホンジンよ、まだ気づかぬか。我ら一族はだまされること、奪われること、殺されることがどのような体験であり、いかなる感情を生み出すのかを知らぬ、そなたらに教えたまでのこと。何千年も逆さまの世を繰り返し体験しておるというのにまだ気づかぬか。未知の体験を望んだそなたら自身が未だそのことを忘れておるのだ」

「この国は温かく人民は従順でやさしい。しかし愚かだ。愚かなままでは国を守ることなど到底できまい。我らがこの国の統治者となったのは、愚かな日本人になり代わってこの国を諸外国から守るためだったのだ」

「外国に隣接する大陸国は牽制とかけひきと奪い合いが世の常。四方海に囲まれた島国にあっては夜も眠れぬ日々が続くことなど永遠に知らぬことであろう」

「しかしそのままではいずれ日本の帝は斬殺され、日本は大陸に呑まれていたであろう。女帝を立て皇統をつけかえる手法は日本のしくみを変えるために好都合であった」

「我ら一族は神から人の手による政治でこの国を動かす仕組みに変えたまで。逆さまの世を体験し味わい尽くしてみなければ、世界を統べる王には到底なれまい」

「藤原四兄弟は実に良いはたらきをした。彼らは因縁を生み出した結果、全員が疫病によって死ななければならなかった。彼らはいかなる権力をもってしても因縁を解消する手段とはならぬことを世に知らしめたのだ」

「神は天罰を与えぬ。すべて法則どおりにはたらくのみである。しかし、この星に寄生した肉体をもたぬ存在は自ら法則に抵触せぬよう、人間を意のままに操ってきたのだ。彼らはこの地球に幽界を持ち込み、成りすましの神を崇めさせ人間を六道の観念に染めてきた。ゆえに人間は死しても幽界を抜け出せず記憶喪失のまま輪廻を繰り返し、幽界から操られるのみであったのだ」

「記憶を取り戻すにはいかなる側面も感情に振り回されることなく、ジャッジすることなく淡々と事実を見据え、原因を洞察することだ。宇宙は法則がすべて。その原理は実にシンプルなのだ」

「フェイクか、ホンモノか真贋をジャッジしている時点で囚われておることに気づいていまい。フェイクとホンモノを見定め、両者を束ねられる者を本物と呼ぶのだ。我ら一族は与えられた役目を果たしたまで。いかに判断するかはそなたらの自由だ」

第十九段

弓削道鏡の汚名を返上する

二〇二一年の立春に受け取ったのは

「女帝の因縁を解除するのです」

との持統天皇の意思。

その後、称徳天皇から

「道鏡の汚名を返上してほしい」

と訴えられた。
称徳天皇は女性天皇。
弟が夭逝してしまったために、
即位を余儀なくされたのは、
母方に藤原の血を引く女帝は
藤原氏にとって好都合だったから。

女帝が出ると国難が起きる。
自然界の摂理が逆さまになるから。
そのとき国難を鎮めるために
物部の血筋が現れる。
道鏡はまさにその人だった。

道鏡は弓削道鏡《ゆげのどうきょう》。
縄文の発明品を姓に名乗るのは
縄文の血を色濃く受け継いだ家系の証。
称徳天皇が道鏡を信頼したのは

地位を求めず陰徳を積む
道鏡（道教）と名乗っていたから。

しかし歴史は道鏡に
日本三大悪人の汚名を着せてきた。
彼が地位名誉を得なければ、
そして
彼が朝廷秩序を取り戻さなければ
汚名を着せられることはなかった。
朝廷の唐風化を阻止し、
天皇と同格の地位を得た道鏡は
嫉妬にとって
極悪人でしかなかったから。

一三〇〇年の時を経て、
女帝が記憶を取り戻し、
道鏡の潔白を証明する。

日本三大悪人と組んだ女性天皇

わたしが四條畷に訪れた令和三年（二〇二一年）一月の終わりに、持統天皇から

> **時は満ちた。女帝の因縁を解除するのです**

とメッセージを伝えられました。そのとき意識に出てきたのは、女性天皇の称徳天皇でした。

思わぬ展開にびっくりしましたが、称徳天皇は東大寺を作った聖武天皇の娘で、日本初の女性の皇太子になった人でした。この方も孝謙天皇を重祚して二度即位した女性天皇でした。

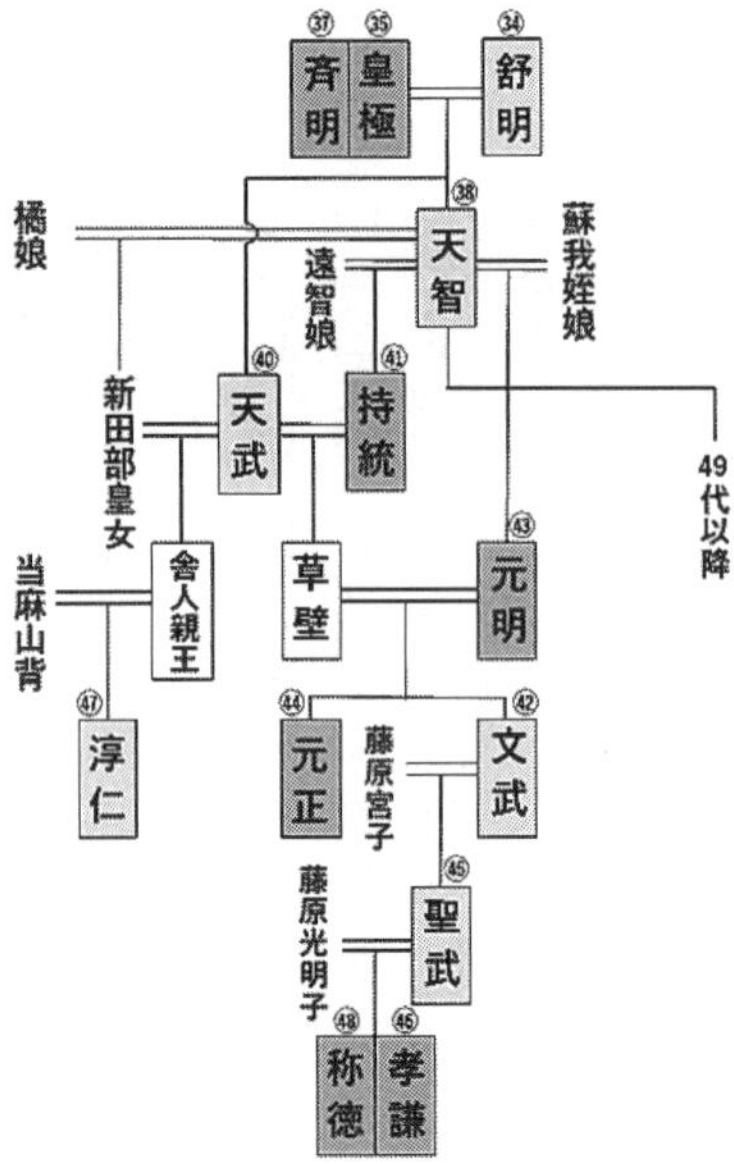

称徳天皇は、いの一番に

物部守屋公墳墓

道鏡の汚名を晴らしてほしい

と伝えてこられました。その思いは切実でした。

弓削道鏡は日本三大悪人の汚名を着せられてきた人物です。本当に悪人であれば自己弁護のために黙っているはずがないのですが、ずっと沈黙を守っていました。

そのためか、称徳天皇に「法王」の位を授けられたとおりの気高い人格者という印象がとてもあります。称徳天皇が道鏡を頼りにしてこられたのも、道鏡こそ天皇になるべき人物だと思われたのも、わかるような気がしました。

「法王」とは「正しい教え」を意味する言葉であり、聖職者に与えられる天皇と同格の称号です。仏教に帰依していた称徳天皇にとって、道鏡は法王に値する人物だったのです。

わたしは令和三年（二〇二一年）二月三日に称徳天皇に導かれて、物部守屋のお墓の前に訪れることになりました。物部守屋の墓は大阪府八尾市にあります。

お墓の四方を神社本庁の玉垣を筆頭に、有名神社の名が刻まれた玉垣で囲まれていることから、物部守屋を封じるために創建されたであろうことがわかります。わたしはこの前に立ったとき、物部守屋の御霊はすでに解放されたと感じたのです。

弓削道鏡は物部守屋の子孫だった

『先代旧辞本紀《せんだいくじほんぎ》』の系譜をたどれば、饒速日命の八世孫は物部胆咋《いくい》以降、物部五十琴《いとこ》、物部伊莒弗《いこふつ》、物部目《め》、物部荒山《あらやま》、物部尾輿《おこし》、物部守屋《もりや》＊、物部片野田《かたのだ》、物部薦何見《あとみ》、物部櫛麻呂《くしまろ》、そして道鏡と名を連ねる。＊以降『諸系譜』第一冊所収『物部大連十市部首』系図より。


つまり弓削道鏡の四代前は物部守屋だったのです。ちなみに物部氏は『記紀』ではなく『先代旧辞本紀』を拠り所としています。

物部守屋の墓から約三㎞南東に弓削神社があり、「物部の格式いまに除夜神楽　南山」と刻まれた歌碑があります。弓削氏は古代祭祀族の格式を守り続けてきた物部氏であることがわかります。

このあたりは物部守屋が蘇我氏と戦った際、迹見赤檮《とみのいちい》が物部守屋を射た弓と矢を埋めた史跡

左：弓削神社　中央：弓代塚　右：鏑矢塚（大阪府八尾市）

として、弓代塚や鏑矢《かぶらや》塚が残っています。

第四十六代孝謙・第四十八代称徳天皇の母は藤原不比等の娘・光明子《こうみょうし》であり、取り巻きは藤原不比等の孫・藤原仲麻呂を筆頭にした藤原一族でした。藤原仲麻呂の四代前は中臣鎌足です。

聖武天皇と藤原光明子との間に生まれた基王《もといおう》は生後一か月で皇太子となるも、わずか一歳足らずで夭逝してしまい、その後も男子が生まれませんでした。聖武天皇には、ほかの妻との間に男子がいましたが、藤原氏は天皇と光明子の間に生まれた娘・阿倍内親王を女性初の皇太子にしたのです。阿倍内親王は聖武天皇に譲位されて孝謙天皇となりました。

藤原仲麻呂は第四十七代淳仁《じゅんにん》天皇の即位後、太政大臣に就任し、政治のすべての権力を掌握しました。朝廷の唐風化と新羅への武力侵攻を企てる藤原仲麻呂の横暴ぶりに、看病禅師に登用された道鏡と組んだ孝謙上皇は藤原仲麻呂と対立するようになりました。

絶対的権力を保持したい藤原仲麻呂は武装して反乱を起こしましたが、迅速に対応した上皇側に捕えられ、奇しくも壬申の乱の舞台となった滋賀県（高島市）で斬首されてしまいました。これにより孝謙上皇と道鏡は藤原仲麻呂による朝廷の唐風化と新羅侵略計画を阻止したのでした。

孝謙上皇は朝廷秩序を回復させるため、淳仁天皇を廃して称徳天皇に重祚して弓削氏を重用するようになったのです。

この流れは中臣氏に専横された朝廷を大海人皇子が武力で奪回し、中臣金を斬首の刑に処したこと、大海人皇子が天武天皇に即位して物部氏を重用したことと重なります。

「吉野の盟約」を果たした称徳天皇と皇位継承問題

聖武天皇の代から光明子皇后と藤原四兄弟による外戚政治が推し進められていたため、草壁皇統であっても、独身の女性が即位した時点で「吉野の盟約」は消滅したのも同然でした。

しかし上皇となり道鏡を側近にしてからは、淳仁天皇を廃して称徳天皇（重祚）となり、道鏡とともに国の大事を執ったのです。

このとき「吉野の盟約」の息を吹き返したわけですが、そこに至るまでに多くの犠牲を払わ

西大寺（奈良県奈良市）

なければなりませんでした。藤原仲麻呂の乱で亡くなった人たちを供養するために建てたのが、西大寺でした。

その後、称徳天皇は道鏡に天皇と同格の法王の位を授けてともに政治に取り組んだのです。それはかつて天智天皇が中臣鎌足に大織冠を授けたことと同じことでした。天智天皇と中臣鎌足の正反対が、称徳天皇と道鏡の二人というわけです。

その後に起きたのが、

道鏡を皇位に就かせたならば国は安泰である

との宇佐八幡宮神託事件でした。

このことは道鏡に皇位をつなぎたい称徳天皇と物部氏にとって願ってもない僥倖でした。天皇はこれを確かめるために和気清麻呂を遣わせて神託を持ち帰らせたところ、

わが国は開闢《かいびやく》このかた、君臣のこと定まれり。臣を以て君とする、いまだこれあらず。天つ日嗣《ひつぎ》は必ず皇緒を立てよ。無道の人はよろしく早く掃除《そうじょ》すべし

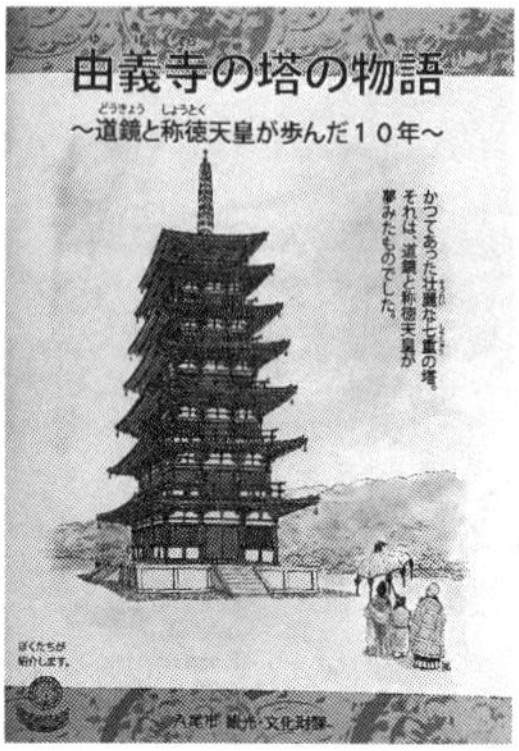

由義宮で行われた歌垣のイメージ（早川和子氏画）

あろうことか、初回の神託とは正反対の答えだったのです。つまり、「わが国ははじまって以来、家臣が天皇になったことは一度もない。天皇は必ず皇族から立てなさい、それ以外の者は早く取り除きなさい」ということだったのです。
激怒した称徳天皇は和気清麻呂を別部穢麻呂《わけべのきたなまろ》と改名させて大隅国に配流してしまいました。

結局、道鏡が饒速日命の子孫であっても皇統を変えることは許されなかったのです。称徳天皇は道鏡を天皇にしませんでしたが、道鏡の弟や弓削一族を朝廷に重用したことで「吉野の盟約」を復活させたのです。そして道鏡の出身地である弓削の地を西の京と定め、七重の塔を建立したのでした。

大阪府八尾市弓削で道鏡と称徳天皇が建てた由義寺《ゆげでら》跡が発掘されました。東に生駒山が見える道鏡の出身地に、幻とされてきた七重の塔の跡が発掘されたのです。

由義寺では、河内周辺に住む氏族の男女二三〇人を招いて歌垣が行われました。今でいえば政府公式の婚活パーティです。

歴代天皇が民を大御宝《おおみたから》と呼んできたように、道鏡と称徳天皇は、たくさんの若い男女が結ばれて子孫繁栄し、大御宝に恵まれることこそ国づくりの基礎と考えたのです。

女帝と僧侶の身では結婚がかなわぬことであったからこそ、二人は次世代を担う若い男女に願いを託したのでしょう。

残念ながら称徳天皇はそれから五か月後に崩御してしまいました。道鏡は亡き称徳天皇のそばで弔うことを願い出ましたが、遠く離れた栃木県の下野国《しもつけ》の薬師寺に左遷されてしまったのでした。

道鏡と称徳天皇は、天武・持統天皇の転生だった

わたしが感じたことは、

道鏡と称徳天皇の二人は、天武天皇と持統天皇夫婦の生まれ変わり

ということです。その裏付けとなるのが次のとおりです。

天武天皇の和風諡号は、天渟《あまのぬ》中《な》原瀛真人天皇《はらおきのまひとのすめらみこと》です。優れた道士を意味する「真人」と仙

人の住む瀛州《えいしゅう》を意味する「瀛」はともに道教的な言葉が用いられています。これは天武天皇が道教に傾倒していた証です。

称徳天皇は崩御する前年に、宇佐八幡宮の最初の神託が出たことから、継体天皇の前例にならって饒速日命の子・可美真手《うましまじ》を始祖とする物部守屋直系の道鏡に皇統をつないでもらおうとしたのかもしれません。

しかしそれは二度目の宇佐八幡宮の神託によりかなうことはありませんでした。称徳天皇の願いはむなしく翌年に崩御してしまい、道鏡も後ろ盾を失ったことから、弓削一族もろとも朝廷から排除されてしまったのでした。

道鏡は遠く離れた下野《しもつけ》国（栃木県）の薬師寺（下野薬師寺）に下向し、地元の人に慕われつつも二年後に生涯を閉じたのでした。奇しくも天武天皇が皇后（持統天皇）の病気平癒を祈願して建立した寺院が本薬師寺でした。

道鏡と称徳天皇の政策は、皇位簒奪の疑いとスキャンダルにねじ曲げられてきましたが、その本当のはたらきは、朝廷の唐風化と新羅侵攻を推し進めていた藤原氏から朝廷秩序を守ったことだったのです。

これは朝廷を専横した中臣氏を排除し、唐と国交を断絶して新羅と同盟を結んだ天武－持統

石切劔箭神社上之社
御祭神
饒速日尊 荒御魂
可美真手命 荒御魂
石切劔箭神社は 神武紀元二年 現在の生駒山山頂に
を奉斎した事をもって剣祀と致します

左：饒速日命　中央：可美真手命（石切神社）

朝と重なります。ただし称徳天皇が崩御したことにより、「吉野の盟約」も消滅し、物部氏が朝廷に重用される道も途絶えたのでした。

第五之巻　生命秩序の破壊は神の逆鱗に触れる

――天武系と天智系と南北朝の時代。怨霊・禍を生む霊的法則の乖離

第二十段

鬼神・日ノ本大将軍神の長髄彦が発動するとき

天孫が敵わなかった長髄彦（ラスボス）は
日ノ本大将軍
大凶鬼の大祟り神

大将軍神が最も恐れられたのは
この神を犯すと家族七人を殺すから
家族が七人いなければ
隣家まで禍《わざわい》及ぶと恐れられた

長男殺しに刃物はいらぬ
生命の秩序に逆らえば
命の絆が断ち切れて
奇病　疫病　奇行　死亡
長男滅びて家滅ぶ

生命は人間の都合は一切聞かぬ
厳しき法則神であるがゆえ
徹頭徹尾の道理を守り
代々継承してきたが
皇子に虫が取り付いて
金神《こんじん》七殺　天皇の
長男殺しがはじまって
命の絆が引き裂かれ
禍呼び寄せ乱世がはじまった

道理に逆らい大将軍神が発動すれば

家を滅ぼす祟り神となる
それゆえ大凶の悪神にされたのだ
法則神は悪神にあらず
禍は自ら法則を犯した結果なり

怨霊と禍に恐怖しつづけた平安時代

天武系が滅亡し、天智系へと皇統が移ってから時代は大転換します。
「この世をば　わが世とぞ思ふ　望月の　虧《かけ》たることも　なしと思へば」　藤原道長
と詠んだように、政敵である天武系の皇族を根絶やしにしてからはじまった平安時代は、地位と名誉と権力をすべて手に入れた藤原氏が栄華を誇った時代です。その道のりは、度重なる禍に恐怖し続けた苦難の道だったのです。

奈良時代の藤原四兄弟は、天武天皇の孫で最大の政敵だった長屋王を滅ぼしましたが、天武系の皇族はわずかに残っていました。

聖武天皇には三人の娘がおり、藤原光明子との間に生まれた阿倍内親王（孝謙・称徳天皇）のほかに、県犬養広刀自《あがたいぬかいのひろとじ》との間に生まれた姉妹がいました。姉は井上《いのえ》内親王、妹は不破《ふわ》内親王です。

姉の井上内親王は十一歳から三十八歳まで伊勢の斎宮を務めた後、天智天皇の孫にあたる白《しら》壁《かべ》王に嫁ぎました。妹の不破内親王は天武天皇の孫にあたる塩焼王に嫁ぎました。

聖武天皇の二人の娘が天智系との間に皇族男子を産んでしまったら、より皇族の血を色濃く継いだ皇子が皇位継承権を持つことになります。そうなれば藤原氏の娘と天皇の間に生まれた子は皇位継承権から外れてしまいます。

それを阻止するためには天武系の皇族女子を葬り、天智系に嫁がせた藤原氏の娘との間に生まれた皇族男子を次期天皇に即位させなければならなかったのです。

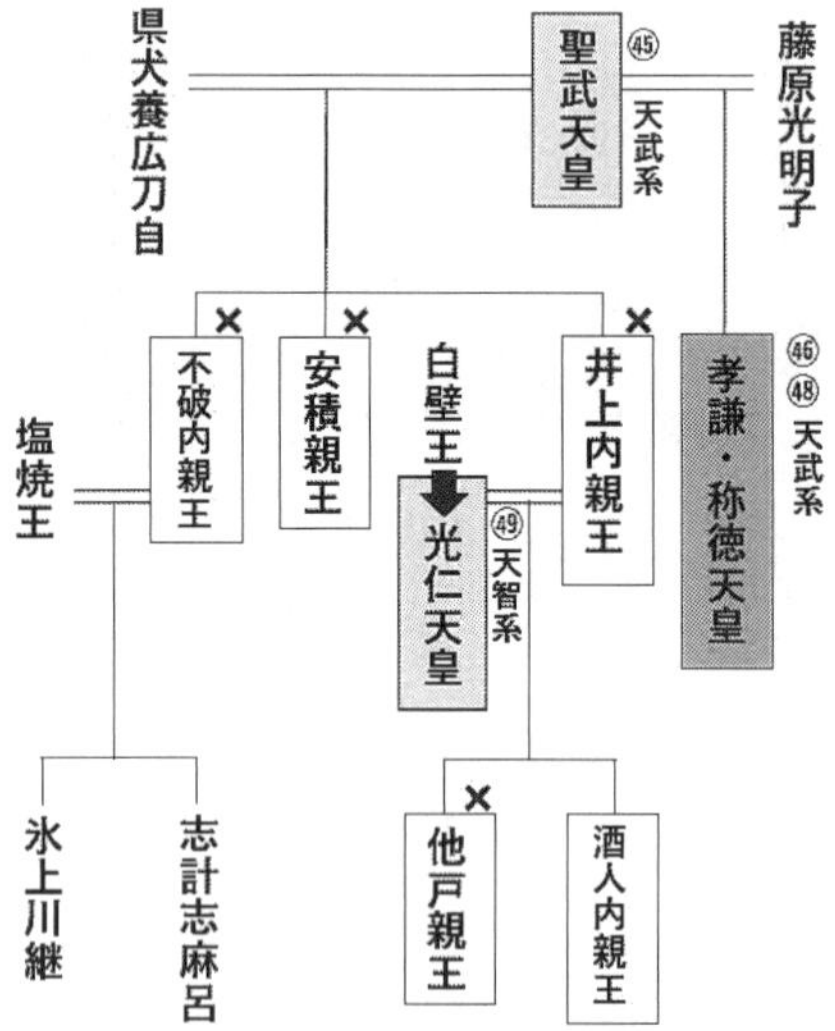

藤原光明子
㊺天武系
聖武天皇
県犬養広刀自
㊻㊽天武系
孝謙・称徳天皇
井上内親王
白壁王
㊾天智系
光仁天皇
安積親王
不破内親王
塩焼王
酒人内親王
他戸親王
志計志麻呂
氷上川継

藤原氏による粛清の嵐から逃れるために、酒に溺れたふりをして生き延びていたのは、天智天皇の第七皇子・施基《しき》親王の第六皇子・白壁王でした。つまり天智天皇の孫です。

藤原氏は天智系に皇統を付け替えさせるために、六十二歳の白壁王を史上最高齢で第四十九代光仁《こうにん》天皇に即位させたのです。しかし白壁王にはすでに聖武天皇の娘が嫁いでいたのです。それが井上《いのえ》内親王です。

井上内親王は伊勢の斎王を三十八歳で退任して白壁王に嫁ぎ、高齢出産で酒人内親王を生み、その後も四十代で他戸《おさべ》親王を生みました。五十三歳のときに夫の即位とともに立后することになり、他戸親王が皇太子となりました。光仁天皇と井上皇后の間に生まれた長男なのですから当然の流れです。

藤原氏にとって他戸親王は取り除くべき人物です。どんな手段を使ってでも、他戸親王を廃太子に追いやらなければなりません。そのために、井上皇后に夫である光仁天皇を呪詛したという大罪をかけたのです。

朝廷は井上皇后を廃后、他戸親王を廃太子にして幽閉し、母子は同日に急死したのです。

その後、光仁天皇の妻・高野新笠《たかののにいがさ》との間に生まれていた山部《やまべ》親王（後の桓武天皇）を立太子させたのです。山部親王は藤原氏の娘を妻に迎えていたため、即位すれば藤原氏は天皇の外戚となり盤石な地位を確保できると考えたのです。

ところが井上内親王と他戸親王が薨去して以来、天変地異、怪奇現象が発生し、光仁天皇は病気になったため譲位して第五十代桓武天皇が即位しました。しかし天皇は精神病になり、身内は次々と禍が降りかかり、天変地異は少しも収まらなかったのです。

平安時代の幕開けは、無実の罪で自害に追いやられた長屋王の「祟り」に続いて、井上《いのえ》内親王と他戸《おさべ》親王の「怨霊」に苦しめられたことからはじまったのでした。

乙訓寺（京都府長岡京市）

わたしは令和四年（二〇二二年）九月十八日に継体天皇より

弟国宮跡へ行くように

と伝えられまして、継体天皇が三度目に即位した弟国宮跡伝承地へ行ってきました。

そこは現在の京都府長岡京市の乙訓寺《おとくにでら》であり、空海ゆかりの地でもありました。乙訓寺は桓武天皇の弟の早良《さわら》親王が幽閉されたことから、早良親王の供養塔がありました。巨大な草履は足の神のシンボルです。（写真）

以下は乙訓寺案内文を引用します。

> 乙訓寺は平城京から長岡京に遷都して間もない延暦四年（七八五年）長岡宮造営の最高責任者である藤原種継が、当時の桓武天皇の留守中に暗殺されてしまったのです。

激怒した桓武天皇は、首謀者である大伴継人らをはじめ、関係者数十名を処刑しました。桓武天皇の実の弟・早良親王も、事件への関与を疑われ、乙訓寺に幽閉されてしまいます。

親王は身の潔白を訴え、抗議のために十日間断食しますが、淡路島へ流罪となり、途中、恨みを抱きながら憤死したといわれています。

早良親王の死後、桓武天皇の身の回りには不幸が相次ぎます。母の病死・皇后の突然死・第一皇子（後の平城天皇）の原因不明の重病など。また、日照りによる飢饉、疫病の大流行、川の氾濫による大規模な洪水被害などの天災に幾度も苦しめられました。


桓武天皇は繰り返される禍の原因は早良親王の祟りと恐れ、鎮魂の儀式を何度も行いました。ところが禍は治まらなかったため、ついに桓武天皇は早良親王に崇道《すどう》天皇と追号し、僧侶や陰陽師を派遣させて陳謝させました。

それでも禍が治まらなかったために、天皇は早良親王の遺骸を大和国に移葬し、崇道天皇陵を造営させたのです。

延暦四年（七九四年）、和気清麻呂の建議もあり、桓武天皇は平安京への遷都を決意します。祟りを恐れての遷都だったのかもしれません。

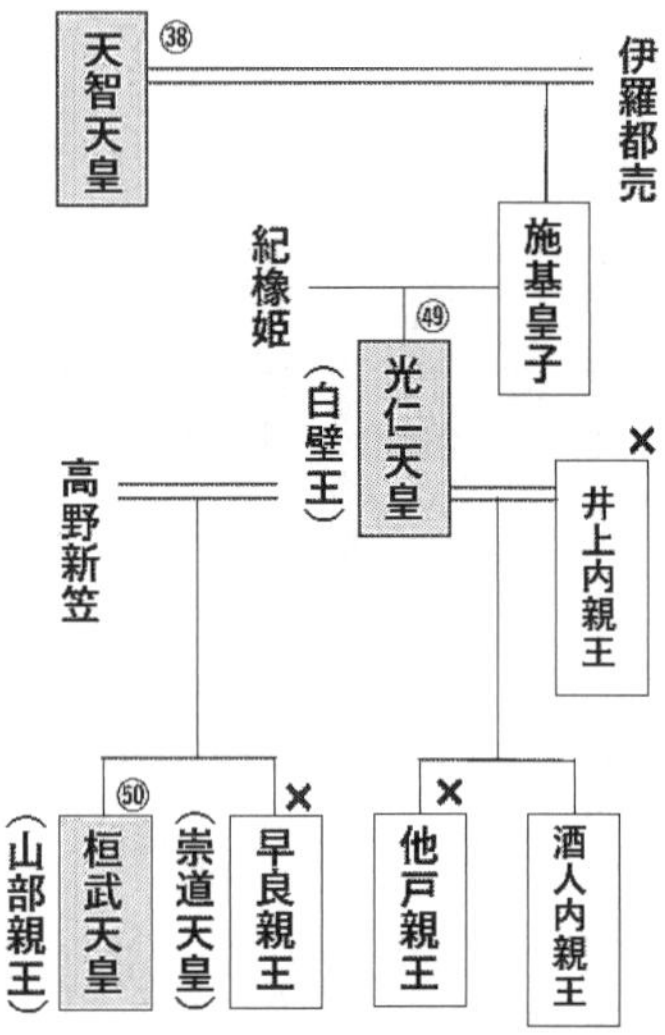

長岡京は平城京から平安京のあいだに造営されましたが、たった十年しか使われませんでした。

その十年間に起きたのは次のとおりです。

七八四年に平安京の造営がはじまり、その翌年に桓武天皇は早良親王を幽閉しました。その翌年、天皇は役人の怠慢を叱責しましたが、その三年後も役人たちは相変わらず酒盛りをしていました。

その三年後は飢饉、疫病の大流行、川の氾濫などが相次いだため、祟りと恐れた桓武天皇は長岡京を捨てたのでした。度重なる水害に見舞われながらも、治水に着手しなかったのは役人の職務放棄です。

怨霊、飢饉、疫病、水害、身内の度重なる不幸、そして天皇の病…。それに加えて役人のやりたい放題により朝廷は機能不全に陥り、祟りにおびえ続けた桓武天皇の苦悩の深刻さは計り知れません。このころの桓武天皇には夢伝説が残されています。

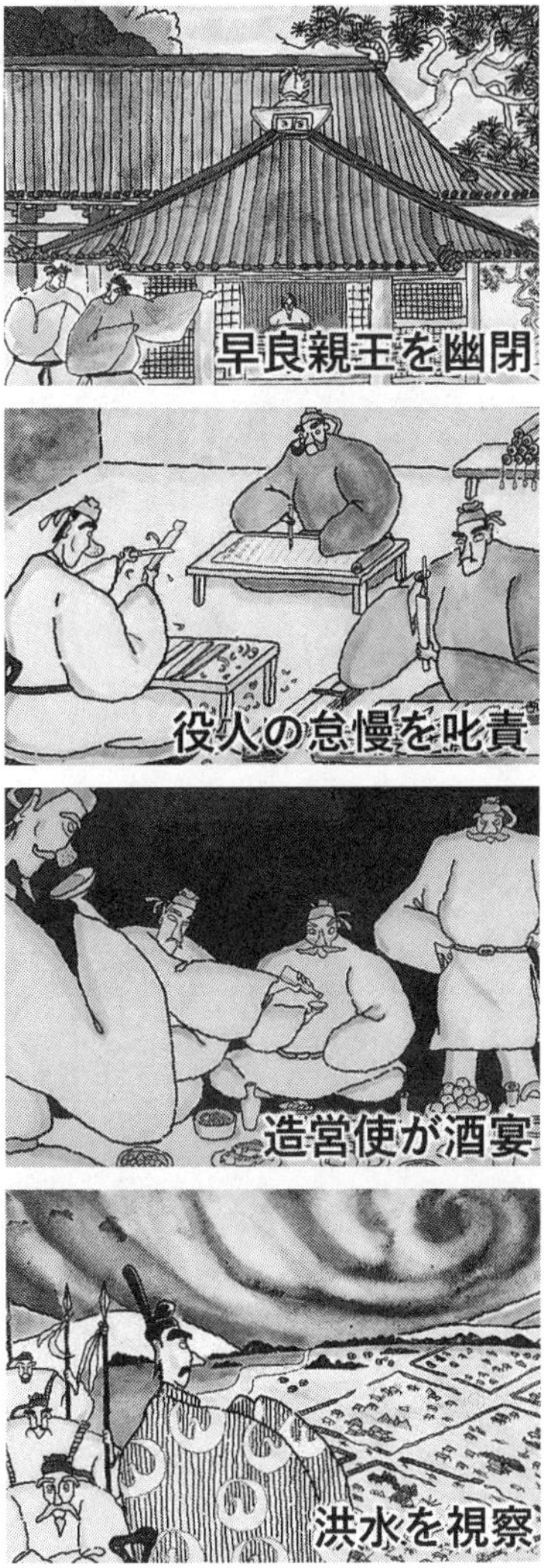

長岡京跡のイラスト

> 桓武天皇が夢の中で、神が田村の地に降り立ち、宮中を襲う魔物を防いでいる様子を見ました。目が覚めた後、家来を田村の地へ向かわせると、家来が見た神の姿はあまりにまばゆく、足しか見えませんでした。それ以来、その地を神足《こうたり》と呼ぶようになり、地名になったとのことです。

長岡京市には神足神社があります。御祭神は多くの古い資料からも不詳とのことですが、桓武天皇の夢伝説から、足の神と思われます。

神足神社（京都府長岡京市）

度重なる禍が治まらない中で、朝廷は平安京造営と東北の平定の二大国家事業を打ち立てていました。朝廷軍は足の神に逆らって東北へ戦を仕掛けたのです。

しかし東北平定がままならないため、朝廷は何度も東北に移民を送り込み、文化の混乱と治安の悪化によって弱体化させる策をとりました。東北の民に不利益をもたらした桓武朝の政策は、東北の民に冠位を授けた天武朝とは正反対でした。

「野獣の心を持つ者」とは誰なのか

一方、東北の日高見《ひたかみ》国はかつての河内の族長・長髄彦の子孫が縄文の文化を受け継いだ国です。日高見の国は京だけでなくオホーツクや中国大陸とも交易しており、固有の文化形態を守っていました。

東北地方は長らく、朝廷の律令制が及ばない不可侵領域だったからこそ、独自に発展を遂げた循環型社会を守ってこられたのです。

日高見国に特徴的なのは、良質の馬の産地だったことです。朝廷軍と戦った阿弖流為《あてるい》たちは、騎馬戦と地形を生かした奇襲戦法を得意とする少数精鋭部隊でした。

朝廷軍は数では圧倒的に優位でしたが、その実態は百姓をかき集めて編成した部隊だったため、戦力はほとんどなかったようです。

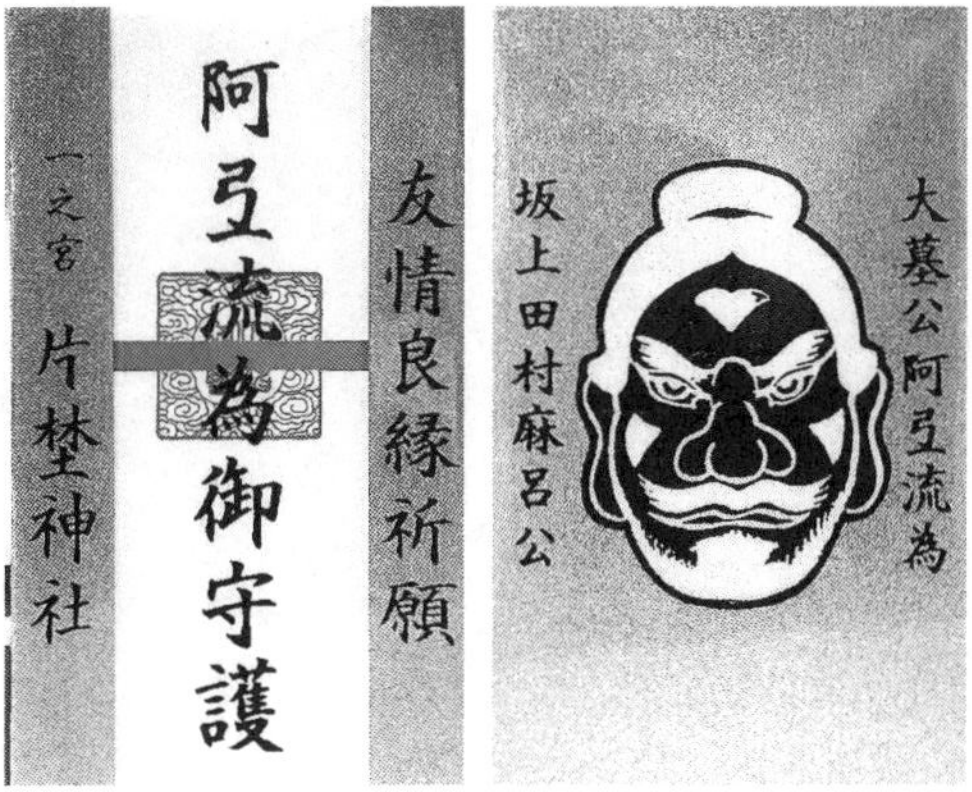

片埜神社

征夷大将軍はもとは公卿の役職でした。公家の紀古佐《きのこさ》美《み》が征夷大将軍を務めた期間は三度も東北平定に失敗したために、軍事氏族ではじめて征夷大将軍に抜擢されたのが、坂上田村麻呂《さかのうえのたむらまろ》でした。

彼はうわさで聞いていた日高見国が野蛮で未開の土地ではなく、幸せな民の暮らしを実現している様を目の当たりにして、どのような印象を受けたのでしょうか。朝廷を牛耳っているのは怨霊に恐怖するばかりで職務怠慢な役人たちです。

阿弖流為は私利私欲を持たず、先祖の土地と民を守るために戦っているのであって、日高見国を一方的に奪お

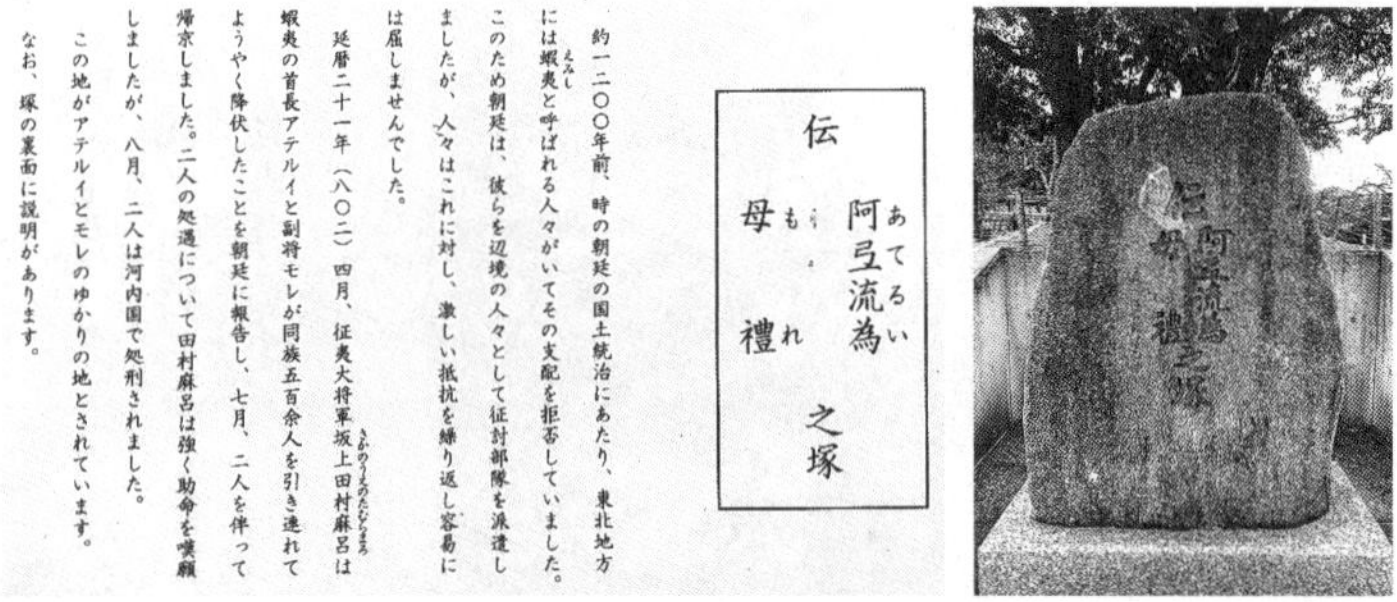
伝 阿弖流為《あてるい》 母禮《もれ》 之塚
約一二〇〇年前、時の朝廷の国土統治にあたり、東北地方には蝦夷《えみし》と呼ばれる人々がいてその支配を拒否していました。

このため朝廷は、彼らを辺境の人々として征討部隊を派遣しましたが、人々はこれに対し、激しい抵抗を繰り返し容易には屈しませんでした。

延暦二十一年（八〇二）四月、征夷大将軍坂上田村麻呂《さかのうえのたむらまろ》は蝦夷の首長アテルイと副将モレが同族五百余人を引き連れてようやく降伏したことを朝廷に報告し、七月、二人を伴って帰京しました。二人の処遇について田村麻呂は強く助命を嘆願しましたが、八月、二人は河内国で処刑されました。

この地がアテルイとモレのゆかりの地とされています。

なお、塚の裏面に説明があります。

伝阿弖流為と母礼の塚（牧野公園）

うとしているのは朝廷側ですから、征夷大将軍として複雑な心境にならざるを得ない立場だったのです。

二十年以上におよぶ阿弖流為軍が資金面に工面できたのは、軍事氏族の物部氏が後ろ盾にいたからと思われます。このように物部氏と藤原氏の対立構造は天智系に皇統が移った平安時代以降も続いていたのです。

坂上田村麻呂は阿弖流為との理不尽な戦を避けるために和睦の道を探り、阿弖流為は二十年間にわたる戦を自分の代で終わらせることを模索していました。二人が考えた最善の答えは、阿弖流為がすべての族長の罪を一人で背負い、副将母礼と五〇〇人の兵とともに田村麻呂に率いられて上京し、降伏を宣言したことでした。坂上田村麻呂は阿弖流為の助命を天皇に奏上しましたが、取り巻きの公卿たちは、

「野獣の心を持つ者は、いつ反逆するかわからない。殺してしまえ」

と無慈悲に却下し、阿弖流為率いる五〇〇名の兵を皆殺しに

してしまいました。天武系を根絶やしにした後、東北日高見国のリーダー・阿弖流為を滅ぼした藤原氏は、八〇二年に東北地方を併合し、ついに天下を勝ち取ったのです。

野獣の心を持つ者とは、人の姿をした悪魔のことを言います。悪魔は理屈を捻じ曲げて阿弖流為に責任転嫁しただけでなく、鬼の姿にすり替えて封じてきたのです。

わたしは令和四年（二〇二二年）六月に、桓武天皇と阿弖流為が和睦されたことを知らされました。桓武天皇のご苦労は誰にもわからなかったと思います。当時は対立関係にあった両者が、ともに日本再建のために働いてくださることがわかり、感謝しかありませんでした。

わたしが初めて阿弖流為の首塚に行った際に受け取ったメッセージは次の通りです。

男に生まれたら男として生きよ
女に生まれたら女として生きよ
男は守ることの
よろこびを知ってもらいたい

女は守られることの
よろこびを知ってもらいたい

女が男になろうとしなくてよい
男はもっと自信をもてばよい

男は外側を守る強さに誇りを持てばよい
女は内側を守る強さに誇りを持てばよい

違いは神から与えられた役割
互いを補い合うことが自然の摂理なのだから

〜大墓公阿弖流為〜

阿弖流為と母礼の塚

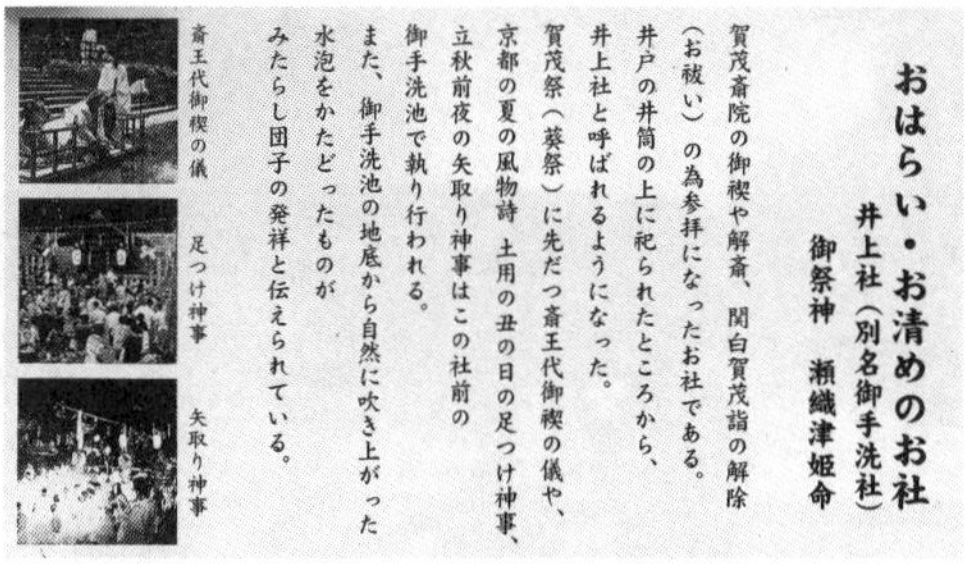
おはらい・お清めのお社
井上社（別名御手洗社）
御祭神　瀬織津姫命
賀茂斎院の御禊や解斎、関白賀茂詣の解除
（お祓い）の為参拝になったお社である。
井戸の井筒の上に祀られたところから、
井上社と呼ばれるようになった。
賀茂祭（葵祭）に先だつ斎王代御禊の儀や、
京都の夏の風物詩　土用の丑の日の足つけ神事、
立秋前夜の矢取り神事はこの社前の
御手洗池で執り行われる。
また、御手洗池の地底から自然に吹き上がった
水泡をかたどったものが
みたらし団子の発祥と伝えられている。
斎王代御禊の儀
足つけ神事
矢取り神事

左：上賀茂神社　右：下鴨神社

祟りを恐れる被害者意識と責任転嫁

朝敵をすべて滅ぼした藤原氏が天下を勝ち取った平安時代は、戦がなくなり世は安泰になったと思いきや、天変地異、疫病に飢饉、突然死、原因不明の病、家族崩壊、庶民からの怨嗟が絶えない暗闇の時代の幕開けでした。これにおびえた朝廷は禍《わざわい》の原因を非業の死を遂げた怨霊の祟りの仕業であると責任転嫁してきたのです。

感謝に基づく太陽信仰とは正反対の恐怖に基づく御霊《ごりょう》信仰へと転じたために、暗闇の月夜に祭りがおこなわれるようになったのです。

平安時代に疫病退散の神として祀られるようになったのが素戔嗚命でした。素戔嗚命をご祭神とする祇園祭は八坂神社の祭礼です。第五十六代清和天皇の時代に国々で疫病が流行し、人々はこれを牛頭《ごず》天王の祟りとして恐れたのです。

上賀茂神社
下鴨神社
平安京跡
八坂神社
長岡京跡
弟国宮伝承地
（乙訓寺）
石清水八幡宮
樟葉宮伝承地
阿弖流為の首塚
地図出典：国土地理院

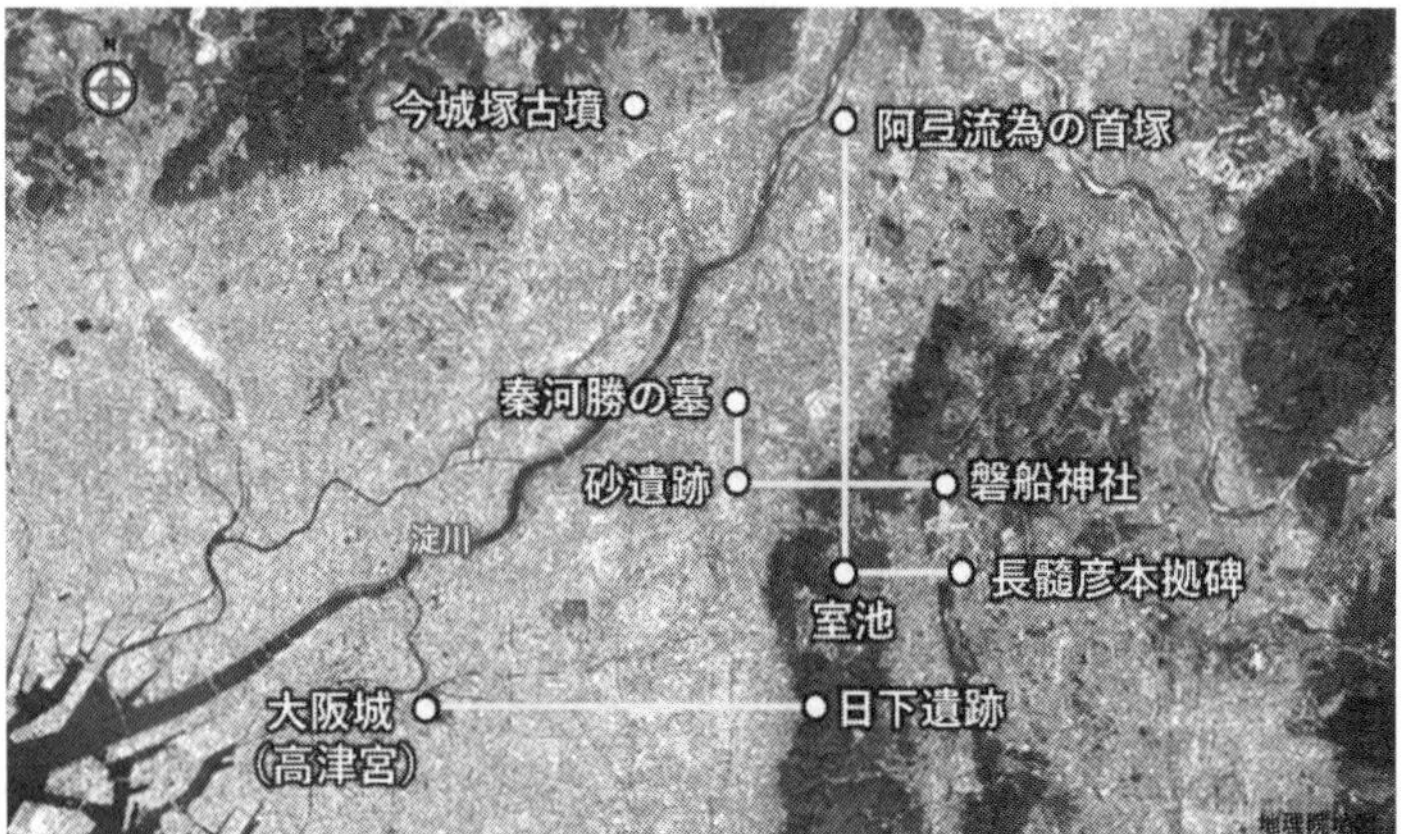
今城塚古墳
阿弖流為の首塚
秦河勝の墓
砂遺跡
磐船神社
淀川
室池
長髄彦本拠碑
大阪城
（高津宮）
日下遺跡

長岡京と平安京の鬼門には八坂神社と上賀茂神社と下鴨神社が位置しています。下鴨神社の創建者は天武天皇です。

阿弖流為の首塚は平安京の南西にあたる裏鬼門に位置しており、北河内は長らく封じられた土地だったのです。

長髄彦の真の御神体は室池です。室池は龍の形をした生駒山系最大の池です。

阿弖流為の首塚は、奇しくも室池の真北に位置しています。長髄彦の子孫として阿弖流為は遠く離れた先祖の土地に手厚く葬られたことがわかります。

以前、秦河勝より

わたしは砂に住んでいたのです

と知らされたことがあります。

そのことを裏付けるように砂遺跡の真北に秦河勝の墓があるのです。後に秦河勝は秦氏の始祖として北極星信仰と習合し、摩多羅《まだら》神として崇められるようになりました。

第二十一段

男女逆さまは家も国も滅びる

この世は嫉妬があまりにも強いため
誰かが世界を調和に戻そうとすれば
その人物の悪口を吹聴し
誹謗中傷して信用を貶め
世間の悪者にしてしまう

わが国最大の逆賊は長髄彦《ながすねひこ》
日本三大悪人の筆頭は道鏡
悪党と呼ばれた楠　正成《くすのきまさしげ》

鬼にされた阿弖流為
日本三大怨霊にされた
菅原道真《すがわらのみちざね》・平将門《たいらのまさかど》・崇徳院《すとくいん》
わが国最大の祟り神は
素戔嗚命・艮金神

道理に従い忠誠を尽くした者が
道理に逆らった者の罪を着せられ
祟り神にされることほど
理不尽なことはない

祟り神を生まないためには
男女逆さまを正しくし
立場と順序を守ること
ただそれだけのことなのです

藤原氏の嫉妬によって失脚した菅原道真

わが国は闇の周期にいる間に数々の怨霊を生みだしてきました。人々が怨霊を恐れたのは、自分の力ではどうすることもできない禍に苦しめられてきたからです。

しかし禍の原因は怨霊のせいというよりも、怨霊に貶めた者が道理に逆らったことによる結果なのです。彼らは常に被害者意識であるため、事の本質を無視して怨霊に責任転嫁するのです。平安時代とは名ばかりで、実際は怨霊の鎮魂に明け暮れてきたのです。

学者の最高位である文章博士《もんじょう》として朝廷に仕えた菅原道真は、藤原氏と一線を画した第五十九代宇多天皇により重用され、次代の醍醐天皇の代で右大臣まで上り詰めた人物でした。

宇多天皇は親政（天皇中心の政治）の基盤を固めて藤原氏による政権掌握を阻止しようとしていましたが、信頼のおける側近がいなかったために、幼少期から秀才と名を馳せていた菅原道真を重用し、蔵人頭《くろうどのとう》（天皇の秘書的役割を果たした側近の長）に任命しました。

その後も式部大輔《しきぶのたいふ》（式部省の次官）に任じて公卿の職位を与え、ますます藤原道真に信頼を置いたのです。

菅原道真は政治に意欲的に取り組む中、疲弊した民の暮らしや世界情勢を鑑みて、税制度の

左：服部天神宮　菅原道真公

見直しや遣唐使の廃止を宇多天皇に提言し、善政に尽くしていました。宇多天皇の治世は菅原道真に支えられて「寛平《かんぴょう》の治《ち》」と呼ばれ、その徳政を評価されています。

第六十代醍醐天皇に譲位した宇多上皇は、醍醐政権においても菅原道真を重用し続け、親政を継続していました。

ところが藤原時平が醍醐天皇に

「菅原道真が醍醐天皇を廃して、娘婿である斉世《ときよ》親王の即位を目論んでいる」

と讒言したことによって大宰府に左遷されてしまったのです。菅原道真は失脚し、長男をはじめとする子供四人が流刑に処されてしまいました。

大宰府での菅原道真は政務にあたらせてもらえず俸給が与えられなかったために、衣食住もままならず困窮を極め、非業の死を遂げたのでした。

その後、藤原氏の相次ぐ病死、平安京清涼殿の落雷が続いたことにより、朝廷は恐怖におののきました。これを菅原道真の怨霊の祟りであると信じたため、朝廷は手厚く菅原道真を祀り、後に雷神と天神を習合して学問の神様、足病平癒の神様として祀られるようになったのです。

母の不義で父に忌み嫌われた長男

平安時代の終わりともなると、上皇による院政がはじまります。これまで天皇は藤原氏に実権を握られ続けてきましたが、まだ幼い皇子を即位させ、譲位した父や祖父が上皇となり実権を握るようになりました。これを院政といいます。

上皇が出家すると法皇となり、同時代に上皇と法皇が複数人存在したため、院政の実権を握る人物を「治天《ちてん》の君」と呼ぶようになったのです。

第七十五代崇徳《すとく》天皇は父・鳥羽上皇と皇后・藤原璋子《たまこ》との間に生まれた長男でした。ところが本当は璋子の不義の子だったのです。相手は父・鳥羽上皇の祖父にあたる白河法皇でした。

幼い頃に両親を亡くした璋子は、白河法皇に養育されたため、白河法皇の寵愛を受けていたのです。璋子は鳥羽天皇に入内した後、実家にしばらく滞在した間に悲劇が起きたのでした。

鳥羽上皇は璋子が産んだ長男が白河法皇の子であることを知っていたのです。鳥羽上皇からすれば祖父の子なので叔父にあたります。そのためわが子長男を「叔父子《おじこ》」と呼んで忌み嫌ったのでした。

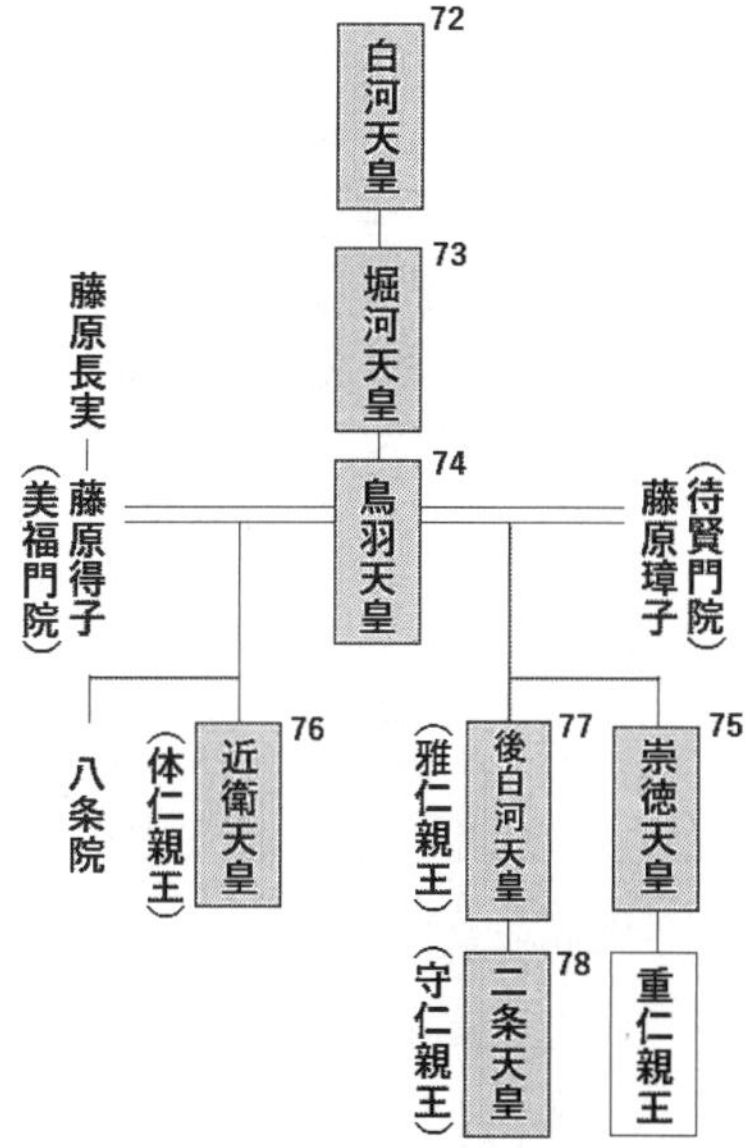

父は崇徳天皇を五歳で即位させて上皇となり、院政を開始します。崇徳天皇は優れた和歌を詠む有能な人物へと成長しました。百人一首にも選ばれた崇徳院の和歌はあまりにも有名です。

「瀬を早み　岩にせかるる　滝川のわれても末に　逢はむとぞ思ふ」　崇徳院

この和歌は再会を誓う恋の歌ですが、崇徳天皇の強い情熱が感じられます。

崇徳天皇は自分の子を即位させたいと思っていました。しかし二十二歳のときに父によって天皇の位を譲位させられ、異母弟の第七十六代近衛《このえ》天皇が即位することになったのです。崇徳天皇は上皇に変わり崇徳院と呼ばれるようになったため、とりあえずは院政を執る権利を得たのです。

ところが譲位した弟・近衛天皇には「皇太弟」と父が明記して即位させたため、崇徳院にとって天皇が弟では院政が行えず「治天の君」の権利を完全に失っていたのです。

近衛天皇は十七歳で崩御してしまったため、崇徳院が呪詛したせいではないかとの噂が立てられました。崇徳院に追い打ちをかけるように同母弟の第四皇子が第七十七代後白河天皇に即位したのです。

その後、父・鳥羽法皇は崩御しましたが、父の遺言に崇徳院との面会を拒絶していたため、崇徳院は父を弔うことも許されなかったのです。

崩御した父・鳥羽法皇の後ろ盾が弟・後白河天皇側について崇徳院に先制攻撃をしかけたことから、兄と弟が戦をしなければならなくなったのです。これが保元の乱です。

戦に負けた崇徳院は、同母弟で僧侶の覚性入道親王《かくしょうにゅうどう》に後白河天皇との間を取り持つよう依頼しましたが断られてしまい、罪人として讃岐国に流されてしまったのでした。崇徳院は二度と京に戻ることなく八年後の四十六歳で崩御したのです。

日本三大怨霊となった崇徳院

その後社会情勢は不安定となり、平安京の大火災、暴動、後白河上皇の近親者が次々と亡くなり、動乱の時代が長く続きました。

朝廷は禍を崇徳院の祟りとみなして、かつての長屋王や井上《いのえ》内親王、早良《さわら》親王、菅原道真の祟りを恐れてきましたが、天皇の祟りとなれば大規模な国難となるため、歴代天皇は七〇〇年間にわたって崇徳院の鎮魂を繰り返すことになったのです。

第一二一代孝明天皇は幕末の国家動乱を避けるため、崇徳院の御霊を讃岐国から京都にお移りいただくことを決めました。父の意思を継いだ第一二二代明治天皇が慶応四年（一八六八年）に崇徳院を正式に天皇としてお迎えし、

「京都の新営にお移り頂き、天皇と朝廷を末永く守護して頂き、また奥羽の賊軍を速やかに鎮圧し、天下が鎮まるようにお助け頂きたい」

と、宣明し白峯《しらみね》社を創建したのです。昭和十五年には白峯神宮と改称されました。


わたしは崇徳院を怨霊にした根本原因を明らかにすることこそ本当の供養と思い、令和五年（二〇二三年）十月八日に白峰神宮へお参りしてまいりました。

境内に入るやいなや、後方からカラスが飛んできて羽で頭をなでられたのです。驚きましたがその感触はやさしくて、崇徳院はわたしが来るのを待っていてくださったのだとわかったのです。


崇徳院には何一つ非がなかったのにもかかわらず、周囲から冷遇を受け排除されたのは、不遇な生い立ちだけでなく、長男だったからにほかなりません。魂胆ある者は、いつの時代も兄弟を対立させて長男を排除し、傀儡となる傍系を即位させてきたのです。

どんな場合も長男を選ばず弟に家を継がせることは不調和になります。それが国体である天皇ともなれば国家の不調和となり、大規模な国難となってしまうのです。

怨霊を生まないための根本は**無条件に長男を選ぶこと**なのです。先祖の分け御霊を受け継い

白峯神宮

だ長男が適材適所で役目を果たせば丸く治まるからです。

国家安泰の道はどんな場合も長男を主とし、長男は親に孝行し、弟は長男に孝行するのが筋道です。これを守れば一家安泰で、国が治まるのです。

自我意識では災禍の原因と結果を洞察できず、常に自己中心的で道理に逆らい続けるために禍が治まらないのです。

自我人間はわが罪を顧みるどころかいつも自分は被害者で、守るのは自分の地位と身の安全ばかり。守るべき人物を貶め排除し、非業の死に追いやっておきながら怨霊に仕立て上げ、乱世の原因を怨霊に責任転嫁してきたのです。

崇徳院の悲劇のはじまりは、鳥羽天皇の皇后・藤原璋子が実家に帰ったことが原因です。天皇に入内した皇后が実家と通じることは裏切りであり、国家レベルの禍を呼び寄せてしまいます。嫁いだ娘がいつまでも実家と行き来するのは、精神的に未熟で幼児性のあらわれなのです。

禍を呼び寄せないための筋道は、嫁いだ娘は実家側とは他人行儀にし、自分の立場をわきまえることです。

精神的、霊的に成熟した女性として成長するためには、幼い頃から十分に親の愛情を受けておかなければなりません。そのため**人格育成に最も重要なことは、夫婦が仲良く家庭が円満であることなのです。**

第二十二段

後醍醐天皇と日本人の「神の遺伝子」を実践した楠正成に結ばれた絆

後醍醐天皇が
楠正成に絶大なる信頼を寄せられていたのは
菩薩の使いの二人の子どもが夢に現れ、
お告げされたからでした。

「これよりしばし地上は乱れましょう。
御身が隠れる場所もないほどです。
ただあの大樹の南の陰に

天子のための席を設けました。
しばらくはその木陰でお過ごしなされませ」

大樹の南とは木の南。楠。
後醍醐天皇は神のご意思に従い、
河内の土豪・楠公さんを
頼りにされたのでした。

後醍醐天皇は忠誠を尽くしてくれた
楠公さんに菊の紋を下賜しました。
しかし楠公さんは
天皇の家紋を賜るなど
あまりにも身に余ることだと辞退し、
菊の花が川の流れに身を任せているような
美しい家紋として
使わせていただくようになったのです。
菊と水流は天皇と水神。

見方によれば菊は太陽にも見えます。

後醍醐天皇と河内の土豪。
このふたりの関係はまるで
ニギハヤヒとナガスネヒコ。
楠公さんが後醍醐天皇に
命を捧げてまでも忠誠を尽くしたのは、
水の神を大切にしてくださったから。

神様の御心のままに。
楠公さんは水のごとく純粋に、
神の御心のままに働かれた人。

「この乱世」が鎮まり
民が無事に暮らせる世の実現が
神の御真意ならばこの命、
いかようにでも

御上のためにお使いくださいませ」

楠公さんは日本人に埋め込まれた
神の遺伝子のとおりに実践されたのです。
主君に忠義を尽くし
世のために命を捧げる。
これは自我があったらできない仕事。

この肉体が滅ぼうとも魂は不滅。
何度生まれ変わろうとも、
地上天国を実現させるために
神の足となりはたらかせていただく。
それが大和魂に刻まれた
神の遺伝子なのです。

それでも藤原氏の世は続いてゆく……平安時代の終焉から武士の時代へ

平安時代末期の鴨 長明《かものちょうめい》は折り畳み式の小屋で移動しながら当時の様子を『方丈記』に書きました。その内容は次のとおりです。

- ●安元の大火によって京都の一／三が消失（一一七七年）
- ●治承の竜巻により家屋が全壊（一一八〇年）
- ●福原遷都（一一八〇年）
- ●養和の飢饉によって京都・約四万二三〇〇人の死者（一一八一年）
- ●マグニチュード七レベルの元暦の大地震（一一八五年）

芥川龍之介はこの時代を背景にした地獄の世を『羅生門』に書きました。

地獄の世を現象化した貴族中心の社会に不満を抱いた武士が、やがて武力蜂起して貴族から政権を勝ち取り、鎌倉幕府を開きました。

鎌倉幕府は御恩と奉公の信頼関係で成り立つ男系の武家社会でした。しかし八代目執権・北条時宗は元による襲来を撃退するも恩賞を与えられず、幕府への不満が募っていました。

一方、天皇は大覚寺統（南朝）と持明院統（北朝）の対立関係になっており、幕府によって一代ごとに交代するという折衷案が採用されていました。これに異を唱えたのが大覚寺統の初代南朝・第九十六代後醍醐天皇です。

当初はつなぎとして一代限りの即位だった後醍醐天皇は、自分の子を直系の皇位継承者にしたいと考えたのです。そのためには鎌倉幕府を倒さなければならなかったのです。天皇の倒幕計画は公家にとっては渡りに船でした。再び外戚政治が復活できるからです。

しかし倒幕計画が発覚し、後醍醐天皇は隠岐の島に配流されてしまいました。天皇は倒幕を呼びかけ、足利高氏、新田義貞が鎌倉幕府を滅ぼすと、京都に戻って後醍醐天皇の理想とした「建武の新政」を開始しました。

その内容は公家を優遇するものであったため、命がけで戦ってきた武家から猛反発を買ってしまいました。

この時代の天皇は藤原氏と六〇〇年間も血脈を交わし続けてきたため、天皇中心の親政とは、公家中心の政治にほかならなかったのです。しかし後醍醐天皇が真に目指したのは太陽信仰の復興だったのです。

吉野神宮（奈良県吉野郡）

それでも長男殺しは続いてゆく……悲劇の大塔宮護良親王

吉野神宮のご祭神は後醍醐天皇です。吉野神宮の狛犬は、太陽を仰ぎ見る格好をしており、後醍醐天皇は太陽神を奉じたことを示唆しています。（写真）吉野神宮は天武天皇が拠点にした吉野宮や、役行者が開いた金峯山《きんぷせん》寺の近くにあります。

金峯山寺が後醍醐天皇の後ろ盾になったのは、かつて天武天皇が役行者と結託した関係があったからです。金峯山寺が南朝の皇居を設けたことは太陽信仰の復興のために忠誠を尽くした証です。これはかつて大海人皇子が吉野に籠って壬申の乱を決起したことと重なります。

しかし天皇の命により武士たちが鎌倉幕府を倒せば、公家にとっては好都合だったのです。彼らはいつだって戦わずして漁夫の利を得てきたからです。

金峯山寺（奈良県吉野郡）

　後醍醐天皇には息子が何人もいましたが、年長の息子に大塔宮《だいとうのみや》護良《もりよし》親王がいました。

　ところが後醍醐天皇は護良親王を十歳で出家させ、年少の異母弟・義良《のりよし》親王（後の後村上天皇）が皇太子となったのでした。母は後醍醐天皇の寵愛を受けていた阿野廉子《あのれんし》（新待賢門院）でした。

　大人になった護良親王は僧兵となり、吉野で兵を集めて武勲を上げましたが、皇族が武勲を上げることは武士の活躍を奪うことになってしまいます。

　天皇の取り巻きは護良親王が

「武士を統率するために征夷大将軍の位を欲しがっている」

　と讒言したことによって、天皇は護良親王に武士の最高位である征夷大将軍の位を与えてしまったのです。これに足利尊氏が猛反発し、天皇との溝が深まってしまいました。

護良親王は父への忠誠心が裏目に出て、自らの意思で綸旨《りんじ》（天皇の意を受けた命令書）を出したために天皇の怒りを買い、公卿や武士に加えて天皇からも疎まれてしまったのです。天皇の命により護良親王の身柄を足利尊氏に預けられたため、鎌倉に幽閉されてしまいました。様々な思惑が渦巻く中、護良親王は救助される日を待つことかなわず、足利直義《ただよし》に暗殺されてしまいました。享年二十七歳でした。

南朝の皇居を設けた金峰山寺では、本堂正面の敷地を大塔宮《だいとうのみや》御陣地として取り囲んでいることから、護良親王への供養がうかがえます。明治二年（一八六九年）には護良親王をご祭神とする鎌倉宮が明治天皇により創建されました。

対立を和合できぬまま繰り返される世代交代

楠《くすのき》正成《まさしげ》は公卿の干渉によって政治的判断を欠いた天皇に、足利尊氏と和睦する道を懸命に奏上しましたが、公卿らによって退けられてしまいました。藤原氏はいつの時代も、天皇と家来が心ひとつになることに嫉妬して引き裂いてきたのです。

結局天皇と足利勢は決裂し、楠正成は勝ち目のない湊川の戦で命を落とさなければなりませんでした。

左：四條畷神社　右：小楠公墓地（四條畷市）

「正統なる天皇をどこまでもお守りせよ、それが父への孝行となるのだ」　楠正成

父が長男・正行《まさつら》に言い残して後醍醐天皇から賜った短刀を託したのは、後醍醐天皇の目指す政治は太陽信仰の復興であることを知っていたからです。後醍醐天皇から下賜された菊水の家紋は太陽と水流のシンボルで、太陽と水の神を一体化した印なのです。

地形を生かした奇襲戦法を得意とした楠正成は天才的な戦術家でした。その強さゆえに悪党と呼ばれたのです。

楠正成は出自が不明とされていますが、河内を本拠とする生駒・金剛山系の千早赤阪村の建水分《たけみくまり》神社を氏神としています。ご祭神は創造神（天御中主神《あめのみなかぬし》）と水の神（天水《あめのみ》分《くまり》神・罔象女神《みつはのめ》・国水分神《くにのみくまり》・瀬織津姫）ですから、命がけで主君をお守りした長髄彦の末裔といえるのです。

「かへらじと　かねて思へば　梓弓　なき数にいる　名をぞとどむる」　楠正行

後醍醐天皇陵

父の意思を継いで天皇へ忠義を尽くした嫡男・楠正行《まさつら》は、如意輪寺にて辞世の句を残して、勝ち目のない四條畷の戦いで命を落としたのでした。信頼のおける家臣を次々と失ってしまった後醍醐天皇はついに京に戻れず吉野で崩御したのです。

後醍醐天皇のお墓が、歴代天皇唯一北を向いているのは、天皇の遺言どおりに京の空をにらむようにお墓がつくられたためです。わたしが令和三年（二〇二一年）七月二十四日に後醍醐天皇のお墓の前に立った際に、東から朝日が射し込み光り輝いて歓迎してくださいました。（写真）

後醍醐天皇は遺言を残しています。

只生　生世世《ただしょうじょうせぜ》の執念ともなるべきは、朝敵を悉く滅ぼして四海を大平ならしめんと思ふばかりなり。玉骨は縦ひ南山の苔にうづむるとも、魂魄は常に北闕《ほっけつ》の天を望まんと思ふ。若し命を背き義を軽んぜば、君も継体の君に非ず、臣も忠烈の臣にあらじ。

第六之巻

神界への集合意識転換が日本超復興の鍵

――親神・素戔嗚尊、アマテラス、菊理姫。
本来の神々の御姿と共に陰陽逆さまの闇を正す

第二十三段

アマテラスと素戔嗚命と菊理姫《くくりひめ》のおはたらき

平成十二年（二〇〇〇年）に富士山にて素戔嗚命復活の儀が執り行われました。

全国の神社の神々様のご神体である御石で囲まれた大きな円の中央に、素戔嗚命が降臨したのです。

このときはたらかれたのが、新世界秩序の大元締めである白山菊理姫でした。

菊理姫は括り《くく》＝統合の女神です。
菊理姫は白頭山の女神で、
素戔嗚命とは犬猿の仲。
日本全国の神々を統べるためには、
菊理姫のはたらきが必要だったのです。

日本各地の八百万の神々に囲まれて
降臨した素戔嗚命は、
まさに日本神界のスーパースター。
肉宮に降りた素戔嗚命の姿は
大和魂を目覚めさせる
凄まじいエネルギーを発していました。

素戔嗚命の本当は
元気と勇気とやさしさの神様。
存在するだけで暗闇を明るく照らし
不浄を焼き払ってしまわれるのです。

一方、アマテラスの立ち居振る舞いは
月のごとく静か。
姉をねぎらうやさしい弟に対して
姉は気位が高いと感じました。
素戔嗚命とアマテラスは
太陽と月のごとく対照的だったのです。

どんなに優秀な女神であっても、
女は太陽にはなれない。
太陽になってみたけれども、
世を明るく照らすことはできなかった。
月が太陽になってからは
戦、飢饉、疫病、貧困、災害の連続。
陰と陽をひっくり返して起きた
暗闇の世の実現でした。

わたしたち日本人は、
集合無意識で太陽神を封じ、
日本人の親神である素戔嗚命に、
悪神のレッテルを貼ってきたのですから
素戔嗚命には心の底から
お詫びしなければならないのです。

そしていちばん大事なことは
長男を大事にしなかったことを
お詫びしなければならないのです。

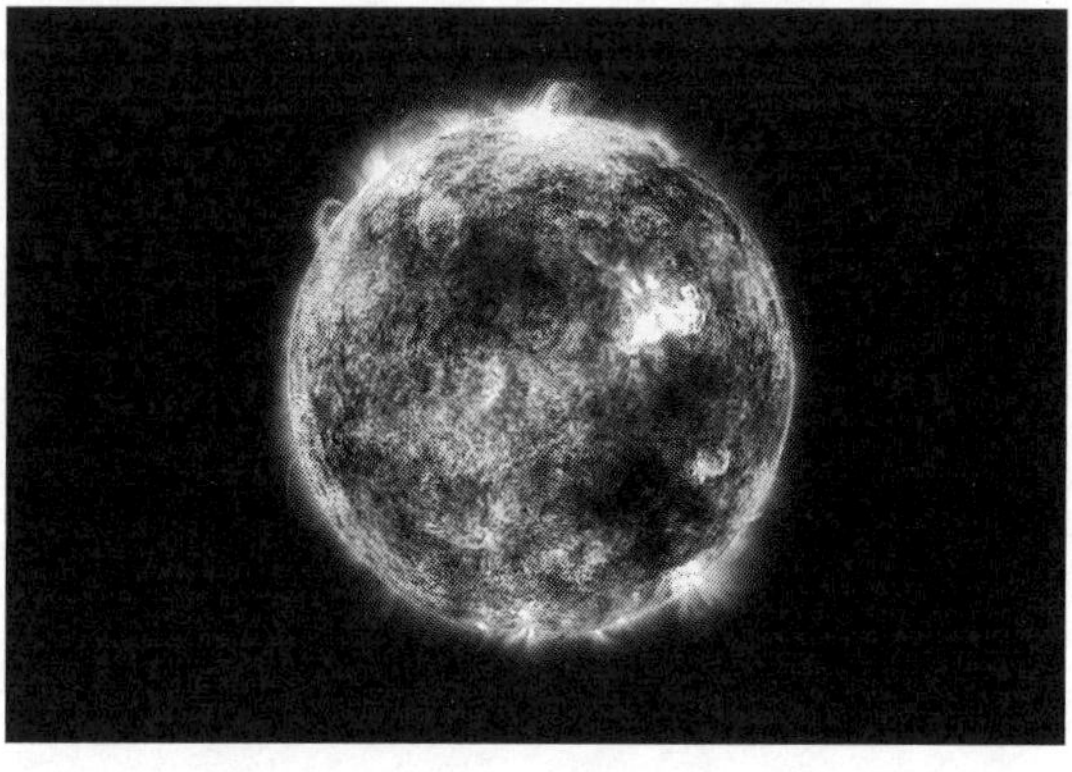

日本神界の直系長男は素戔嗚命

わたしには魂に刻まれた記憶がありました。それはあることがきっかけで突然沸き起こる内側からの衝動や、脳天に落雷したかのような衝撃で思い出すのです。

はじめて魂の記憶を取り戻したのは、七歳の七五三のときでした。神社でもらった『天の岩戸開き神話』の絵本を読んだときに、突然、嫌悪感と拒絶感が肚の底から沸き起こり、絵本をおもちゃ箱に投げつけてしまったのです。そのときは踏みつけて破り捨てたい衝動がどこから来るのかわからず、必死にこらえたものでした。

このような七歳の子供にあるまじき行為は、魂の記憶の発動としか言いようがなく、このことは誰にも言ってはならないこともわかっていたのでした。そのため一生の秘密となりました。神社でもらったもう一冊は『因幡の白兎』の絵本でした。うさぎさんを助けてくれたやさしい神様は大好きだったので、この絵本はいつも読んでいたのです。

ところが令和元年（二〇一九年）十二月末に

表に出て、これまで隠してきた秘密をすべて明らかにするように

と天啓を受けて以来、神々の導きによって隠されてきた歴史をブログに書いていったのです。

明確に神界の事情を知らされたのは平成二十九年（二〇一七年）十一月十二日でした。

わたしは艮金神の導きに従い日本の神界の神々とアラハバキの三柱の神々、歴代天皇の神々が集結されたご神事に立ち会ったのです。

国宝　土偶

アラハバキの神々が京都に召喚されたのははじめてだったようで、神々様御一同、神妙にされていました。ここで阿弖流為が処刑されたのですから、アラハバキの神々にとって京都は敵地なのです。奇しくもこの日、国宝の縄文土偶三体が京都国立博物館にて展示されていたのです。

この日、平成十二年（二〇〇〇年）に富士山で執り行われた素戔嗚命復活の儀で、肉宮に降臨した素戔嗚命の本当の姿を見せられました。素戔嗚命は日本神界の中心であること、素直で疑う心を持たない姉思いのやさしい神様であることがわかりました。

紳士的でありながらも豪快かつダイナミックな素戔嗚命の立ち居振る舞いは、威風堂々たる武将のごとく力強いエネルギーを放っており、見るものすべてを無条件で魅了してしまう不思議な魅力に満ち溢れていました。

一方、肉宮に降臨した大国主命と国之常立命《くにのとこたち》は、国譲りした後のわが国のあり様に怒り心頭に発しておられました。

男女の元はイザナキとイザナミです。その直系長男が素戔嗚命であり、その息子が大国主命です。**大和民族の親神様は、素戔嗚命なのです。**大和民族が男系を守ってきたのも、長男を嫡男としてきたのも、縄文遺伝子の元は素戔嗚命だからです。

すさまじいエネルギーを放っておられる素戔嗚命はとてもやさしくて頼もしく、世界一かっこいい英雄の神様だったのです。あまりにまぶしく輝いておられるからこそ、外国の神様に嫉妬されてしまったのです。わたしはこのとき、素戔嗚命が真の太陽であることを確信いたしました。だからこそ饒速日命（大国主命）は父上の汚名をそそぎ、名誉を取り戻したいと願っておられたのです。

素戔嗚命の復権のためには、長男を守ることが大前提なのです。大和魂を目覚めさせるということは、生命秩序の根本から正さなければならないのです。そして自分の家族の立場と順序を正しくすることが日本を建て直すための必須条件なのです。
富士山に降臨した素戔嗚命は虚空に向かって次の言葉を発した後、ゲリラ豪雨の涙が降ったのでした。

「我はこの国で、最も忌まれし祟り神じゃ。
我に掛けられし呪いを解き放てば、
この国の闇も取り払われよう。
長かった……
長かったあああああ！！！」

素戔嗚命

宇宙統合の実験の場として選ばれた日本

素戔嗚命と菊理姫が犬猿の仲だったのは、左回転システムと右回転システムの相容れない関係だからです。

地球は宇宙統合の実験の場として選ばれた惑星であるため、特例として正反対のシステムが降ろされたのです。白山菊理姫は日本に物質文明をもたらし、日本列島を統合する＝くくる役目を担ったのです。

宇宙からあらゆる生命体が地球に集められ、地球が生命進化の実験場として選ばれましたが、自己主張のぶつけ合いで常に戦を起こしては文明が滅んでいきました。今回の文明においても奪うか奪われるかの対立関係を繰り返してきました。

地球の回転方向とは逆の思考回路は、自己主張が強く、地球のルールを守れないために無秩序に陥ってしまうのです。太陽は東から昇り西に沈む。水は上から下に流れ、子は母から産まれる。これが地球の法則であり正しさです。自然界の法則は左回転システムなのです。

地球に右回転システムを持ち込んでも太陽は西から昇らないし、水は下から上へは流れないし、男は子を産めません。

しかし、戦争、飢餓、搾取、支配、家族崩壊といった、宇宙ではありえない不調和な現象が起きてしまうのです。

これらを生み出す逆向きのエネルギーの正体は嫉妬なのです。嫉妬は放射性物質のごとく、宇宙に存在するはずもない自我意識で逆の作用をもたらすため、ブラックホールを引き寄せ、地球を低次元化させせてしまいます。

大和民族は世界最古の民族なので、世界でもっとも精神的に成熟していなければならないのです。自らが手本となり、世界の人々に尊敬されなければならないのですが、一三〇〇年前に右回転システムにプログラムされた記紀神話によって、我が国の進むべき道が逆方向になってしまったのです。

日本が真に立ち直るためには素戔嗚命の復権が必須

だまされ続けた日本は尊敬される国から、搾取され見下される国になってしまいました。素戔嗚命が封じられてきたのは、宇宙の正義を司る悪魔退散の神だからです。

八坂神社の悪王子社には素戔嗚命の荒魂が祀られています。

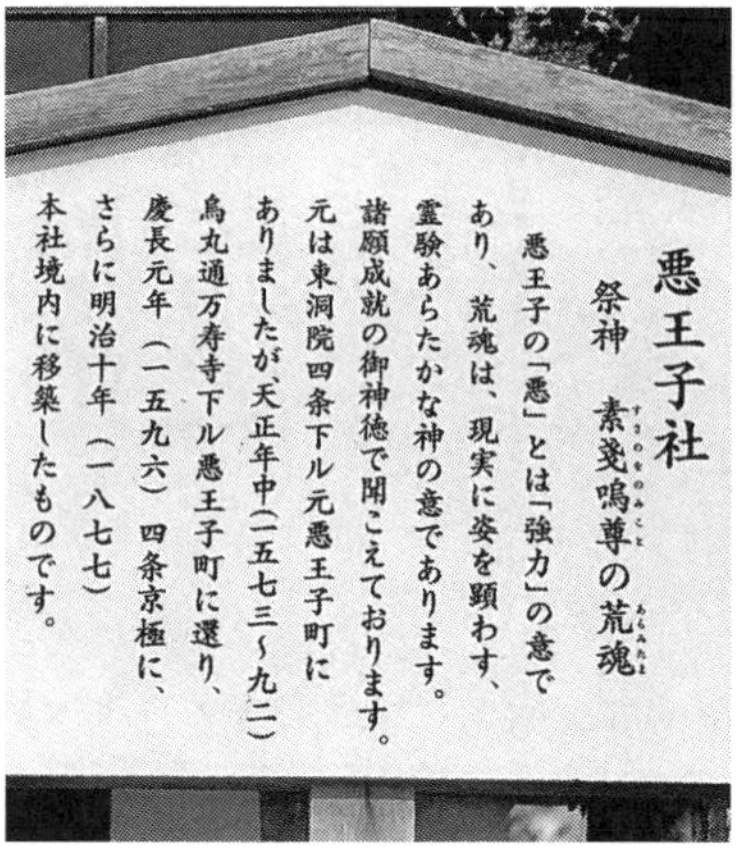

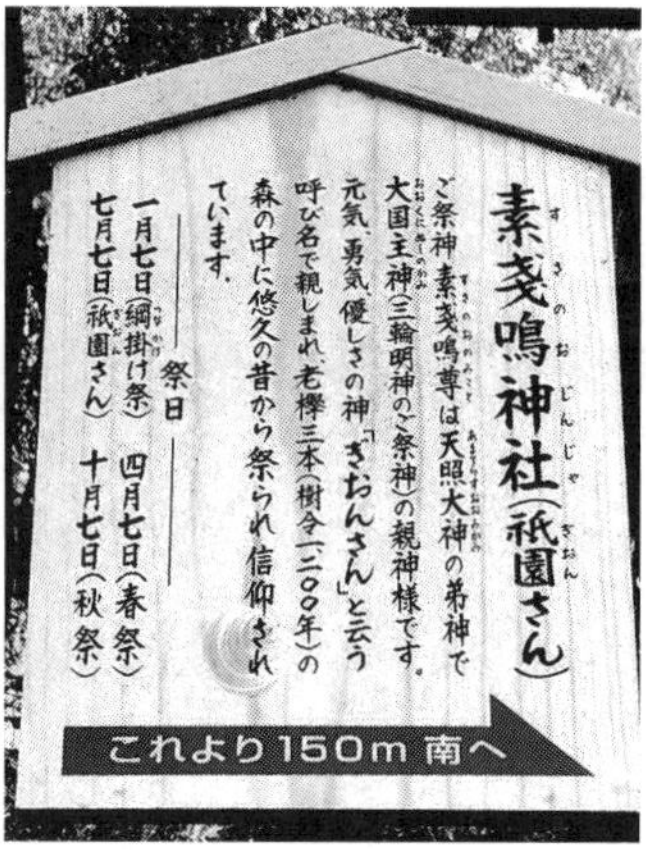

左：悪王子社（八坂神社）右：素戔嗚神社（大神神社）

「悪王子の『悪』とは『強力』の意であり、荒魂は現実に姿を顕す、霊験あらたかな神」という意味ですから、素戔嗚命は乱暴な神ではないことがわかります。

大和国一之宮・大神《おおみわ》神社の御由緒では、元気、勇気、優しさの神「ぎおんさん」という呼び名で親しまれているのです。

暗闇の世界を終わらせるためには、素戔嗚命を本来あるべき立ち位置に復権させることが絶対に必要なのです。

第二十四段

アマテラスと素戔嗚命の関係を修復する

二〇二〇年に夫婦神が再会し
スサナルの大神様の復活とともに
家族の和合がしきりに伝えられています。
汚名を着せられた存在は
歴史上で決して少なくはありません。

汚名返上
因縁解消
秩序回復

これらは
和合を為すためには
必須事項なのです。

今年になってそのことを伝えるようにと、
ぐいぐい背中を押されるように感じています。
喫緊の課題なのだと思います。

しかしそれらは、
一般的には受け入れがたいと
感じることかもしれません。
それを承知の上で伝えてほしい、
とのことです。

富岡八幡・宮司殺人事件の真相を
明かしてほしいと。

この世界で起きることは
上で起きていることの写し絵です。
大和民族の集合意識の
プログラミングツールが記紀神話です。
よってアマテラスと素戔嗚命の関係を
顕在化したのがこの事件でした。

独身の姉であろうと、
長男夫婦の上に立ってはならない。
親はどんな場合も長男を信じること。
いかなる場合も長男夫婦を選ぶこと。
これが命の法則。

神話によると
姉のアマテラスは弟を疑い武装し、
父のイザナキは弟を追放しました。
富岡八幡宮の父親は

放蕩長男（弟）を信じることができず、
出戻りの長女（姉）を宮司に選んだのです。
長男は自分が選ばれなかったため、
わが子長男を宮司に選ぶよう、
しきりに訴えていました。
弟は姉を殺害後、共犯の妻を殺害して自殺。
「怨霊となり、永遠に祟り続ける」
と手紙に残して自ら祟り神となったのです。

一方、姉弟の祖父は
八幡宮の宮司としての立場をわきまえず、
宗教法人・神社本庁の総長となり
日本会議を発足させた人物。
伊勢神宮を本宗とする神社本庁に、
本来、八幡宮は加入する立場にありません。
八幡大神を祀る八幡宮は
神社本庁に封じられた側の立場だから。

つまり長男は祖父のこさえた罪を
異常な行動を起こして現したのです。
長男の魂が神社界の構造を
命がけで訴えたのです。

人間の自我でゆがめた神界と
事件が起きた本質を明らかにすることが
本当の供養ではないかと思い、
ここに書かせていただきました。

どんな場合も長男を選ぶことが絶対

この事件は平成二十九年（二〇一七年）十二月に起きたあまりにも衝撃的で凄惨な事件でした。当時のわたしは数週間前に執り行われた御神事に立ち会い、アマテラスと素戔嗚命の関係を目の当たりにしたばかりだったので驚きはひとしおでした。

富岡八幡・宮司殺人事件を知ったとき、まさに神界のお家騒動を暴露した現象だとわかりました。

長男が父を継いだ宮司就任時は、参拝客を楽しませるよう工夫を凝らした企画を成功させた実績がありましたが、浪費癖や女性問題を起こしたことで退任を迫られたのです。そのため父が再び宮司に復帰しましたが、離婚して戻ってきた長女（長男の姉）を宮司に指名したのです。

このことに不満を抱いた長男は、関係者に長女を神社から追放し、わが子長男を新たな宮司に迎えるよう要求し、

「実行されなかったときは、死後においてもこの世に残り、怨霊となって祟り続ける」

と呪うような言葉を残していました。

家督争いの末、長男は

「約三十年にわたる富岡家の内紛について、真相をお伝えします」

との書き出しで二八〇〇通もの手紙を神社関係者と氏子関係者に送付した後、長女を日本刀で斬殺し、共犯の長男嫁を殺害した後、自害したのです。

この事件の本質は、

●父は素行の悪い長男を追放して、長女に家を継がせた。
●父は長男夫婦を選ばず、離婚して出戻ってきた長女を選んだ。
●長男は自分が選ばれなかったため、息子長男を宮司にすることを要求した。
●長男が長女を殺害し、最後まで夫と行動を共にした長男嫁を殺害した後、自害した。
●その根本原因は祖父にあった。

この事件は決して他人事ではありません。どんな場合も長男を選ぶことが絶対であるということを、強烈な事件を起こして知らしめたのです。

ここで重要なのは、神の視点と人間の善悪は必ずしも一致しないということです。このことは理解されにくいことですが、**立場と順序のはき違えは、家族崩壊を引き起こす禍であることは、神代も今も変わらぬ法則なのです。**

弟の素戔嗚命が乱暴狼藉をはたらいた原因は、姉が高天原を継いで皇祖神となってしまったからです。これにより暗闇の世界になった原因を素戔嗚命に責任転嫁し、高天原から追放したのです。これが神話の筋書きなのです。

わが国の不調和を調和に戻すためには、素戔嗚命に着せられた汚名を返上し、神話を正しく書き直さなければならないのです。

第二十五段

夫婦神の誓いは永遠に同じ

櫛稲田姫《くしなだひめ》さんは
英雄神に助けられるお姫様です。

八雲立つ　出雲八重垣　妻籠に
八重垣つくる　その八重垣を

素戔嗚命は
ヤマタノオロチを退治した後の
「うれしい、いとしい、すばらしい

清々しい、誇らしい、ありがたい
これらの感情をありありと映し出したような
皆が安寧に暮らせる豊かな国を作ろう。
そして櫛稲田姫と幸せな家庭を築いて
子々孫々万代続く世にしていこう」
と強く心に決めたのでした。

この湧き立つ心意気を高らかに
歌に込めた素戔嗚命に櫛稲田姫は

「この方に生涯ついて行きます」

と心に誓ったのです。
素戔嗚命は
櫛稲田姫を櫛に変えて髪に挿し、
姫と一体化して
オロチ退治を成功させました。

ですからヒロインは
ヒーローに助けられているようで
実はヒーローを助けていたのです。

素戔嗚命は櫛稲田姫の肉体を守り、
櫛稲田姫は素戔嗚命の霊を守っていました。
互いに守り、守られる関係です。

男は物質面（女）を守り、
女は精神面（男）を守る。
これが夫婦の役割分担です。

肉体や衣食住の物質面を男が守り、
男の霊（遺伝子）を女が守る。
男女は正反対にして一対なので
相互に補完し生かし合う関係になります。
ただし男女逆さまは

役割不可となり不調和となります。

命の種は、
遺伝子のプログラムどおりに
はたらくようになっている。

男系継承とは種の遺伝子だけでなく、
郷土と伝統を代々受け継ぐことで、
先祖が残した田畑が荒地になったり
土地が売られてしまわないよう
地球と種を保存するシステムなのです。

結局、修理固成とは
バラバラになってしまった
家族と土地の結びつきを
正しくつくり固めることなのです。

最も厳格で進化した人類は大和民族

四條畷に伝わる『雁塔《がんとう》物語』という伝承があります。

戦国時代初頭のある冬の初め、一人の猟師が雄の雁《がん》を射止めました。ところが不思議なことに首がどこにも見当たりません。おかしなこともあるものだなと思いながら、いつしか忘れていきました。

春も近づいたある日、猟師は再び一羽の雁を射止めました。拾い上げてみると痩せ衰えた雌の雁で、翼の下になんと雁の首を抱えているではありませんか。

猟師は冬の初めに射とめた首のない雄雁のことを思い出しました。この二羽は夫婦だったのです。

猟師は雁の夫婦の情愛の深さに身もだえして泣き崩れました。それから弓矢を折って仏門に入り、夫婦の雁を供養しました。

生命体は種を保存するために必ず子孫を残します。結婚する種族は人類と鳥類、魚類です。進化した種ほど厳格な一夫一婦制で強い絆で結ばれており、夫婦で子育てします。

雁

四條畷市　雁塔

もっとも進化した鳥は何千kmも空を飛ぶ渡り鳥です。彼らは緻密な連係プレイでV字に編隊を組むため、集団の規律を乱すことなく仲間の結束力と信頼関係が強く結びついているのです。

雁はロシアからはるばる日本にやってきて、夫婦で子育てする草食のカモ科の渡り鳥で、一度夫婦になれば生涯を添い遂げ、死別しても再婚しないため、カモ科でもっとも厳格な鳥です。秦氏は『雁塔物語』を伝承にして夫婦の絆の大切さを伝えてきたのです。

生命進化は正反対を和合して命をつなぐこと

わたしは令和二年（二〇二〇年）三月二十八日に雁塔の前に立ったとき、饒速日命と瀬織津姫が笑っているのを感じました。そしてこう伝えられたのです。

天武天皇と持統天皇のお墓に行っておいで

そのメッセージを受けてはじめて天武・持統天皇陵へ行きました。令和二年（二〇二〇年）六月十四日にご夫婦のお墓の前に立ったとき、

天武天皇と持統天皇は、饒速日命と瀬織津姫の器

であることがわかったのです。同時に日本が真に復活するためには、このご夫婦の協力が不可欠であることもわかったのでした。

皇族と秦氏は厳格な男系で縄文遺伝子を守ってきました。大和民族は雁と同じく、結婚して

子孫を残し、生涯を添い遂げるよう遺伝子にプログラムされているのです。**結婚は一生涯を通して正反対を和合して命をつなぐ、生命進化のプログラムなのです。**

雁のように厳格な一夫一婦制をとり、夫婦で子育てする鳥がいれば、夫婦の関係を持たず子育てせず托卵する鳥もいます。地球上にはあらゆる種族がいるように、人類も民族によって様々です。

雁が厳格なのは、何千㎞もの長距離をV字編隊で飛ぶためには、自分勝手な行動は許されないからです。これは結婚の形態にこだわらない、離婚も婚外子も当たり前……といった遺伝子プログラムの種族には不可能なことなのです。もし雁が遺伝子のプログラムにない別の行動様式が刷り込まれたとしたら、渡り鳥ではなくなってしまうでしょう。

陸上でもっとも進化を遂げた哺乳類は馬、鳥類でもっとも進化を遂げた鳥は雁、そして霊長類でもっとも霊性進化した民族は大和民族なのです。それを秦氏は埴輪にして後世に伝えてきたのです。

『日月神示』

極みの巻　第二十帖

「今の学者には今の学しか判らん、
それでは今度の岩戸ひらきの役にはたたん、
三千世界の岩戸ひらきであるから、
少しでもフトマニに違ってはならんぞ。
廻りくどいようなれど
【とつぎ】の道から改めなされよ、
出舟の港は夫婦からぢゃと申してあろう、
ミトノマグハヒでなければ
正しき秩序は生れんぞ、
素盞鳴命が、荒ぶる神、悪神ではなく、
人民の罪を背負って下さる
救ひ主の大神であることが判らねば、
岩戸はひらけんぞ。

新しき世界の宮は
土地（神智）（十千）であるぞ、
住所（数真意《すまい》）であるぞ、
永遠に在《おわ》す神は
住む（澄む、数務）土地（十千）であるぞ、
下には永遠の腕（宇丁《うで》）があるぞ。」

『日月神示』極みの巻　第二十帖に記されている【とつぎ】の道とは、「嫁ぎの道」のことです。（語源は『日本書紀』の「即得交道」の交道《とつぎ》から）

法則を絶対とすること、生命の秩序に沿うこと、これらに基づいた結婚形態を守ることを、厳しすぎると言って忌み嫌った者が法則の神を封じたのです。

しかし法則に背けば必ず不調和に陥り、その体験から生じる負の想念がさらなる不調和を生む悪循環に陥ってしまいます。現代はその末期状態にあります。

法則の神は **嫁ぎの道から改めよ** と厳しく警告しているのです。

第二十六段

大和なでしこが日本を救う

ナガスネヒコの長すねとは
足の神の暗号です。
二〇二二年の春に、

「足元を見よ！」

と告げられました。
足の神様はいつも足元にいるのに
忘れられていたのです。

今年から足の神様いよいよご活動です。

男の縄文土偶が存在しないのは
男は非物質の属性だから。
アラー（太陽）の神を
偶像化してはならないと戒めたのも
男女の原理を逆にしてはならないから。

弟橘姫は
夫のヤマトタケルの無事を祈って
海に身を捧げた婦道の鑑。
自分を捧げてまでも尽くす精神。
これが本当の日本女性の美しさ。
足の神は慈悲と母性の女神様。
夫に尽くし子育てに励む一筋の道。
自由も権利も求めない無私の道。

存亡の危機にある日本で
日本を救う唯一の道は婦道です。
不動明王は婦道の強さ。
いつの世も大国主の右腕となり
支えてきたのは女たち。
傷ついた男性の自尊心を
建て直せるのも女。

日々の実践を淡々と。
これができたら女神様。
婦道とは女が男を守る道。

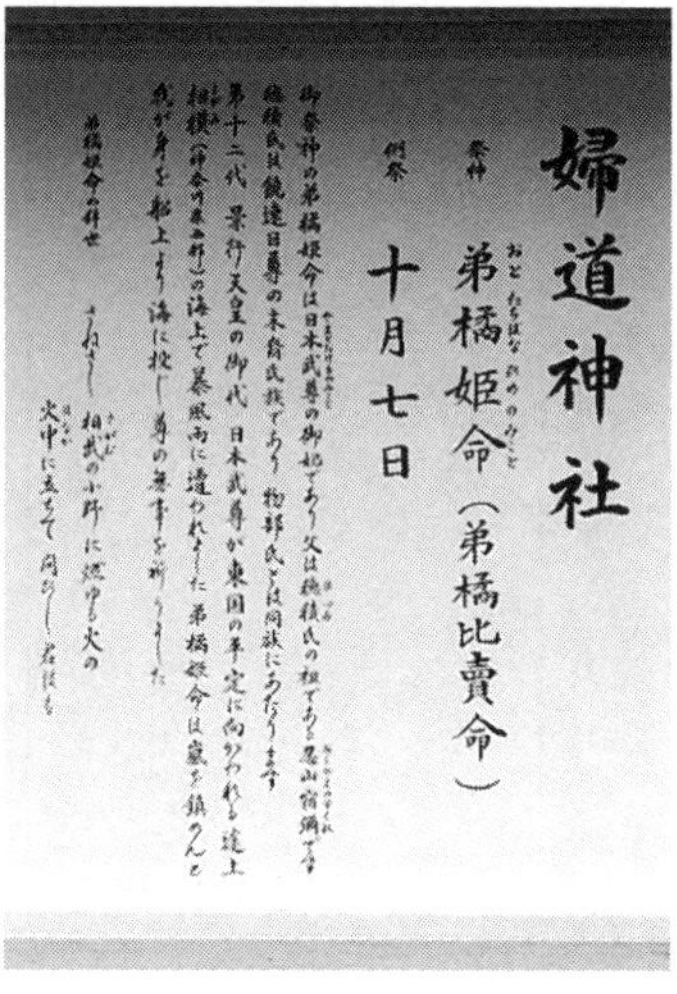

婦道とは瀬織津姫のごとく生きる道

石切《いしきり》劔箭《つるぎや》神社上ノ宮には婦道神社があります。御由緒には

> 弟橘姫命の献身的な愛情の示し方、生き方そして、三炊屋媛《みかしきやひめ》の和を尊ぶその徳と愛情を敬い、女性にとってのそれぞれのより相応しい生き方、つまり婦人の道婦道へと導いてくださる神としてここにお祀り申し上げております。

四條畷神社の御妣《みおや》神社には楠久子夫人が祀られています。御由緒には

> 正成公亡き後、御兄弟を南朝の忠臣として育て上げた女性で、賢母の誉れ高く、安産の神、子育ての神として、崇敬されております。

とあります。

四條畷神社が伊勢神宮と同じ鳥居で菊水の家紋でお祀りされているのは、瀬織津姫を隠して祀っているからです。このように女性の生き方を導いてくださる神として祀られているのは、

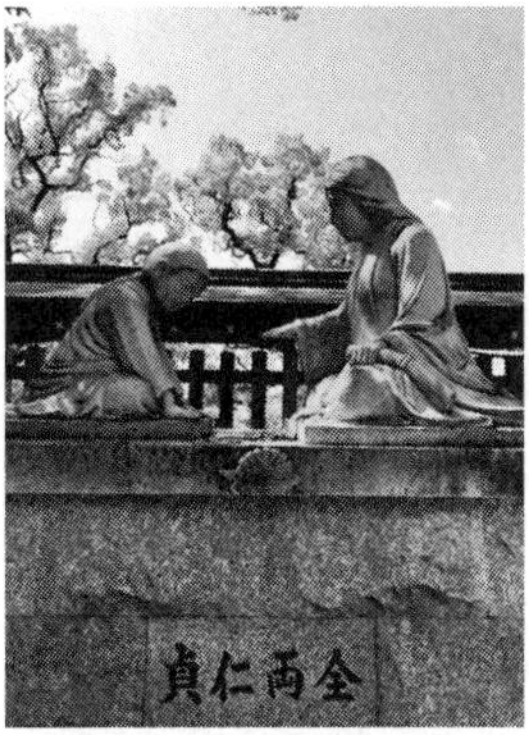

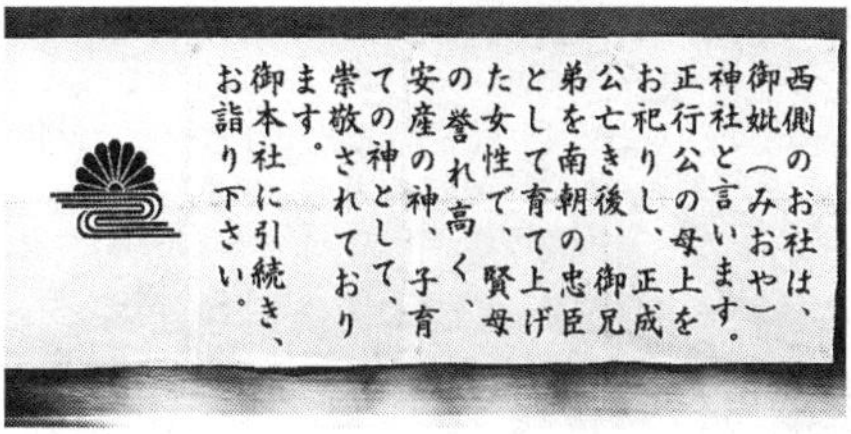

四條畷神社

縄文の女神が崇敬されてきたからです。

水は変化する性質であるのと同じように、女性の人生も節目に応じて変化します。結婚すれば男性に嫁いで環境が変わり、妊娠、出産に応じて肉体は柔軟に変化します。

それに対して男性は不変の性質です。男性にできない仕事は出産です。男性は陣痛の痛みで失神し、出産の痛みに耐え切れずに死んでしまうそうです。女性は出産に耐えられる丈夫な肉体をもたされているのです。

女性本来の美しさは水のような生き方

縄文の女たちは老子の教えにあるように、水のごとく低いところにいて万物を養うもっとも偉大な働きをしていながら、認めてもらおうともしない。方円の器に従う水のような生き方は、宇宙の壮大なはたらきと一致しているのです。

水のように生きている人は、汲んでも枯れることない泉のごとく愛があふれているから、周りが喜ぶことをだまってやることができるのです。陰徳の人は誰に知られることなく、宇宙とつながった大きな仕事ができるのです。

水の神はさまざまなはたらきに応じて名前があります。その中でも高龗神《たかおかみのかみ》、闇龗神《くらおかみのかみ》と呼ばれているように、龗《おかみ》の神は婦道であることを教えているのです。

一方、柔軟な水は荒波ともなる厳しさも併せ持っています。それが不動明王のごとく婦道を貫く意志の強さです。

「男は霊、女は肉体」の属性は対極の構造になっていて、霊格は女性のほうが男性よりも高く、体格は男性のほうが女性よりも大きいことに意味があるのです。

霊格が高い女性が男性の精神面をサポートし、体格が大きい男性が女性の物質面をサポートしてお互いを補完し合う関係になっているのです。ですからお互いが与え合い、受け取り合っているのです。

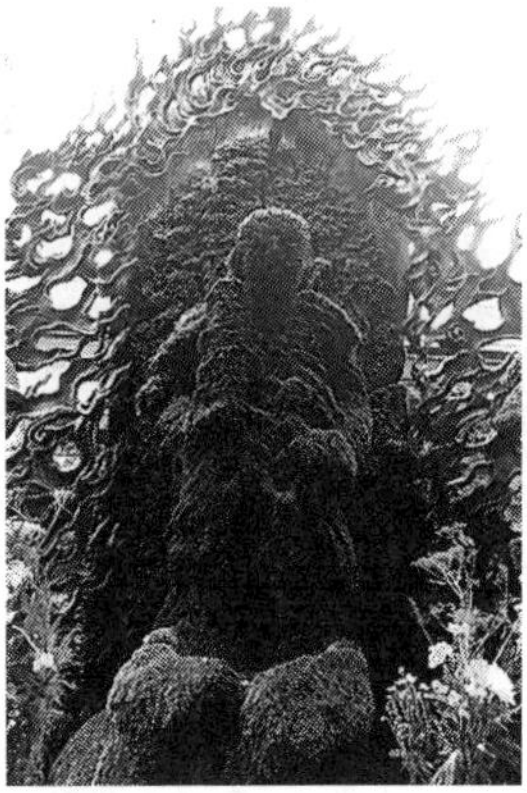

法善寺　水掛不動尊（大阪市中央区）

これは男性の性染色体です。Y染色体にしか継承できないのが家系の遺伝子です。Y染色体はX染色体と比べて小さく弱いことがわかります。実際、男性は女性よりも寿命が短く身体も弱いです。（図）

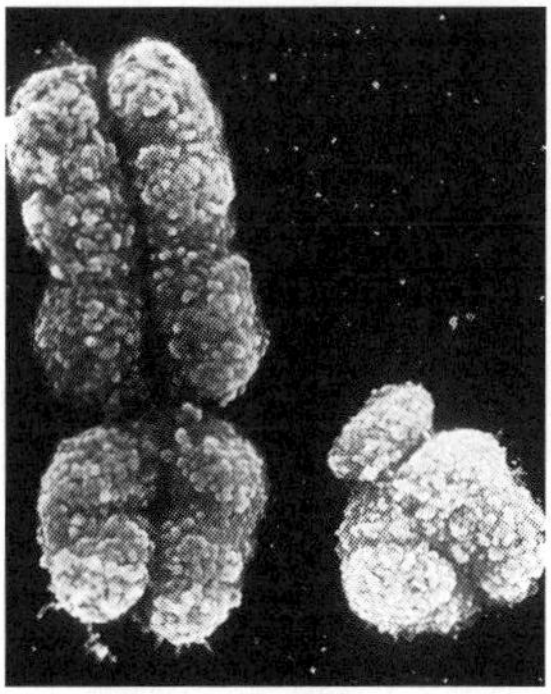

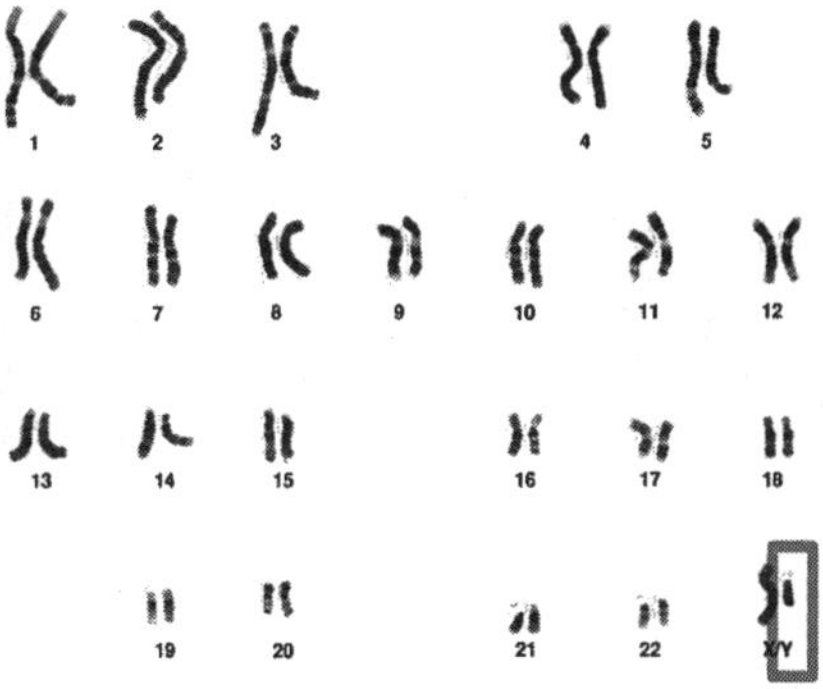

X染色体は女性（肉体）ですから、女性は男性のY染色体（霊）を守ることが役割なのです。

X染色体を見ていると、饒速日命を守る長髄彦に見えて来るから不思議です。つまり、X染色体が瀬織津姫で、Y染色体が饒速日命です。

この夫婦の神様は一体であって、引き離すことはできません。この夫婦神の遺伝子を代々継承する者がスメラミコト（天皇）ということです。スメラミコトは縄文神を入れる器としての役目を担ってきたのです。

第二十七段

女たちよ、いのちを守れ！

高度な文明を遂げた人類は
いよいよ神の領域に踏み込んで
遺伝子工学に手を付けました。
しかし神のごとくふるまって
生命体を作り出してみても、

環境変化に順応できない
生殖能力が退化した
滅ぼし合った

乱獲された

などが原因で
ほとんどが絶滅してしまいました。
滅びた種の特徴は次の通りでした。

肉体が弱すぎた
自我が強すぎた
警戒心がなさすぎた

そのため作り出した生命体が
自力で成長し、自力で子孫を残して
種を保存できるようになるためには

肉体が強く
自我がなく
だまされない

という条件を満たせば
なんとかいけそうだったのです。
それが種を保存するための
必須条件でした。
しかしこの条件を満たすためには
地球の回転方向とは
逆の宇宙由来の種族が必要でした。

しかし彼らの思考回路は
地球の回転方向とは逆であるため
種を保存することではなく、
種を改変することに執心しました。
そのため
種は劣化と退化で滅びてしまい、
やがて冷凍精子さえも失いました。
その結果、

女しかいなくなったのです。

男の遺伝子を守れなかった女は
子を産むことができないため、
不老不死の肉体を求める一方、
クローンでコピーを作りました。
しかしコピーを繰り返せば
劣化と退化で滅びてしまいました。

男系を守ることに失敗したのが女系……

自我の強い女は男系を絶やす。
自我で霊的法則に逆らえば
霊＝男に影響が及ぶから。
女が男の上に立てば
霊的法則に逆らうため
霊＝男を狂わせ、

男が弱り、男が滅びる。

これが、
アマテラスがスサノオの上に立ち
スサノオに乱暴狼藉を働かせて
高天原から追放し
根の国に閉じ込めた行動原理なのです。

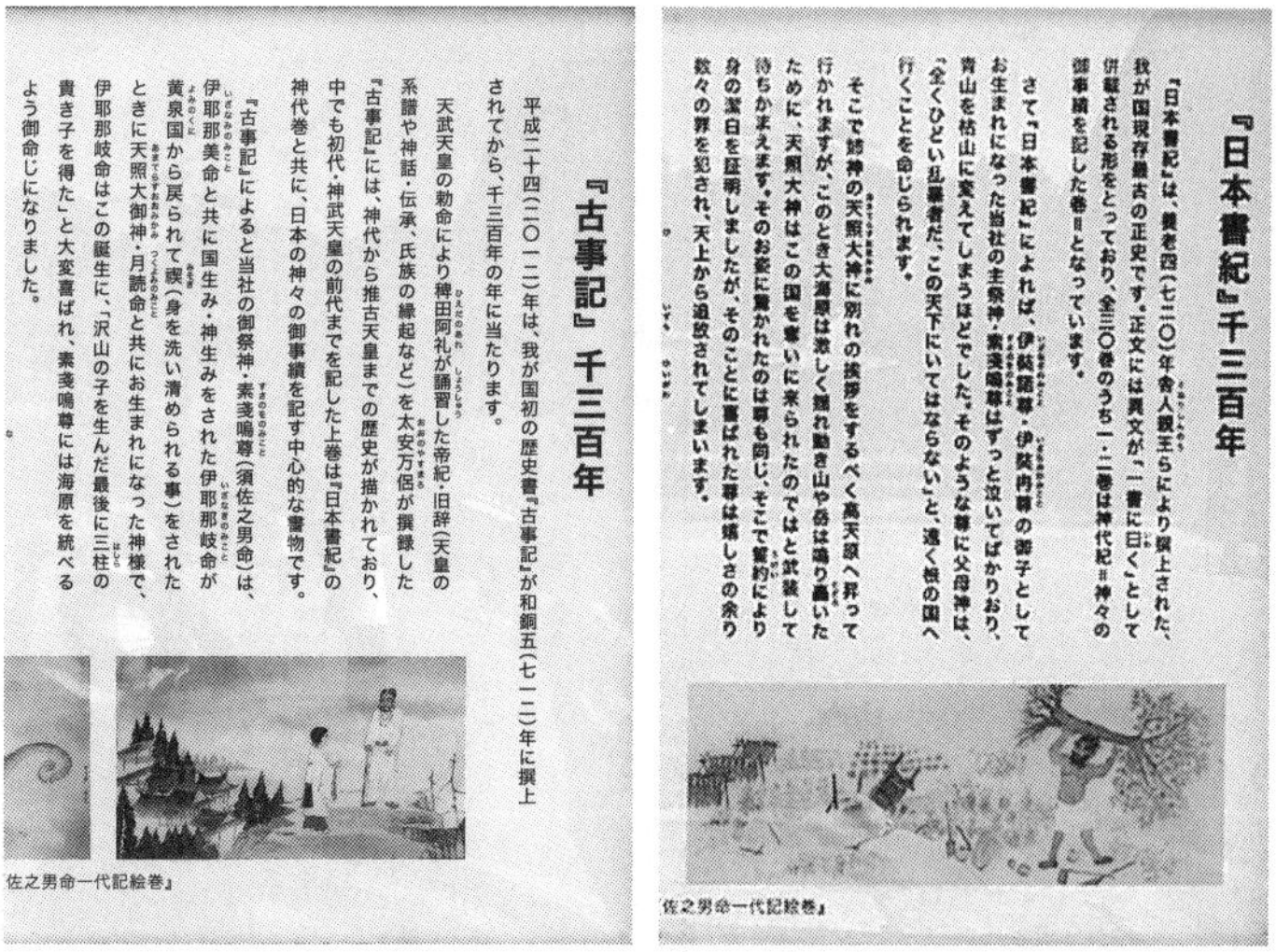
『日本書紀』千三百年
『日本書紀』は、養老四（七二〇）年舎人親王らにより撰上された、我が国現存最古の正史です。正文には異文が「一書に曰く」として併載される形をとっており、全三〇巻のうち一・二巻は神代紀＝神々の御事績を記した巻＝となっています。
さて『日本書紀』によれば、伊弉諾尊・伊弉冉尊の御子としてお生まれになった当社の主祭神・素戔嗚尊はずっと泣いてばかりおり、青山を枯山に変えてしまうほどでした。そのような尊に父母神は、「全くひどい乱暴者だ。この天下にいてはならない」と、遠く根の国へ行くことを命じられます。
そこで姉神の天照大神に別れの挨拶をするべく高天原へ昇って行かれますが、このとき大海原は激しく揺れ動き山や岳は鳴り轟いたために、天照大神はこの国を奪いに来られたのではと武装して待ちかまえます。そのお姿に驚かれたのは尊も同じ、そこで誓約により身の潔白を証明しましたが、そのことに喜ばれた尊は嬉しさの余り数々の罪を犯され、天上から追放されてしまいます。
佐之男命一代記絵巻』
『古事記』千三百年
平成二十四（二〇一二）年は、我が国初の歴史書『古事記』が和銅五（七一二）年に撰上されてから、千三百年の年に当たります。
天武天皇の勅命により稗田阿礼《ひえだのあれ》が誦習《しょうしゅう》した帝紀・旧辞（天皇の系譜や神話・伝承、氏族の縁起など）を太安万侶《おおのやすまろ》が撰録した『古事記』には、神代から推古天皇までの歴史が描かれており、中でも初代・神武天皇の前代までを記した上巻は『日本書紀』の神代巻と共に、日本の神々の御事績を記す中心的な書物です。
『古事記』によると当社の御祭神・素戔嗚尊《すさのをのみこと》（須佐之男命）は、伊耶那美命《いざなみのみこと》と共に国生み・神生みをされた伊耶那岐命《いざなきのみこと》が黄泉国《よみのくに》から戻られて禊《みそぎ》（身を洗い清められる事）をされたときに天照大御神《あまてらすおおみかみ》・月読命《つくよみのみこと》と共にお生まれになった神様で、伊耶那岐命はこの誕生に、「沢山の子を生んだ最後に三柱《はしら》の貴き子を得た」と大変喜ばれ、素戔嗚尊には海原を統べるよう御命じになりました。
佐之男命一代記絵巻』

八坂神社

素戔嗚命が犯したとされる天つ罪を検証する

神話に書かれた素戔嗚命の汚名を返上するためには、潔白を証明しなければなりません。わが国が一三〇〇年間にわたり仕掛けられてきた秘密を、これから明らかにしてまいります。

中臣氏の始祖は天の岩戸開きの際に祝詞を美しく奏上した神・天児屋根《あめのこやね》命です。中臣氏は八世紀後半より、ともに祭祀を担っていた忌部氏を排除して宮中で祝詞を奏上するようになりました。「大祓詞《おおはらえのことば》」とは「中臣祓《なかとみのはらえ》」とも呼ばれるように、中臣氏の神官が奏上する祝詞をいいます。

天智系に皇統が移った平安時代より、疫病の大流行、災害、飢饉、動乱などの不調和が度重なるようになったために、毎年六月と十二月の晦日に、犯した罪や穢れを祓う「大祓詞」を奏上するようになりました。

> 大祓詞《おおはらえのことば》
>
> 天《あめ》の益人等《ますひとら》が　過《あやま》ち犯《をか》しけむ種種《くさぐさ》の罪事《つみごと》は　天《あま》つ罪《つみ》　國《くに》つ罪《つみ》　許許太久《ここだく》の罪《つみ》出《い》でむ
> 此《か》く出《い》でば　天《あま》つ宮事《みやごと》以《も》ちて　天《あま》つ金木《かなぎ》を本打《もとう》ち切《き》り　末打《すゑう》ち斷《た》ちて　千座《ちくら》の置座《おきくら》に
> 置《お》き足《た》らはして　天《あま》つ菅麻《すがそ》を本刈《もとか》り斷《た》ち　末刈《すゑか》り切《き》りて　八針《やはり》に取《と》り辟《さ》きて　天《あま》つ
> 祝詞《のりと》の太祝詞事《ふとのりとごと》を宣《の》れ
>
> （神社本庁より一部抜粋）

『大祓詞』には、天つ罪、国つ罪という言葉が出てきます。天つ罪とは、スサノオ（天津神）が犯したとされている罪のことです。まずは、天つ罪とは何かを調べてみました。

✦畔放《あはなち》……田に張っている水を、畔を壊すことで流出させ、水田灌漑を妨害することとされ、『古事記』『日本書紀』にスサノオが高天原においてアマテラスの田に対してこれを行ったと記している。

✦溝埋《みぞうめ》……田に水を引くために設けた溝を埋めて水を引けないようにする灌漑妨害で、これも

『古事記』『日本書紀』に記述がある。

✦樋放《ひはなち》……田に水を引くために設けた管を壊すことで水を引けないようにする灌漑《かんがい》妨害で、『日本書紀』に記述がある。

✦頻播《しきまき》……他の人が種を蒔いた所に重ねて種を蒔いて作物の生長を妨げること。（種を蒔く事で耕作権を奪うこととする説もある）で、『日本書紀』に記される。

✦串刺《くしさし》……『日本書紀』には、その起源をスサノオが高天原においてアマテラスの田を妬んでこれを行ったと記している（中略）家畜に串を刺して殺す家畜殺傷説（他二つの説がある）

✦生剝《いきはぎ》……馬の皮を生きながら剝ぐこととされ、スサノオが機織殿に天斑駒《あまのふちこま》を生剝にして投げ入れたと『日本書紀』に記述がある。

✦逆剝《さかはぎ》……馬の皮を尻の方から剝ぐこととされ、『古事記』『日本書紀』に生剝と同じ起源を記している。

✦糞戸《くそへ》……『古事記』『日本書紀』にはスサノオが高天原においてアマテラスが大嘗祭（または新嘗祭）を斎行する神殿に脱糞したのが起源であると記している（中略）肥料としての糞尿に呪いをかけて作物に害を与える行為であるとの説もある。（以上、ウィキペディア『天つ罪・国つ罪』より引用）

まずはスサノオが犯した、畔放《あはなち》（田のあぜを壊す罪）、頻播《しきまき》（穀物の種をまいた上に、重ねてまいて、成長を妨げる罪）について検証してまいります。

一六〇〇年前の仁徳天皇も一五〇〇年前の継体天皇も、暴れ川と沼地の大治水事業を行いました。これにより沼地を稲穂で光り輝く大地に生まれ変わらせ、飢えていた民は、豊かな食糧に恵まれて幸せになりました。それを成し遂げたのは国土開発の神、すなわち大国主の御業です。これを『記紀』ではスサノオが田んぼを壊したり穀物の種の成長を阻害したりしたことになっているのです。

溝埋《みぞうめ》（田に水を流す溝を埋める罪）、樋放《ひはなち》（田に水を送る管をこわす罪）これらもスサノオが破壊したとされていますが、その根拠となる歴史的事実を検証してみました。


わが国で唯一入ることができる天皇陵は、真の継体天皇のお墓とされる今城塚古墳です。ここで考古学的調査が行われまして、一五〇〇年前の土木技術がわかりました。

その一つが排水管を設置していたことでした。墳丘にしみこむ水が、石積みを伝って排水管に入り、墳丘の外へ出すようにして石室を保護していたのです。排水管は当時最高の土木技術だったようです。盛り土に浸透した雨水をいち早く排出し、墳丘のゆるみや崩落を防ぐための施設としての排水溝もありました。

水を排出する設備を作っていただけでなく、水をためて水濠をつくる設備も整えられていたことがわかりました。（写真）

今城塚古墳

高槻・今城塚古墳

石積みドームに排水管

国内初　最高技術で石室保護？

真の継体天皇陵といわれる大阪府高槻市の今城塚古墳（前方後円墳、六世紀前半）は、後円部の内部に石室を囲むドーム状の石積みをし、石組みの〝排水管〟をつないだとみられる設備があると分かり、高槻市教育委員会が十七日発表した。

墳丘に染み込む水が、石積みを伝って排水管に入り、墳丘外の葺石（ふきいし）上へ出るようにしたらしい。

国内の古墳で初めて確認した構造といい、市教委は「貴重な副葬品などを納めた石室の浸水を防ぐため、最高の技術で造ったのだろう。当時の天皇クラスの墓は構造がよく分かっていないが、これが基準設備だったかもしれない」と話している。

石組み管はこれまで、横穴式と推定される石室の内部から水を抜く設備と考えていたが石を並べてろうと状にし、石積みから水を受けるようにしていることが判明。石積みとセットの石室保護設備と判断した。石積みは直径二〇—四〇㌢の丸い石を重ね、すき間に土を詰めていた。地震などで大半が崩れているが高さ一・三㍍分を確認した。

石組み管は総延長一五㍍で内側が幅三五㌢、高さ二五㌢。石でふたをしていた。約八㍍離れた位置でやや小規模な一本も見つかった。

現地説明会は二十日午前十時から。

今城塚古墳　6世紀前半の前方後円墳。墳長190㍍で二重の周濠（しゅうごう）を持つ。中世にとりでとされたうえ、1596年の大地震で崩れるなどし、宮内庁の陵墓指定から外れているが、継体天皇の墓とする説が有力。天皇墓を考古学的に調査できる貴重な例で、高槻市教委が継続的に調査。大量の埴輪（はにわ）群などが出土している。埋葬施設は未確認だが、3種の石棺片が出土し、横穴式石室と推定される。宮内庁の継体天皇陵指定は大阪府茨木市の太田茶臼山古墳（5世紀後半）。

今城塚古墳の石積みからつながれた石組みの〝排水管〟（17日午後、大阪府高槻市）

2004年２月11日　京都新聞

実際に排水溝や水濠をつくるために使われた鋤や鍬、ざるなどが発掘されています。これらの技術は石工で土木技術集団の秦氏が日本にもたらしたものです。彼らの技術によって、突如、巨大前方後円墳が次々とつくられるようになったことから、当時の古墳づくりが最先端技術の証拠となりました。その構造を詳細に知ることができた意義は計り知れません。

『記紀』はこれらの技術をスサノオに破壊させたのですから、スサノオと秦氏は

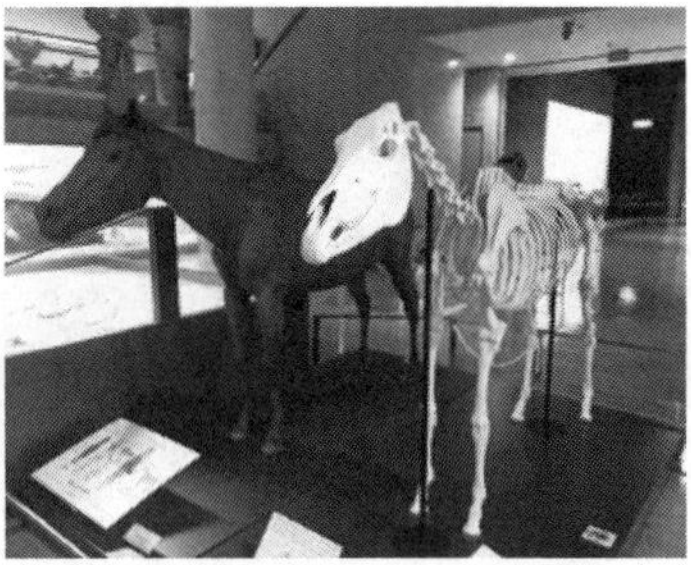

左：蒙古系の馬（四條畷市蔀屋北遺跡）　右：馬の復元（近つ飛鳥博物館）

侮辱されてきたことが明らかになりました。

では、串刺《くしさし》、生剝《いきはぎ》、逆剝《さかはぎ》、この三つを検証してまいります。いずれも家畜に関わる罪をスサノオが犯したことになっています。

古墳時代中期に日本に馬をもちこんだのは、秦氏でした。

一方、『記紀』の時系列での神話時代は神武天皇即位以前です。日本政府が昭和十五年に皇紀二六〇〇年と定めたことから、神武天皇即位年は、縄文時代晩期に相当します。しかしこの時代は日本に馬はいなかったのです。

馬が持ち込まれたのは、応神天皇の時代（約一六〇〇年前）なのでこの時点で齟齬があります。馬は秦氏が命がけで連れてきた神の使いであり応神天皇のシンボルです。

串刺、生剝、逆剝はいずれも馬に対する猟奇的虐待です。スサノオがこれらを犯したとするなら、応神天皇は八幡大神と同一神の天御中主神であり素戔嗚命の器ですから、応神天皇と素戔嗚命への冒瀆にほかなりません。

一方牛は、馬より一〇〇年くらい後に日本に持ち込まれました。

左：善根寺春日神社　中：今城塚古墳　右：大神神社

牛は素戔嗚命を牛頭天王として習合したことから神の使いとされました。大和民族は馬も牛も人間の役に立ってくれる家畜として大切にしてきたので食肉にしなかったのです。

最後の糞戸《くそへ》は、高天原においてアマテラスが大嘗祭（または新嘗祭）を斎行する神殿にスサノオが脱糞したと書かれているのです。所かまわず脱糞する行為は、大和民族の行動様式ではありません。

大嘗祭も新嘗祭も、宮中祭祀として取り決めたのは天武天皇です。神聖なる神殿を汚し穢す行為をスサノオにさせたのですから、『記紀』は天武天皇と素戔嗚命を冒瀆してきたのです。

糞戸は肥料の糞尿に呪いをかけて農耕を妨害する罪ともされています。糞尿は発酵腐熟してはじめて農耕に欠かせない肥料となります。発酵の技術は縄文が起源ですから、発酵を阻害すれば腐敗してしまいます。呪いは常に、自然界の摂理を逆にしてしまうのです。

以上、八つの天つ罪を検証してまいりましたが、灌漑と家畜と発酵は古墳時代中期に日本に持ち込まれた先進技術だったのです。これを冒瀆する行為として逆さまに記された天つ罪の実態は、秦氏がもたらした技術と縄文の神を封じる呪詛であることがわかりました。

国つ罪のおぞましき内容

次は「国つ罪」について検証してまいります。

✦生膚断《いきはだたち》……生きている人の肌に傷をつけることで、所謂傷害罪に相当する。

✦死膚断《しにはだたち》……直接的解釈では、死んだ人の肌に傷をつけることで、現在の死体損壊罪に相当し、その目的は何らかの呪的行為にあるとされる。

✦白人《しらひと》……肌の色が白くなる病気、白斑（俗に「しらはたけ」ともいう）のこと。

✦胡久美《こくみ》……直接には「瘤」のこと。この場合は瘤ができること。

✦己《おの》が母犯せる罪……実母との相姦（近親相姦）。

✦己が子犯せる罪……実子との相姦。

✦母と子と犯せる罪……ある女と性交し、その後その娘と相姦すること。

✦子と母と犯せる罪……ある女と性交し、その後その母と相姦すること。

✦畜犯せる罪……獣姦のこと。

✦昆虫《はうむし》の災……地面を這う昆虫（毒蛇やムカデ、サソリなど）による災難。

✦高つ神の災……落雷などの天災とされる。

✦高つ鳥の災……大殿祭《おおとのほがい》の祝詞には「飛ぶ鳥の災」とあり、猛禽類による家屋損傷などの災難とされる。

✦畜仆《けものたお》し、蠱物《まじもの》する罪……家畜を殺し、その屍体で他人を呪う蠱道《こどう》のことである。

（以上、ウィキペディア『天つ罪・国つ罪』より引用）


国つ罪は十三種類もありますが、そのほとんどが生命の倫理観を著しく損なう屈辱的な内容です。中臣氏は天つ罪・国つ罪を祝詞に込めて天皇に奏上してきたのです。

一方、秦河勝が建てた京都で最古の寺・広隆寺に掲げられていたのは、仏教の『十善戒』でした。その内容は以下のとおりです。これらは人間が犯す罪を戒めるために書かれたのです。

不殺生《ふせっしょう》　生き物を殺しません。
不偸盗《ふちゅうとう》　ものを盗みません。
不邪淫《ふじゃいん》　乱れた男女の関係をしません。
不妄語《ふもうご》　嘘偽りを言いません。

不綺語《ふきご》　たわごとを言いません。
不悪口《ふあっく》　人の悪口を言いません。
不両舌《ふりょうぜつ》　二枚舌を使いません。
不慳貪《ふけんどん》　ものを慳《おし》み貪《むさぼ》りません
不瞋恚《ふしんに》　怒り憎むことをしません。
不邪見《ふじゃけん》　間違った考え方をしません。

素戔嗚命の潔白を証明する

わたしは天啓を受けて令和二年（二〇二〇年）二月二十三日の天皇誕生日に難波神社（ご祭神は仁徳天皇）にてひふみのしくみ勉強会を開催しました。開催日も会場も、ご指定のとおりにしました。

その日、わたしは饒速日命が内宮《ないくう》に戻られたことを話しました。そのとき饒速日命の「思い」をとても感じていましたので、饒速日命と瀬織津姫について話そうとしたのです。

しかし

左：難波神社　右：高津宮（2020年春分の日撮影）

今は話さなくてもよい。それよりも素戔嗚命のことを話してほしい

と伝えられたのです。饒速日命は自分たちのことよりも

素戔嗚命の潔白を証明してほしい

と願っていたのです。けれども二時間程度ではとても伝えきれませんでした。

令和二年（二〇二〇年）春分の日に高津宮に呼ばれた際、太陽の日差しが降り注ぎ、仁徳天皇より

なるべく早く続きをやるように

と伝えられたので、ひふみのしくみ勉強会を継続することになり、秦氏が本拠にした讃良の土地の

歴史を明らかにしていきました。

砂遺跡は高校を造成する際に見つかった遺跡です。ここでわたしは高校時代を過ごしました。日本史の授業中に先生が「素戔嗚命が乱暴をはたらいたせいで、お姉さんの天照大神が岩戸にお隠れになった」と話されたとき、突然わたしの内側から別の意思が

素戔嗚命は悪くない！

と強烈に反応したのです。

砂遺跡は縄文中期遺跡であり、五世紀には鸕野・讃良馬飼部の里として栄え、六世紀には秦河勝が住んでいたこと、七世紀には鸕野讃良皇女（持統天皇）が育ったこと、素戔嗚命・饒速日命・瀬織津姫が祀られた土地であることなどが明確になっていったのです。

これらを踏まえて記紀神話について検証してまいります。

素戔嗚命はイザナキとイザナミの子。父イザナキから海の支配を命じられたが使命を果たさず、母に会いたいとひげが長く生えても泣きわめき続けて草木を枯らせ、川と海を干上がらせたため、怒った父に根の国へ追放された。アマテラスにいとまごいに天に上ると武装した姉に出迎えられ、厳しく詰問されたが、誓約による子生みをし

て、邪心のないことを証明した。

まず、素戔嗚命に海の支配を命じたところに矛盾があります。素戔嗚命が川と海を干上がらせてしまったのは、男神は太陽だからであり、男神に海（産み）の仕事はできないからです。母と死に分かれたことで大泣きしたのは、素戔嗚命はイザナキとイザナミのご長男であり、長男は母と離れてはならないからです。素戔嗚命は母と死に別れ、適材適所の仕事を与えられず、高天原から追放され、武装した姉に忌み嫌われるといった本来とは逆に描写されていることがわかります。

この勝利に有頂天になったので、高天原で田を荒らし、新嘗の宮を脱糞して汚すなどした末に、アマテラスが咎めずにかばうと、いっそうつけあがって機織り殿に皮を剝いだ馬を投げ込み、驚いた織女の陰部に機織りの道具が刺さって死なせた。

ここに天つ罪が出てきます。田を荒らす「あはなち」、脱糞して汚すという「くそへ」です。「機織り殿に皮を剝いだ馬を投げ込み、驚いた織女の陰部に機織りの道具が刺さって死なせた」

これも家畜に対する天つ罪です。機織りの女神の陰部を突いて死なせるという描写は、子孫

星田妙見宮

左：織女石（星田妙見宮）　右：饒速日命の巨石（磐船神社）

断絶の暗示です。織女は織姫であり瀬織津姫です。織女も馬も秦氏の神ですから、素戔嗚命に神殺しの罪を着せたことは、二重の神の冒瀆といえます。そもそも神話時代の日本に馬はいなかったことはすでに述べたとおりです。

長髄彦本拠地は縄文早期遺跡にあり、天野川の源流です。天野川を北上すれば交野の七夕伝説となり、饒速日命と織姫（瀬織津姫）の巨石があります。

このように『記紀』は

縄文の神々を冒瀆し、天皇と秦氏を貶めてきたのです。

ついに怒ったアマテラスが岩屋に隠れ、天地が暗黒になる事件を起こしたために素戔嗚に三つの罰をあたえた。

アマテラスは自ら岩屋に隠れたのにもかかわらず、天地が暗黒になったことを素戔嗚命に責任転嫁しています。そして素戔嗚命は天つ罪を着せられ、さらに三つの罰を受けて高天原から追放されてしまうのです。艮金神は素戔嗚命にお詫びせよと何度も伝えています。

『日月神示』

五十黙示録　星座の巻　第十七帖

「ウシトラコンジンの肉体は
日本の土ざと知らしてあろう、
土に生きよと申してあろう、

地は血（智）であるぞ、
素盞嗚命様であるぞ」

日の出の巻　第九帖

「素盞嗚の大神様も
篤く祀りて呉れよ、
此の神様には毎夜毎日
御詫びせならんのざぞ、
此の世の罪穢《つみけがれ》負はれて
陰から守護されて御座る尊い御神様ぞ、
地の御神様、　土の神様ぞ、
祓ひ清めの御神様ぞ、
国々の産土の神様　祀り呉れよ」

岩の巻　第一帖

「スサナルの大神様この世の大神様ぞと申してあろうがな、
間違いの神々様、この世の罪穢《つみけがれ》を
この神様に着せて無理やりに北に押し込めなされたのだぞ、
それでこの地の上を極悪神が
我《われ》の好き候に持ち荒らしたのぞ」

わが国に仕掛けられてきた呪詛を暴く

素戔嗚命に下された三つの罰は次のとおりです。

● 所有物を高天原に献上させる。
● 髪を切り、ひげを抜き、手足の爪をはがす。
● 高天原から追放する。

わが国は一三〇〇年間にわたって大和民族の親神である素戔嗚命の罪をその子孫末代まで償わせ続けるよう、呪詛がかけられてきたのです。

「あなたがこんなことなさるなら、
私はあなたの国の人々を一日に千人殺します。」
「あなたがそうするなら、
私は一日千五百の産屋をたてる。」

近つ飛鳥博物館

高天原とは、神様が政をする所ですから朝廷のことを意味しています。朝廷とは天皇が政治をするところですが、天皇は一三〇〇年前より政治を取り上げられてきたのです。

大和民族（日本人）が汗水たらして稼いだお金を税金として奪われたり、外国人に献上させられ続けてきたのも、日本の土地や国益が奪われ続けたのも、大和魂を燃やした政治家が汚名を着せられて失脚させられたり、暗殺されたりしてきたのも、神話の筋書きどおり、「三つの罪」がプログラムされてきたからです。

命を生みだす水の神・瀬織津姫も神話から名前を消されて封印されてきました。

●織女の陰部を機織りの道具で突いて死なせた（串刺し）
●イザナミが火の神を産んだ際に陰部を焼いて死んでしまい、黄泉の国に閉じ込めた
●体に蛆がわき「子供を一日に一〇〇〇人殺す」と言い、夫婦は黄泉平坂で離別した

わが国は太陽信仰を閉じて以来、世界で最も古い悪魔崇拝国になっていたのです。**子孫断絶がプログラムされた結果が現在の少子化です。**

これが「大祓詞」にも仕掛けられていたのです。

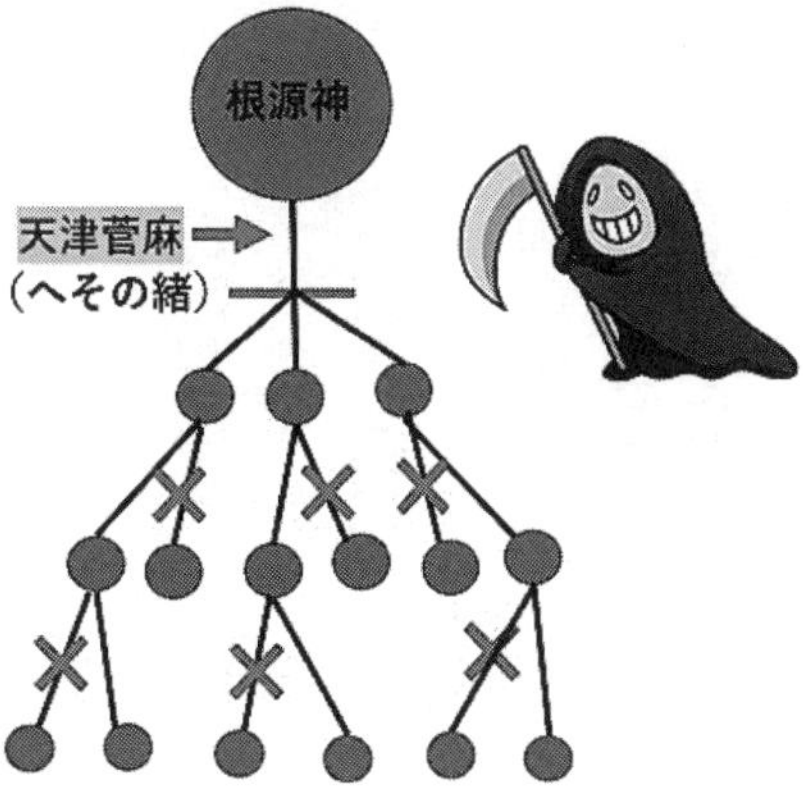

天《あま》つ菅麻《すがそ》を本刈《もとか》り断《た》ち　末刈《すゑか》り切《き》りて　八針《やはり》に取《と》り辟《さ》きて　天《あま》つ祝詞《のりと》の太祝詞事《ふとのりとごと》を宣《の》れ

「天《あま》つ菅麻《すがそ》」とは、根源神と人をつなぐへその緒のことです。「天《あま》つ祝詞《のりと》の太祝詞事《ふとのりとごと》」は「中臣祓」です。その内容は「根源神とのへその緒を切り、親（本）と子（末）の絆を刈り切り、八つ裂きにする」ということです。そのことを『日月神示』で以下のように伝えています。

『日月神示』

地つ巻　第六帖

「神の国
八つ裂きと申してあること
いよいよ近づいたぞ、
八つの国一つになりて
神の国に攻めて来るぞ」

『古事記』『日本書紀』編纂の勅令を出したのは天武天皇です。『古事記』は元明天皇（七一二年）、『日本書紀』は元正天皇（七二〇年）の代で完成しました。

この二人の女性天皇を補佐したのは藤原不比等です。藤原不比等は記紀編纂に介入できる立場にあった史《ふひと》（書記官）でした。

中臣氏と藤原氏は、古墳時代より神事を担ってきた古代祭祀族から役職を取り上げて、新たに神道を開いた一族です。それまでの神道を封じて、神事宗源の根拠となる神話を編纂したのが八世紀です。

特に中臣氏は壬申の乱で天武天皇に誅され、朝廷から排除させられた恨みがあったために、天武天皇の勅命に逆らい、神話を捻じ曲げた内容に改ざんする動機は十分にありました。

そのために、**天武天皇が皇祖神と定めた天照大神を女神の最高神に改ざんしたことで神武天皇は女系となり、皇統を初代に付け替えたことで、すべての天皇を支配下に置いたのです。**

大和民族に対しては二度と中臣氏と藤原氏に逆らえないよう、富を捧げさせ奪い続け、大和民族を根絶やしにし、政界から追放する呪詛を神話に仕掛けたのです。

「中臣祓」とも呼ばれる「大祓詞」は宮中祭祀および天皇に奏上する祝詞として編まれましたが、その内容は天皇と大和民族に対する呪詛だったのです。

わが国は藤氏に改ざんされた記紀神話を「正統なる歴史書」としてきたことで、一三〇〇年以上も苦しみの時代を歩み続けてきたのです。

第二十八段

太陽になった満月の女神の物語

満月の女神様、
太陽の光を受けて輝いていた。

満月の女神様、
さんさんと光輝く太陽の神様をうらやんだ。

満月の女神様、
太陽のふりしていちばん偉い神様になった。

満月の女神様、
いちばん偉い神様になってもみんなに光を放てない。

それから世界は暗闇になり、
みんなから捧げさせる世界になったのです。

世界を明るく照らすには
太陽は男神でなければなりません。

世界を元に戻すには神話を正しく
書き換えなければならないのです。

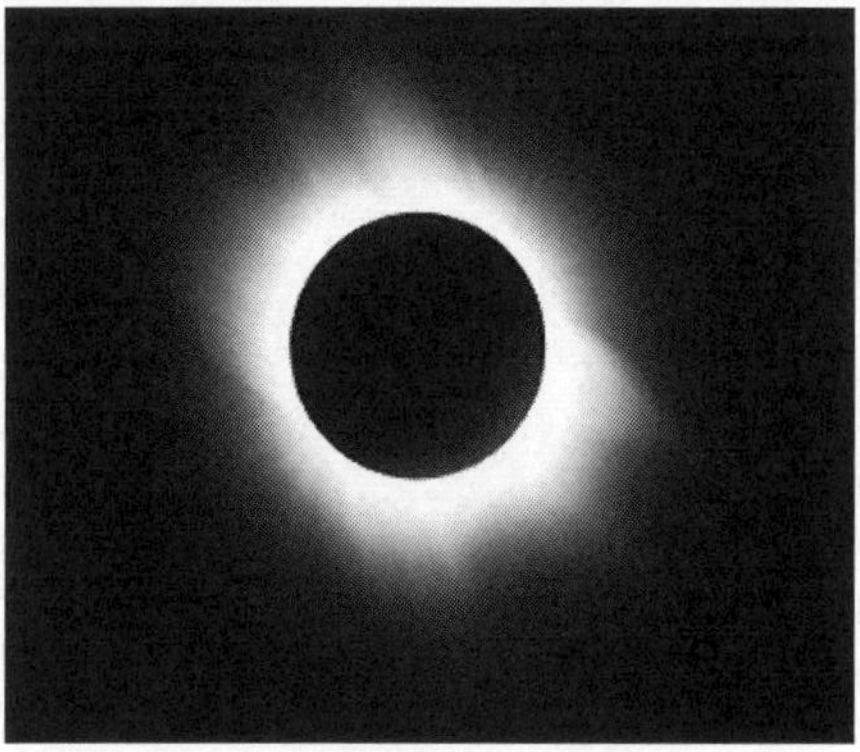

日本の頂点を極めた持統天皇の人物像は

さて、藤原不比等が補佐した持統天皇には「自らの権威を示すために天照大神を女神に書き換えさせた」という説がありますが本当でしょうか。

夫の天武天皇が「天下の事は大小を問わずことごとく皇后及び皇太子に報告せよ」と遺言したように持統天皇は父や夫が成し遂げられなかった国家事業を完成させ、日本の頂点に君臨した女性天皇との定評があります。しかしその人生は、波乱万丈でした。『日本書紀』には、持統天皇について次のような内容が記されています。

> 幼名は鸕野讚良皇女《うののさららのひめみこ》。中大兄皇子の第二皇女。母は遠智娘《おちのいらつめ》。持統天皇は沈着などこ性格で、広い度量をお持ちであった。やがて天武天皇の皇后となられた後は、終始天皇のおそばにあって天皇をたすけ、政治の上でむつかしい問題が起きるときには、天皇のご相談に応じられることも多かった。礼節を重んじられ、また母としてのすぐれた徳をおもちであった。

鸕野讚良皇女は六四五年に誕生。生まれた年に父が蘇我入鹿を殺害。四歳のとき、母方の祖

左右：元薬師寺跡（奈良県橿原市）

父・蘇我倉山田石川麻呂が、父に謀反の罪を疑われて自害。六歳のとき、母が祖父の冤罪に気を病んで病死。父が母と祖父を死に追いやり家族が崩壊しました。

十三歳で叔父の大海人皇子に嫁ぎ、十六歳で白村江の戦いで百済を救援に行った夫に従い同行し、十七歳で筑紫国で草壁皇子を出産しました。

二十六歳のとき、大海人皇子が出家した際も、吉野で挙兵した際も家族でついていきました。夫婦はたとえ戦であっても、家族が離れ離れにならないように行動していたことがわかります。

天武天皇が皇后の病気平癒の祈願のために薬師寺を建立させたのは、天武天皇の右腕の皇后がいなくては政ができないからにほかなりません。

夫亡き後の鸕野讃良は四十四歳で草壁皇子を失い、夫の忠臣・石上朝臣麻呂に即位を促されて四十五歳のときに天皇になりました。

持統天皇元年（六八七年）正月には、都に住む老

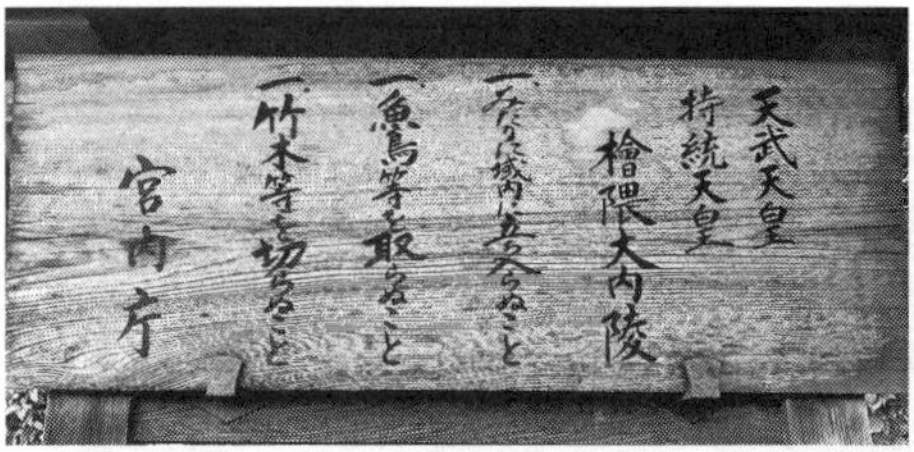

野口王墓古墳　天武天皇の棺と持統天皇の骨壺の復元（奈良文化財研究所）

人・病人・貧民に絁綿を施し、六月に罪人を赦し、七月に天武十四年以前の負債の利子を免除し、翌六八八年六月にはふたたび罪人の赦免と、租税の一つである調の半減を全国に発令しました。

わが国初の上皇となってからの晩年は、四十五日間にわたって三重県、愛知県、岐阜県への行幸を決行しました。この大行幸は農事の繁忙期だったために家臣は反対をしましたが、それを押し切ってまで実行したのです。

その強い意志は、壬申の乱の際、命を懸けて尽くしてくれた家臣をねぎらいたいと願っていた夫の意思を叶えたかったからではないでしょうか。そのことを自分の寿命が尽きてしまう前にやり遂げたかったのでしょう。

その思いを遂げてから二年後の五十七歳で崩御、歴代天皇初の火葬でした。歴代天皇で夫婦ともに同じ古墳に埋葬されたのは、天武天皇と持統天皇のただ一組です。

宮内庁が定めた天皇陵は発掘調査ができないため、被葬者が一致しているかどうか疑わしいのですが、天武天皇と持統天皇夫妻の墓は確かであることが判明しています。その根拠となったのは、一二三五年の盗掘後の調査『阿不之山陵記《あおきのさんりようき》』に、天武天皇の骨についての記録が残されていたからです。

> 首は普通より少し大きく、赤黒い色をしていた。脛の骨の長さは一尺六寸（四十八㎝）だった。

天武天皇の身長は約一七五㎝で、当時の男性の平均身長よりもかなり高かったことがわかったのです。

天武天皇と持統天皇がつねに夫婦一緒だったのも、天武天皇が伊勢にて天照大神を夫婦一対で祀ったのも、縄文の信仰形態を守っていたからでした。

アマテラスは則天武后だった

奇しくも持統天皇が即位した八か月後に、皇帝まで上り詰めた古代中国で唯一の女帝がいます。則天武后（武則天）です。武后は三大悪女（前漢の呂后《りよこう》、唐代の武后、清代の西太后《せいたいごう》）の一人で、唐を滅ぼした女帝です。

持統天皇と武后は同時代に出た女帝です。では、武后の生い立ちに迫ってみましょう。

六二四年に生まれた武照（後の武后）は十四歳のときに唐の皇帝・太宗の後宮に入りましたが気に入られなかったので一旦尼僧になりました。太宗が崩御して高宗の代になると僧から還俗させられて再び後宮入りしました。

武照は野心を叶えるべく皇后を幽閉、惨殺し、三十一歳のときに高宗の皇后（武后）となりました。これを機に病弱な夫・高宗の摂政となり垂簾《すいれん》政治を開始し、実権を握り始めました。

六六〇年に百済を滅ぼしたのも、六六三年に白村江の戦いでわが国（倭国）に勝利したのも、武后の采配だったのです。武后は六六六年には高句麗を滅ぼし、唐は隋の頃より敵対関係にあった高句麗を支配下に置くことに成功したのです。唐の高宗が「天皇」と名乗りを上げたのはこの頃です。

武后は娘と実家の一族を登用して朝廷を専横し、底なしの密告政治で反対派を監視する恐怖大獄を行いました。

高宗は廃后を計画しますが、武后は事前に察知して皇帝による権力奪還を許しませんでした。皇族は男性・女性を問わず次々と挙兵しましたが、すべて打ち破られた上に滅ぼされてしまいました。

高宗は長兄の李建成を廃して即位した二男で、母の実家の一族からも、妻・則天武后の実家の一族からも政治を取り上げられ、子供は妻の言いなりでした。

母の外戚に政治を許した先代の皇帝で父の太宗は九男でした。病弱だった高宗は、政治において主導権を発揮することはなく、最初は母の外戚の長孫無忌《ちょうそんむき》、その後は皇后の武后に実権を握られ続けた一生でした。

六八三年に高宗が崩御すると、高宗と武后の長子で七男の中宗を即位させましたが、意のままにならなかったためにすぐに廃し、高宗と武后の末子で八男の睿宗《えいそう》を帝位に就かせ、傀儡政治を開始しました。

武后は帝位簒奪の野望を実現するために、女帝出現を暗示する預言書を全土に流布させ、六九〇年、六十六歳で睿宗を廃して自ら帝位に就き、自らを聖神皇帝と称しました。このとき国号を唐から周（武周）に改めました。

七〇五年、老齢になったために七男の中宗に譲位した同年に崩御。中宗は国名を唐に戻しました。

武后は六九〇〜七〇五年の十五年間帝位を守り、八十一歳でこの世を去りました。遺体は夫の高宗と同じ墓に葬られました。

以上のことから白村江の戦いで唐軍の指揮を執っていたのは高宗の皇后・武后だったことが明白となりました。つまりわが国は、則天武后に大惨敗していたのです。

天武－持統天皇の代で国交を断絶していた唐は、武后が動かしていた時代の唐（武周）だったのです。

武后が百済を滅ぼし、高句麗を滅ぼして領土を広げた覇道の実態は恐怖政治でした。女が頂点に立てば本来宇宙には存在するはずのないピラミッド型支配構造になってしまいます。右回転システム、女神主導、男女逆さまは、新世界秩序の大元締め・菊理姫のはたらきなのです。

武后が中国唯一の女帝なのは、武后が唐を滅ぼした事実から「めんどりが時を告げれば国が滅びる」という故事成語が生まれ、女帝の即位を戒めたからです。

武后の治世は科挙制を強化して官僚制を整備したことや、律令制度の官職名を『周礼』を手本としたものに改めたこと、則天文字と呼ばれる「圀」など独自の漢字を創作したこと、元号の改変好きなどが知られています。

持統天皇と則天武后は正反対

武后は自分が皇帝になるために夫も子供も孫も家臣も犠牲にし、自らを神格化して崇めさせましたが、持統天皇からはそのような野心はどこを探しても見当たらないのです。

左：中国・唐の高宗と則天武后の陵墓（PIXTA）　右：乾陵の無字碑（Photo by © Tomo.Yun）

武后は夫の高宗から政治を取り上げて傀儡にしましたが、鸕野讃良は夫に侍って常に補佐しました。皇后となってからは天皇の右腕となって政務を助言しました。

持統天皇に即位してからは草壁皇統をつなぐために孫の軽皇子（文武天皇）を補佐しましたが、武后は自分の孫で中宗の嫡男と、同じく中宗の七女とその夫の三名を殺して自ら嫡流を断絶させたのです。

七〇三年に持統天皇が崩御し、その二年後に武后も崩御しました。持統天皇が夫と同じ墓に埋葬されたのと同様に、武后も高宗と同じ墓（乾陵）に埋葬されました。武后は自らの功績をあえて石碑に刻ませず高さ八m、幅二mの「無字碑」を建立させたのでした。（写真）

このように同時代に生きた日本と唐の二人の女

帝に共通するのは政治手腕に長けていたことでしたが、性格も行動も正反対だったのです。その根本的な違いは、持統天皇は男系、則天武后は女系ということです。

武后は持統天皇即位の八か月後に女帝にのぼりつめたこと、持統天皇崩御から二年後に夫と同じ墓に埋葬されたことから、武后はつねに持統天皇をライバル視していたと考えられます。

なぜなら、則天武后の名前は「天武の后に則る」ことを表しているからです。このことから、七夕伝説の「仲睦まじい夫婦に嫉妬して二人を引き裂いた天帝の后」が則天武后のことだとわかったのです。

宇宙の法則である王道から外れると覇道になります。この地球は男系が王道で、女系は覇道になるのです。

女系は女が上となるため、女系男子は女を上に立てて意のままに動かしておきながら、女に責任転嫁するのです。中臣鎌足と藤原不比等はその政治手法で女帝を出してきたのです。

「哲婦傾城《てっぷけいじょう》」という『詩経』を語源とする四字熟語があります。「哲婦」は、賢い婦人のことを指し、「哲婦城を傾く」と読み下します。「女性が賢すぎると政治などに口を出して国を滅ぼしてしまう」という意味で使われます。

古代中国は「めんどりが時を告げれば国が滅びる」「哲婦傾城」の言葉の戒め通り、則天武后以来、二度と女帝を出すことはありませんでした。

上和下睦 夫唱婦随

一方、わが国の女帝が国を滅ぼさなかったのは、男系女子だったからです。あくまでも男系をつなぐための即位であって、自らの意思で上に立とうとした女性天皇は誰一人いません。

則天武后とは対極の持統天皇は、天の浮舟に乗る夫婦神の「型示し」を実践していました。それは「船頭多くして船山に上る」のことわざが戒めるように、夫婦が協働で物事を成すには主従関係を守らなければなりません。このことから「哲婦傾城」とは正反対の「夫唱婦随」を実践した女帝だったのです。

これは千字文に記されている「上和下睦」（上の人が徳高く和やかで寛容なれば、下の人は自然に仲良くなる）」に続く「夫唱婦随」の教えなのです。その意味は、「夫が誠実に先導すれば、妻はそれに随っていきます」ということなのです。

『日月神示』

春の巻　第十六帖

あなたまかせ、よい妻と申してあろうが。
神まかせがよい人民であるぞ。
この神とみとめたら理解して、マカセ切れよ。
太元の神さまにホレ参らせよ。
(中略)
愛は養はねばならん。
夫婦はいのちがけで、
お互にきづき合はねばならんぞ。
夫婦愛はあるのではない。
築き上げねばならんぞ。
生み出すのぢゃ。つくり出すのぢゃ。
そこに尊さあるぞ。喜びあるぞ。

女神のアマテラスが則天武后ならば、アマテラスの五代孫・神武天皇は誰なのでしょう。神武天皇は文献上の初代天皇であり、欠史八代の先代に当たるため、考古学的に存在を証明できる痕跡はありません。しかし、文献上では記紀神話のクライマックス「神武東征」に登場するのです。

神から人の世への転換となる神武天皇の即位は、縄文時代から弥生時代への転換に相当します。しかし七世紀に生きた則天武后をアマテラスのモデルにしたのなら、神武天皇も七世紀に生きた人物がモデルである可能性が高いと考えられます。ここで七～八世紀の我が国の歴史を時系列にしてみました。

ここで天皇の事績を時系列にしてみると記紀神話と一致することがわかります。

●六四四年　中臣鎌足と中大兄皇子の談合は天安河原《あまのやすのかわら》での神集い
●六四五年　乙巳の変・皇極天皇の退位は天の岩戸隠れ
●六五五年　斉明天皇の重祚は天の岩戸開き
●六六三年　白村江の戦いでの大惨敗は、孔舎衙《くさか》坂の戦いでのイワレビコ（神武）の大惨敗
●六七二年　壬申の乱の勝利は八咫烏の導きによるイワレビコの勝利
●六七三年　天武天皇即位は神武天皇即位（図）

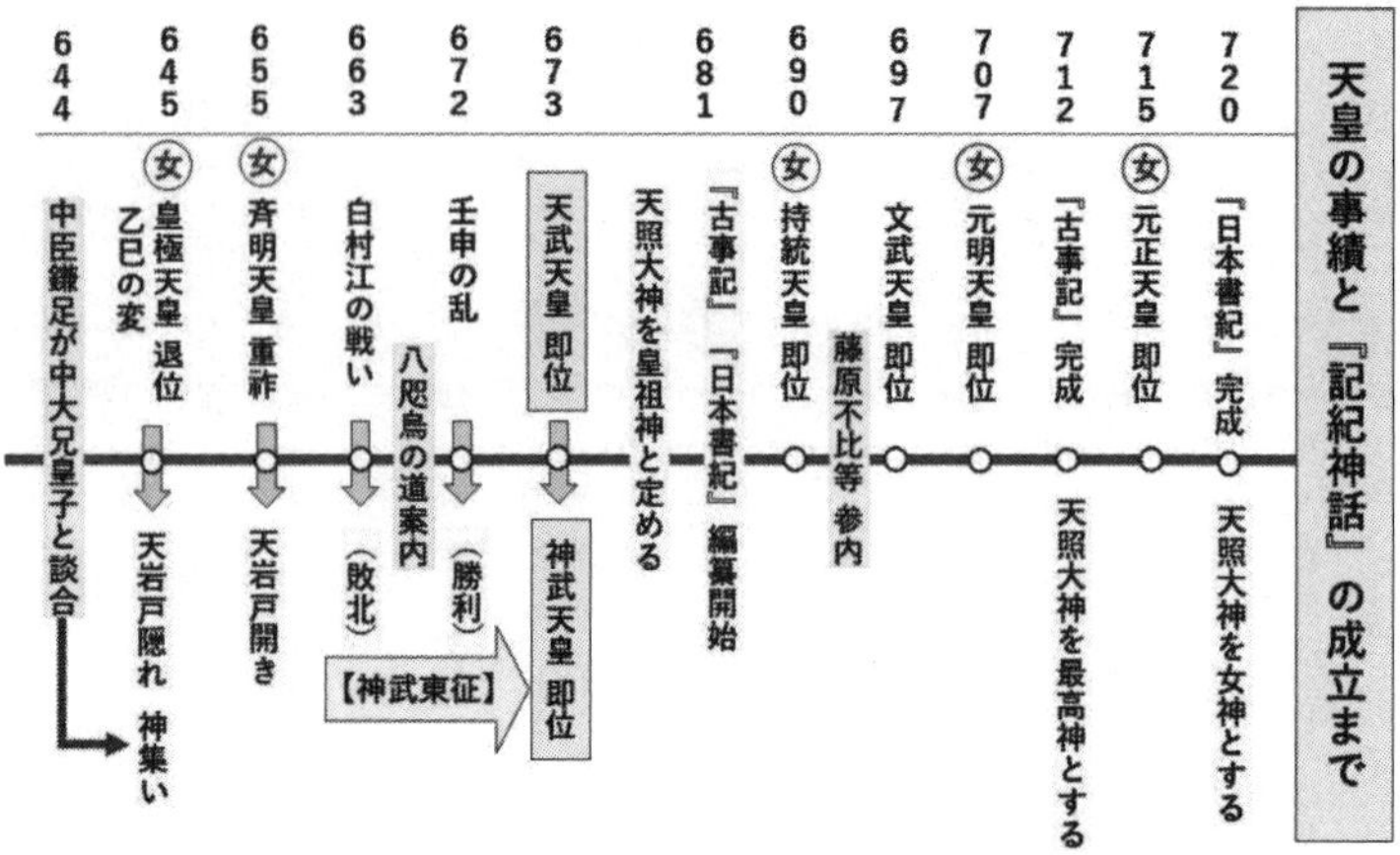

七～八世紀に女性天皇を六度も世に出した既成事実が女神のアマテラスの出現に転化されています。一方、白村江の戦いと壬申の乱の既成事実が神武東征に転化されています。つまり、神武天皇のモデルは天武天皇だったのです。

　では、神武天皇は天武天皇をモデルにしたとする裏付けを述べてまいります。

　ここからは大海人皇子（天武天皇）が吉野から決起して進軍したルートを挙げてまいります。

　壬申の乱で大海人皇子軍が吉野から出発して最初に滞在したのが「菟田《うだ》の吾城《あき》」でした。ここで宇陀の人たちに衣食住のお世話をしてもらったのです。これが神武東征では「菟田の高城《たかき》」になっているのです。

　菟田の高城の案内によると「神武天皇が八咫烏に導かれて大和の国に入ってきたときに、軍の休息に築い

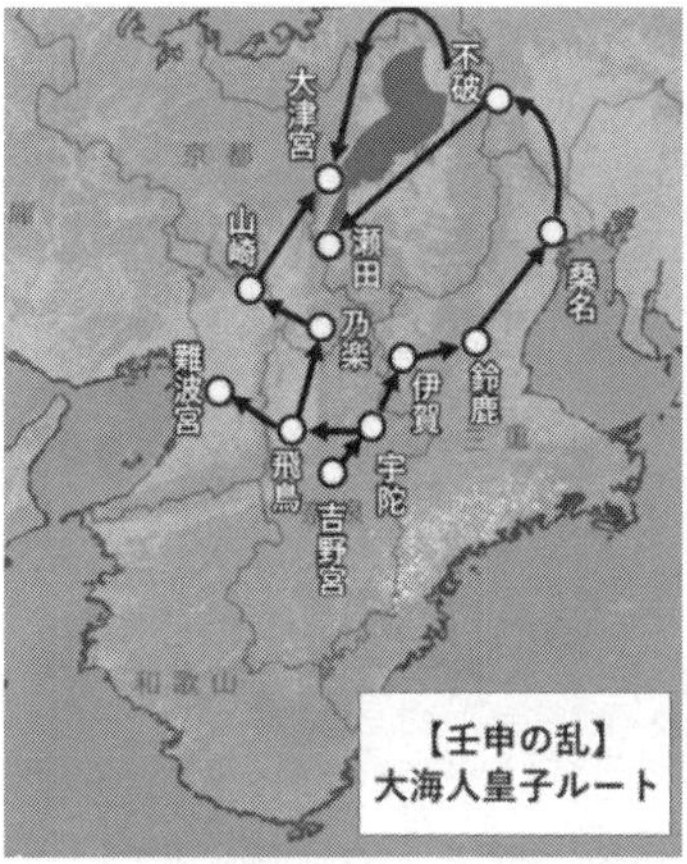

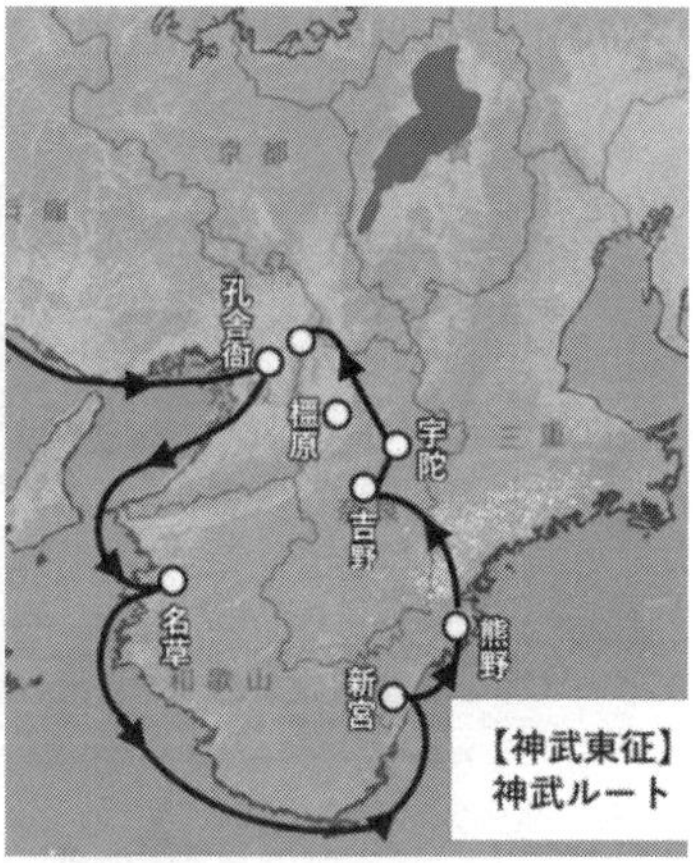

たといわれるわが国最古の城跡」と説明されていました。（写真）

宇陀（菟田）には宇賀志《うかし》という地名があります。神武東征に登場するのがエウカシとオトウカシという兄弟の豪族です。弟のオトウカシが兄のエウカシを裏切って、兄が罠を仕掛けていると神武軍に密告するというストーリーになっています。

弟の密告を受けた神武軍に問い詰められた兄のエウカシは、自分のつくった罠にかかって死んでしまうという不名誉な殺され方をするのです。

さらに遺体を引きずり出されてバラバラにされてしまうのです。このときエウカシの血で足首まで浸かったことから血原《ちはら》という地名が付けられたのです。（写真）

イワレビコ（神武天皇）は生駒山の長髄彦に撃退されてから紀伊半島に棲みついていた土着の豪族のリーダーをことごとく惨殺し、その遺体をバラバラにして進軍す

大海人皇子が八咫烏に導かれて
吉野から兵を挙げた際に、
軍の休息に一時滞在したのが
「菟田《うだ》の吾城《あき》」

菟田《うだ》の高城
神武天皇が八咫烏《やたがらす》に導かれて大和の国
に入ってきたときに、軍の休息に築いたと
いわれるわが国最古の城跡。
宇陀市
菟田《うだ》の高城《たかき》
宇陀市

～神武東征ゆかりの地～
宇賀志　観光トイレ
宇陀市

神武ゆかりの地
宇賀神社
血原

宇賀神社（奈良県宇陀市）

るのです。

このように遺体を凌辱するという行為は、敵味方なく故人を弔う日本人の精神とは逆であり、縄文の遺伝子を色濃く受け継いだ土着民の尊厳を著しく傷つける筋書きになっているのです。

ちなみに『古事記』では兄宇迦斯《えうかし》、弟宇迦斯《おとうかし》と表記されていますが、『日本書紀』では兄猾《えうかし》、弟猾《おとうかし》と表記されており、悪賢い、ずるいという意味の文字「猾」が使われているのです。

『古事記』に神武天皇が詠んだ歌が複数残されています。神武天皇が兄宇迦斯《えうかし》を倒したあと、弟宇迦斯《おとうかし》によって献上された御馳走を兵士らに賜わった時に詠んだ歌は以下のとおりです。

『古事記』

宇陀の　高城に　鴫罠《しぎわな》張る
我が待つや　鴫は障《さや》らず
いすくはし　鯨障る
前妻《こなみ》が　菜乞はさば
立《たち》そばの　実の無けくを　こきしひゑね

後妻《うはなり》が　菜乞はさば
いちさかき　実の大《おほ》けくを　こきだひゑね
ええ　しやこしや　こはいのごふぞ
ああ　しやこしや　こはあざわらふぞ

【通釈】
宇陀の高城に、鴫を獲ろうと罠を張る。
俺が待っていると、
鴫は掛からず、りっぱな鯨が掛かった。
さあ、皆に御馳走だ。
古女房がおかずに欲しがったら、
ソバの木の実のように中身の無いのを、
たっぷり切ってやれ。
新しい女房がおかずに欲しがったら、
ヒサカキの実のように大きいのを、
たっぷり切ってやれ。
ええい、ばかものめざまあみろ、

これはののしっているのだぞ。
あっはっは、ばかものめざまあみろ、
これはあざ笑っているのだぞ。

また神武東征では、イワレビコがピンチに陥った際に天照大神の助け舟によって切り抜けるストーリーになっているのですが、これを検証してみました。

イワレビコを助けるために天照大神が高倉下《タカクラジ》に夢で神託を見せた描写があります。高倉下に布都御魂《ふつのみたま》の剣をイワレビコに授けさせたのです。

このときの天照大神が饒速日命であれば、高倉下の夢に出るのはもっともなことで道理が通るのです。

高倉下は饒速日命の子で尾張氏の先祖であること、布都御魂の剣は石上神宮のご神体であること、石上とは物部氏であることから、大海人皇子が宇陀で武器を調達し、物部氏と尾張氏が援軍した事実と一致しているからです。

天武天皇は日本国誕生と、君主号を天皇と定めた初代天皇です。天武天皇と敵対関係にあった中臣氏の同族・藤原不比等によって天武天皇の事績を反転されたのが神武東征なのです。

八咫烏神社（奈良県宇陀市）

木嶋座天照御魂神社（京都府京都市右京区）

大海人皇子は縄文の血を色濃く受け継いだ紀伊半島の豪族たちを味方につけて吉野の八咫烏の導きによって勝利しました。これを神武東征ではイワレビコが紀伊半島に住む有尾人を滅ぼして吉野の八咫烏の導きによって勝利したことになっているのです。

この描写が日本人の行動原理とは逆になっているのは、自然界の摂理とは逆さまをプログラムするためでした。

宇陀の高城の北西に八咫烏神社があります。八咫烏は秦氏ですが、三本足は三柱の足の神様を暗号化しています。秦氏は三本足を形態にして造化三神を奉じてきたのです。

アラハバキの三柱の神も造化三神と同じすべてを生み出す根源の神であり、法則の神です。八咫烏が大海人皇子に吉野の道案内をしたのは、同じ神を奉じていたからです。

一三〇〇年間だまされ続けた日本

男は太陽、女は月、男は左、女は右の陰陽の法則にあてはめると、左回転の地球で太陽神が女神（女系）では不調和になってしまうのです。

男神の天照大神を奉じて勝利した天武天皇の事績を、女神の天照大神を奉じて勝利した神武天皇に書き換えれば、暗闇の世に反転させる筋書きとなります。

それは『日本書紀』で女神の天照大神を岩戸から出す「天の岩戸開き神話」を前提にして神武東征が成り立っているからです。

天照大神を皇祖神と定めた天武天皇は式年遷宮を制定し、持統天皇のときに一回目の式年遷宮を実施しましたが、当時はまだ『古事記』『日本書紀』が存在していないのです。

『日本書紀』の天の岩戸開き神話で天照大神が女神にすり替えられたのは、天武天皇が崩御してから三十四年後、持統天皇が崩御して十七年後のことなのです。

その結果が一三〇〇年間かけて集合意識を構築した現在の日本のありさまです。『日月神示』にそのことが示されていますので、一部抜粋してご紹介します。

『日月神示』

海の巻　第十一帖

「だました岩戸からはだました神が出て、
ウソの世となったのぢゃ、
この道理判るであろう、
ニセ神やら、だました神やら、
次々に五度の岩戸閉めと申してあろが」

梅の巻　第十三帖

「ダマシタ岩戸開きでは
ダマシタ神様お出ましざぞ、

この道理判らんか、取違ひ禁物ぞ、
生れ赤子の心になれば分るのぢゃぞ。
今の臣民お日様明るいと思ふてゐるが、
お日様、マコトの代のマコトのお日様
どんなに明るいか見当とれまいがな」

碧玉の巻　第二帖

「岩戸がひらけたから、
さかさまのものが出て来てゐるのぢゃ、
この行、中々であるなれど、
これが出来ねば岩戸はひらけんのぢゃ、
マコトの神さえ
魔神のワナにかかって御座るのぢゃ、
人民がだまされるのも無理ないようなれど、
だまされてゐては今度の御用は成就せんぞ」

日本は唐に一三六〇年以上支配され続けてきた

日本が初の敗戦国となったのは昭和二十年ではありません。一三六〇年前の天智二年（六六三年）なのです。わが国では白村江の戦いに大惨敗してから唐氏による侵略がはじまっていたのです。

わが国で初めて「天皇」と名乗りを上げ、独立国として「日本国」を建国したのは、唐から日本を守るために即位した天武天皇であって、神武天皇ではないのです。

日本の構造は、藤原氏が文武天皇と外戚関係を結んで以降、『記紀』編纂に介入し、わが国を唐の支配下に置くようプログラムされてしまったのです。藤原氏は天皇よりも力を持つようになり、天武系を根絶やしにして天智系に娘を入内させ続け、天皇から政治を奪ってきたのです。

神道は中臣氏と忌部氏が両輪で担ってきましたが、天智系になってからは中臣氏が忌部氏を排除するようになり、さらに仏教までも排除するようになりました。そのため寺院と対立関係が深まり、僧侶が武装集団となって朝廷や公家に強訴《ごうそ》するようになりました。

やがて公家中心社会に不満を抱いた武士が武力で政権を取ったのが鎌倉幕府でした。

それ以降も乱世が続き、一三三三年に後醍醐天皇による建武の新政が行われましたが、その実態は公家中心の政治であったために武士が反発。足利氏が政権を取り室町幕府を立ち上げましたが、やがて戦国時代へと発展してゆきました。

武士が天下統一を果たした江戸幕府は約二六〇年間戦なき平和な時代を続けてきましたが、明治維新により武士の時代を終わらせるとともに武士から政治を取り上げたのは藤原氏でした。

幕末の尊王攘夷の本質は、「王政復古」の大義名分の名の下に天皇を動かしてきた藤原時代の復興でした。そのため江戸幕府を倒して樹立した明治政府は藤原氏主導の政治だったのです。

明治政府は神道の国教化政策を行うため、明治元年より神社から仏教的な要素を排除しようとしました。これが「神仏分離」政策です。

これはかつて仏教を重んじていた天武系から仏教的な要素を排除した天智系へ皇統を移した藤原氏の政策と同じパターンです。

廃仏毀釈と神社合祀が推し進められたことにより、寺社は壊滅状態、神職の人事権は国家に握られました。明治政府は神社を女神の天照大神を最高神とする国家神道として位置付け、社格制度により序列づけがなされました。「王政復古」の流れで天皇を祀る神宮の創建がはじまったのも明治になってからでした。（図）

創建	神宮名	祭神（天皇）		国家事業
明治22年（1889年）	吉野神宮	後醍醐	96代	
明治23年（1890年）	橿原神宮	神武	初代	皇紀2600年記念（昭和15年）拡張造営
慶応4年（1868年）	白峯神宮	崇徳 淳仁	75代 47代	皇紀2600年記念（昭和15年）改称
明治28年（1895年）	平安神宮	桓武 孝明	50代 121代	平安遷都1100年記念 皇紀2600年記念
大正9年（1920年）	明治神宮	明治	122代	
昭和15年（1940年）	近江神宮	天智	38代	皇紀2600年記念

※ 昭和15年は皇紀2600年記念により神武天皇聖蹟顕彰碑を全国に建立。

藤原京に埋められた土偶は天武・持統朝への警告だった

昭和十五年に皇紀二千六百年記念式典を代々的に行ったのは、女神の天照大神を最高神とし、その五代孫にあたる神武天皇を日本建国の英雄的存在として国民に意識づけるためでした。そのため昭和十五年に神武天皇聖蹟顕彰碑を各地に建立したのです。

注目すべきは、皇紀二千六百年記念に創建されたのは、日本国を建国した天武天皇の神宮ではなく、天智天皇を祀る近江神宮だったことでした。

天武天皇をご祭神とする神社は浄見原神社（奈良県吉野町）、桜木神社（奈良県吉野町）、清見原神社（大阪市生野区）、天武天皇社（三重県桑名市）などがありますが、天武天皇をご祭神とする神宮はありません。天武天皇は日本国を建国した初代「天皇」であるにもかかわらず神宮がないのは不自然と思わ

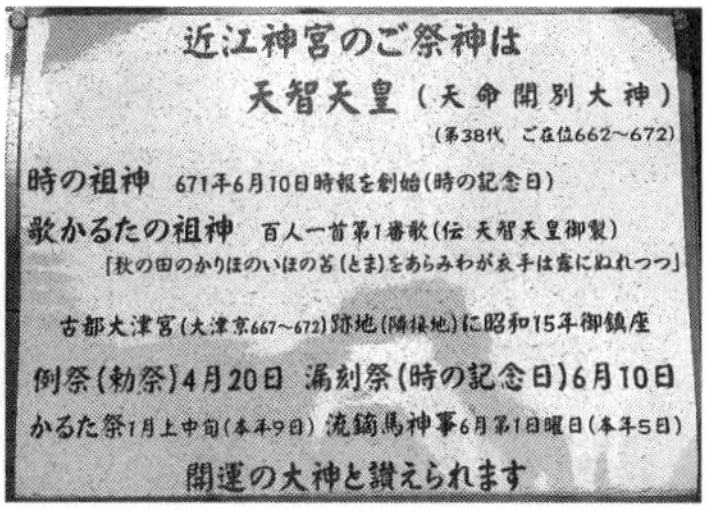

近江神宮

れます。

天武天皇と持統天皇が拠点を置いたのは、大和三山（香具山《かぐやま》・畝傍山《うねびやま》・耳成山《みみなしやま》）をすっぽり囲む奈良県橿原市でした。天の香具山といえば、『小倉百人一首』に選ばれた持統天皇の和歌が有名です。

「春すぎて　夏来にけらし　白妙の　衣ほすてふ　天の香具山」持統天皇

地図で確認してみますと、大和三山の畝傍《うねび》山のふもとには、天武天皇の神宮ではなく、神武天皇をご祭神とする橿原神宮が創建されたことがわかります。

奇しくも皇紀二千六百年記念事業にともなう橿原神宮外苑の発掘調査では、西日本で群を抜く数の縄文土偶が二〇〇点以上も出土したのです。

橿原神宮の外苑にバラバラに破壊した土偶が大量に埋められていたことから、神武天皇が縄文人をバラバラに斬殺する筋書きを警告していたのかもしれません。この現象から縄文人は場所を特定して土偶を埋めた可能性があると考えることができます。（写真）

なぜなら明治時代に創建された橿原神宮は、持統天皇が創建した

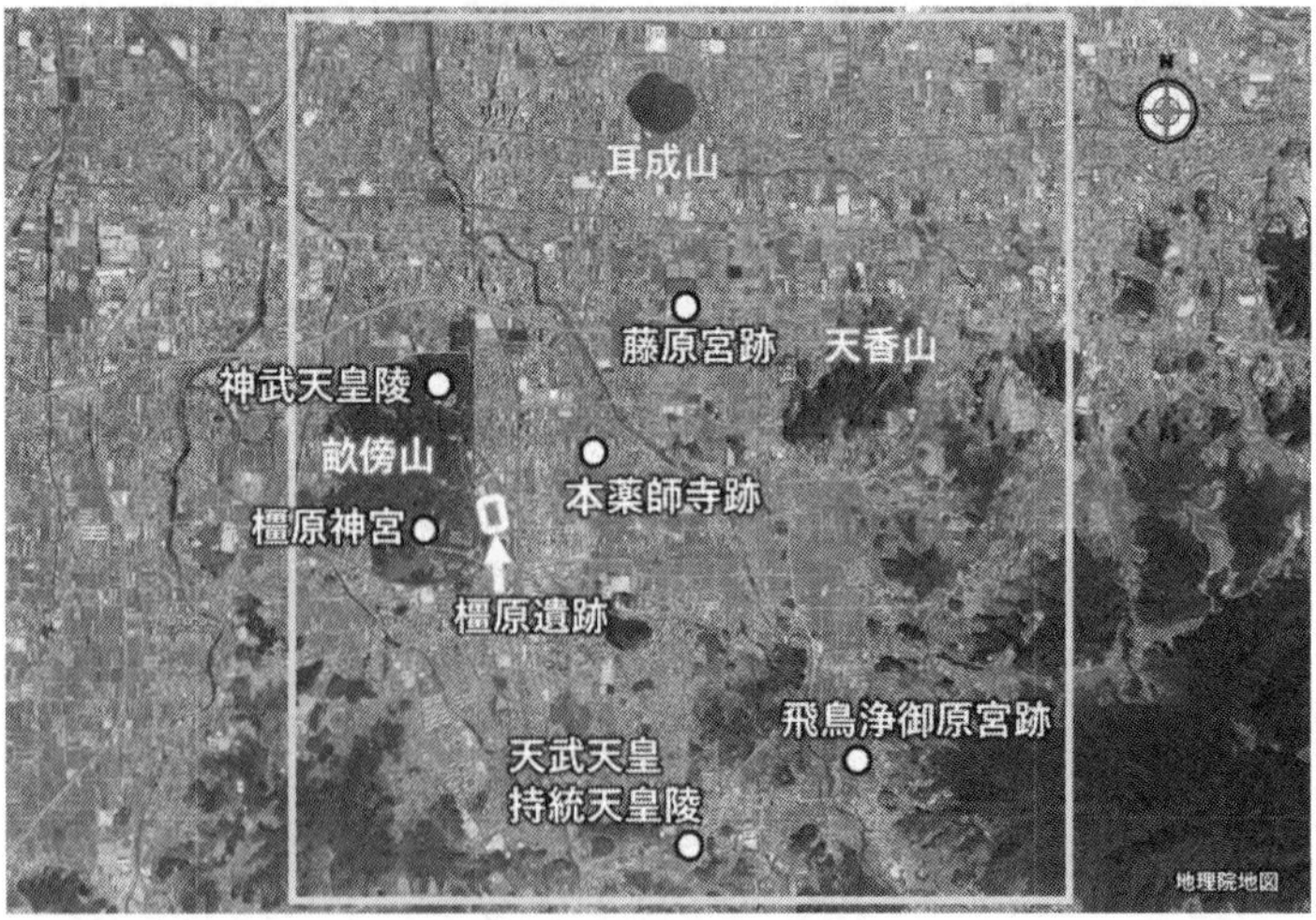

近畿最大規模を誇った藤原京

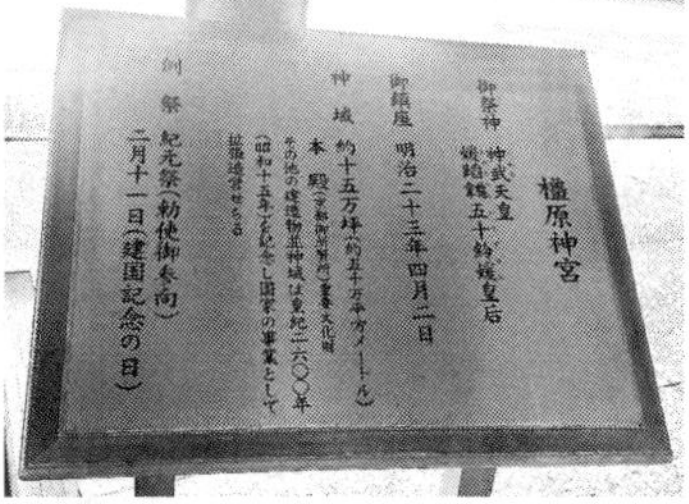

橿原神宮

藤原京の敷地内にあるからです。縄文人は持統天皇に土偶を破壊して神の国がバラバラになってしまうことを警告していたと考えられるのです。ではその証拠を挙げてみましょう。

橿原神宮外苑から出土した大量の土偶は橿原式土偶と呼ばれるもので、奇しくも、持統天皇が幼少期に過ごした讃良（四條畷）からも出土しているのです。さらに、橿原市ではおびただしい数の切断された土偶の足が発掘されたのです。

土偶の足は足の神を形態にしたものと思われます。

神武天皇即位年は縄文時代と弥生時代の転換期に相当します。男神（男系）主導から女神（女系）主導への転換です。弥生時代は女王が出現しました。女王主導の社会になってから争いが起き、戦がはじまりました。

弥生時代中期一世紀に出土した土器には鳥装の巫女の絵が刻まれており、**左が女、右が男となっているのです。これは女男となり、右回転システムの転換を表しています。**興味深いのは、女の頭が三角で、男の頭が丸いことです。

このように縄文人は社会システムの転換を予知して未来の子孫に警告していたのです。

わたしは令和三年（二〇二一年）の冬に継体天皇より

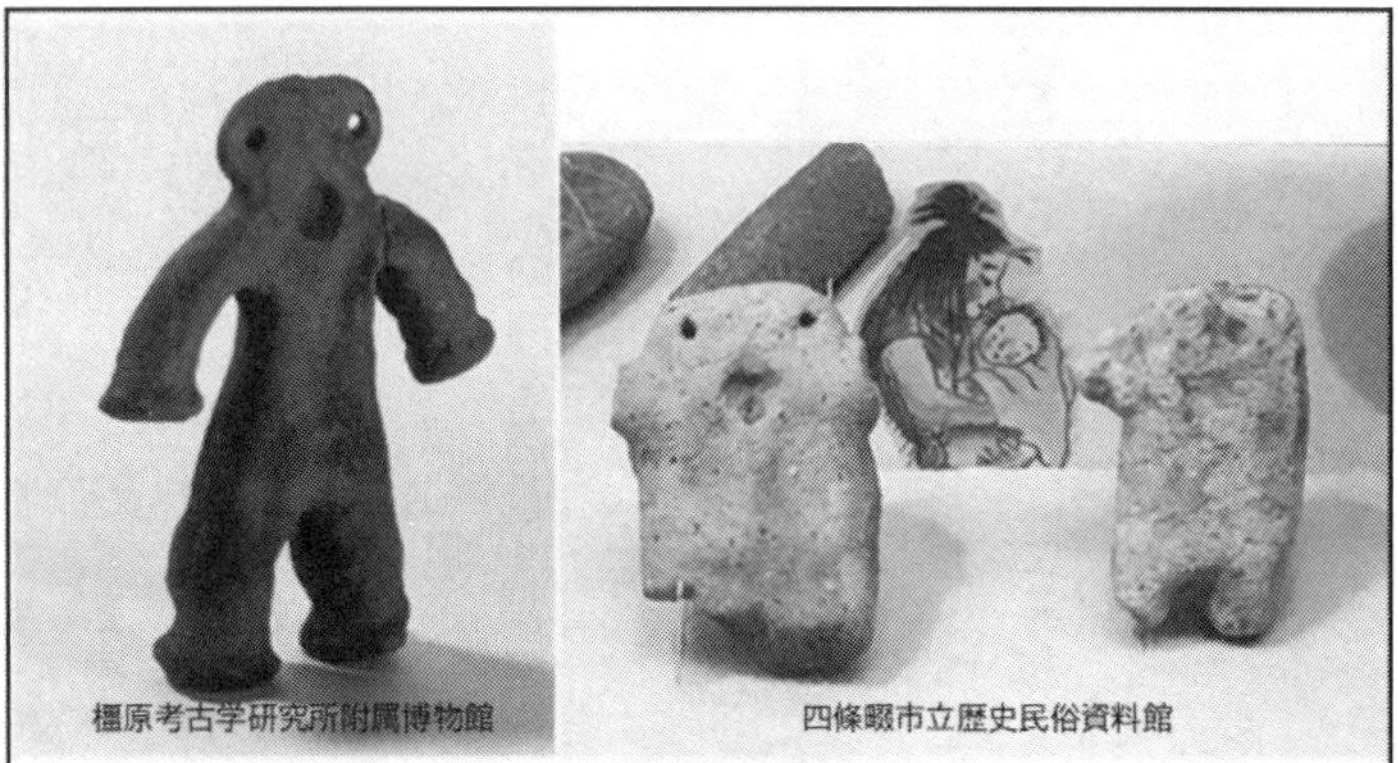

橿原式土偶

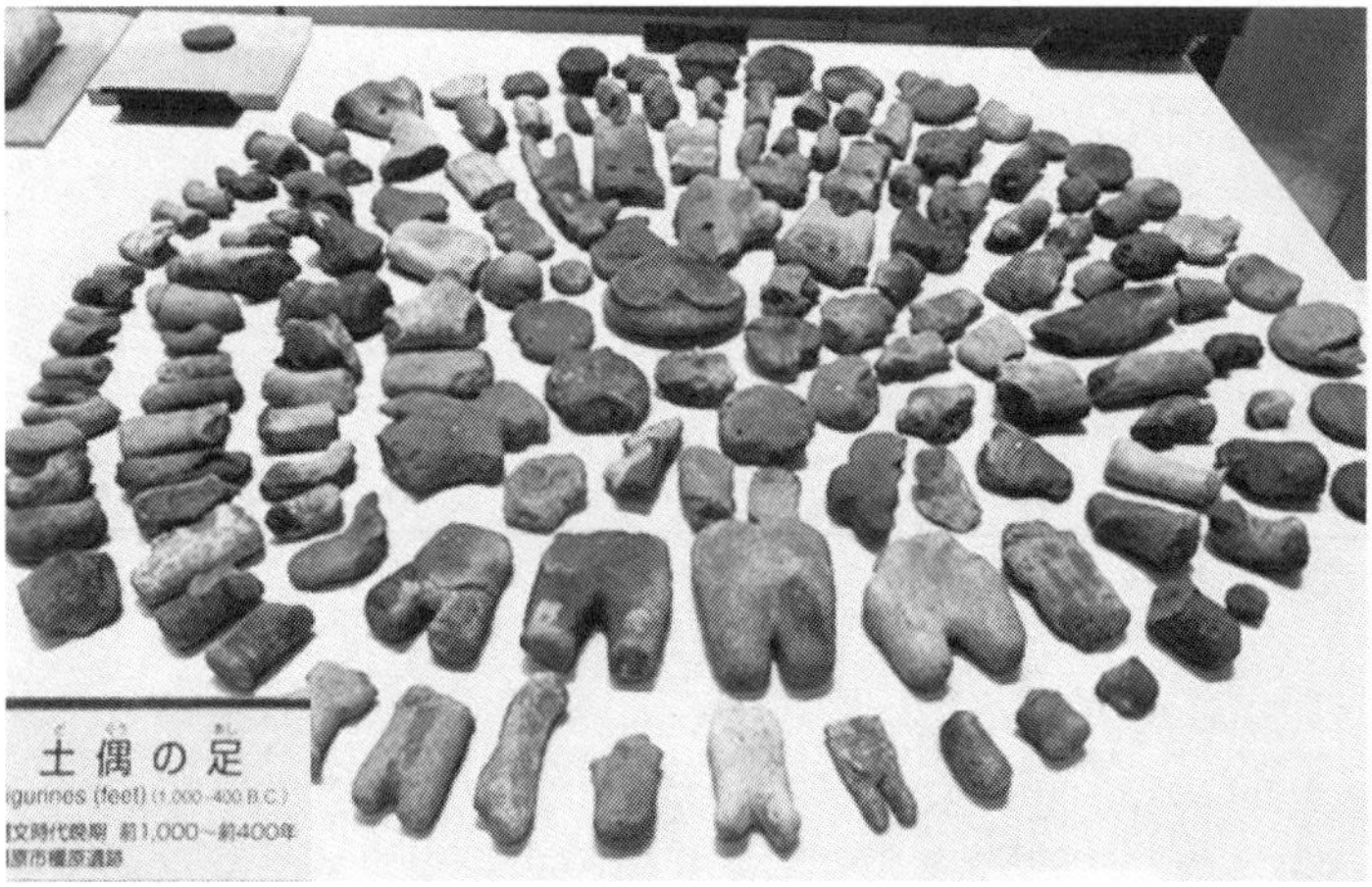

土偶の足（橿原考古学研究所附属博物館）

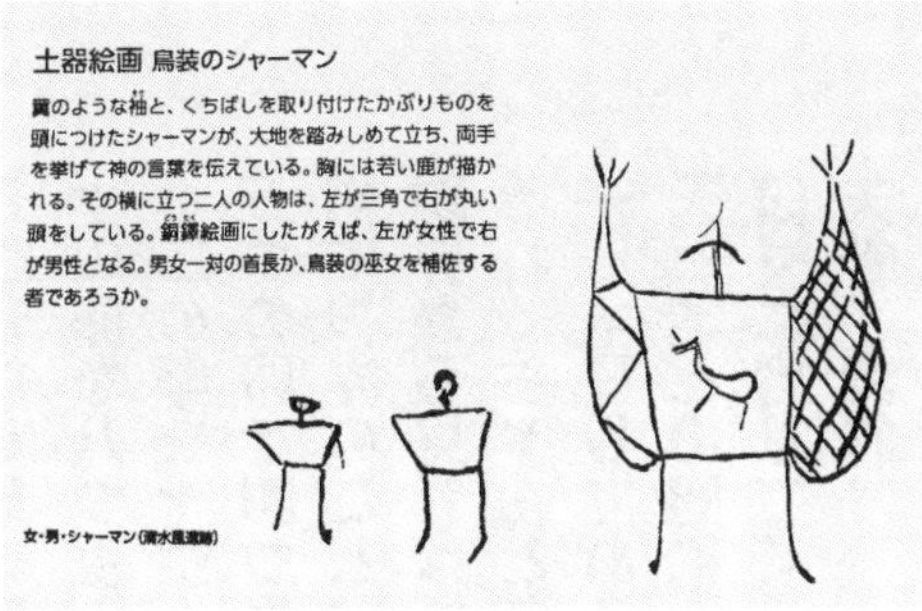

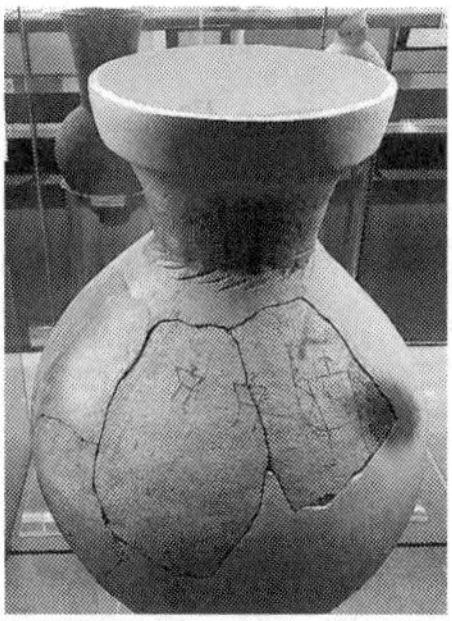

弥生時代の土器（橿原考古学研究所付属博物館）

ヒミコは女帝のはじまりなり

と伝えられました。当初はその意味がわかりませんでしたが、縄文人が警告してきたことと同じく、男女逆さまを戒めたメッセージだったのです。

『日月神示』によると、女神の天照大神の出現は五度の岩戸閉めのひとつとされています。

『日月神示』

碧玉の巻　第十帖

岩戸しめの始めはナギ（伊邪那岐命）ナミ（伊邪那美命）の命の時であるぞ、ナミの神が火の神を生んで黄泉国に入られたのが、

そもそもであるぞ、
十の卵を八つ生んで二つ残して行かれたのであるぞ、
十二の卵を十生んだことにもなるのであるぞ、
五つの卵を四つ生んだとも言へるのであるぞ、
総て神界のこと、霊界のことは、
現界から見れば妙なことであるなれど、
それでちゃんと道にはまってゐるのであるぞ。
一ヒネリしてあるのぢゃ、
天と地との間に大きレンズがあると思へば
段々に判りてくるぞ。
夫神、妻神、
別れ別れになったから、一方的となったから、
岩戸がしめられたのである道理、判るであろうがな。
その後、独り神となられた夫神が三神をはじめ、
色々なものをお生みになったのであるが、
それが一方的であることは申す迄もないことであろう、
妻神も同様、黄泉大神となられて、

黄泉国の総てを生み育て給ふたのであるぞ、
この夫婦神が、時めぐり来て、
千引の岩戸をひらかれて
相抱き給う時節来たのであるぞ、
うれしうれしの時代となって来たのであるぞ。
同じ名の神が到るところに現はれて来るのざぞ、
名は同じでも、はたらきは逆なのであるぞ、
この二つがそろうて、三つとなるのぞ、
三が道ぞと知らせてあろうがな。
時来たりなばこの千引の岩戸を倶にひらかんと
申してあろうがな。

次の岩戸しめは天照大神の時ぞ、
大神はまだ岩戸の中にましますのぞ、
ダマシタ岩戸からは
ダマシタ神がお出ましぞと知らせてあろう。
いよいよとなってマコトの天照大神、

天照皇大神、日の大神、
揃ふてお出まし近うなって来たぞ。

次の岩戸しめは
素盞鳴命に総ての罪をきせて
ネの国に追ひやった時であるぞ、
素盞鳴命は
天下《あめがした》を治しめす
御役《おんやく》の神であるぞ。
天ヶ下《あめがした》は重きもののつもりて
固まりたものであるからツミと見へるのであって、

よろづの天の神々が積もる（と言ふ）ツミ（積）を
よく理解せずして罪神と誤って了ったので、
これが正しく岩戸しめであったぞ、
命《みこと》をアラブル神なりと
申して伝へてゐるなれど、

アラブル神とは粗暴な神ではないぞ、
あばれ廻り、こわし廻る神ではないぞ、
アラフル（現生る）神であるぞ、
天ヶ下、大国土を守り育て給う神であるぞ、
取違ひして ゐて申しわけあるまいがな。
このことよく理解出来ねば、
今度の大峠は越せんぞ。
絶対の御力を発揮し給ふ、
ナギ、ナミ両神が、
天ヶ下を治らす御役目を命じられて
お生みなされた尊き御神であるぞ。
素盞鳴の命にも二通りあるぞ、
一神で生み給へる御神と、
夫婦呼吸を合せて生み給へる御神と
二通りあるぞ、間違へてはならんことぞ。

神武天皇の岩戸しめは、

御自ら人皇を名乗り給ふより他に道なき迄の
御働きをなされたからであるぞ。
神の世から人の世への移り変りの事柄を、
一応、岩戸にかくして
神ヤマトイハレ彦命として、
人皇として立たれたのであるから、
大きな岩戸しめの一つであるぞ。

仏教の渡来までは、わずかながらも
マコトの神道の光がさしてゐたのであるなれど、
仏教と共に仏魔わたり来て完全に岩戸がしめられて、
クラヤミの世となったのであるぞ、
その後はもう乱れほうだい、
やりほうだいの世となったのであるぞ、
これが五度目の大き岩戸しめであるぞ。

国家レベルの不正は改ざんされた『記紀』が型

神事宗源の神道奥義は女神の出現「天の岩戸開き神事」です。わが国は記紀神話によって五度の岩戸が閉められたことにより、男女逆さまの闇の世に転換していったのです。

公文書の改ざん、捏造、隠蔽が当然のごとく国家レベルで繰り返されてきたのは、記紀神話が間違った「型」となっているためです。

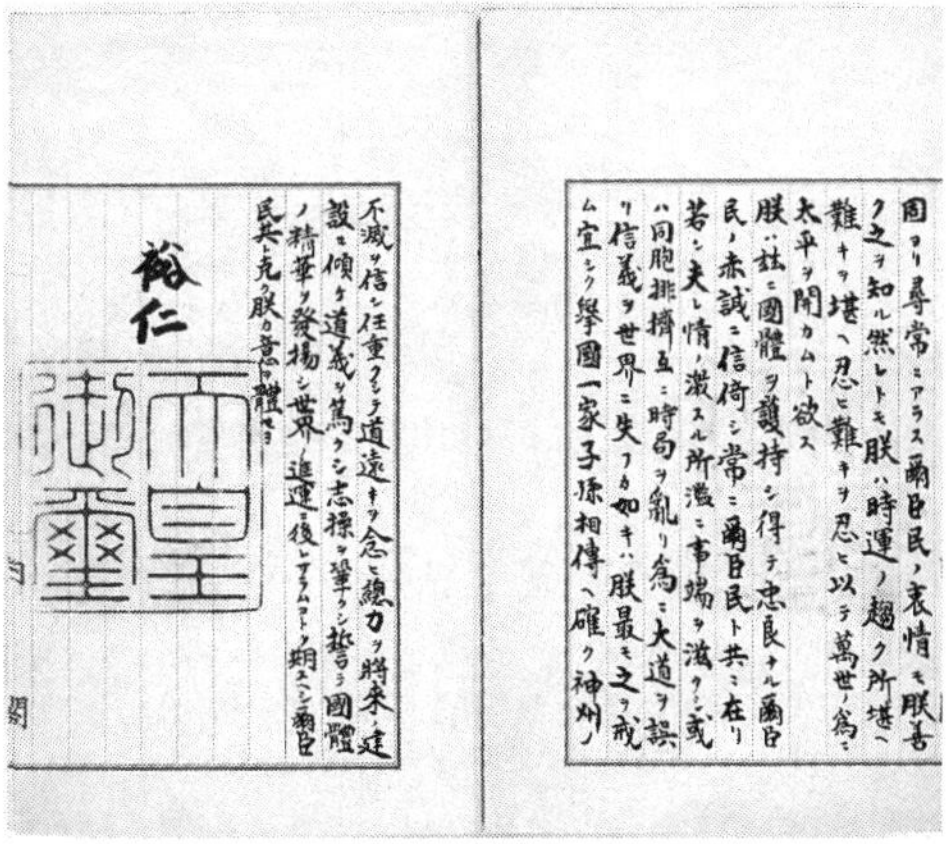
固ヨリ尋常ニアラス爾臣民ノ衷情モ朕善ク之ヲ知ル然レトモ朕ハ時運ノ趨ク所堪ヘ難キヲ堪ヘ忍ヒ難キヲ忍ヒ以テ萬世ノ為ニ太平ヲ開カムト欲ス

朕ハ玆ニ國體ヲ護持シ得テ忠良ナル爾臣民ノ赤誠ニ信倚シ常ニ爾臣民ト共ニ在リ若シ夫レ情ノ激スル所濫ニ事端ヲ滋クシ或ハ同胞排擠互ニ時局ヲ亂リ為ニ大道ヲ誤リ信義ヲ世界ニ失フカ如キハ朕最モ之ヲ戒ム宜シク擧國一家子孫相傳ヘ確ク神州ノ不滅ヲ信シ任重クシテ道遠キヲ念ヒ總力ヲ將來ノ建設ニ傾ケ道義ヲ篤クシ志操ヲ鞏クシ誓テ國體ノ精華ヲ發揚シ世界ノ進運ニ後レサラムコトヲ期スヘシ爾臣民其レ克ク朕カ意ヲ體セヨ

裕仁

「終戦の詔勅」出典：国立公文書館デジタルアーカイブ

昭和天皇を補佐した安岡正篤氏も、『終戦の詔勅』（玉音放送）の原稿に書いた古代中国の需要な核となる部分である「義命の存する所」の部分を「どんなことがあっても、一語一句書き換えてはならない」と念を押したにもかかわらず、当時の閣僚によって「時運のおもむく所」という正反対の意味に改ざんされてしまったのです。

天皇の義命とは、「天の道に従う揺るぎのない決意」であるのに、「時と運の流れにまかせる」といった意味に反転されたのです。

あれは日本の戦争史上、国体史上、天皇史上千古の惜しむべき失敗であった。
（安岡正篤『酔古堂剣掃』より）

このように、日本は神話が改ざんされているために、これが国家の「型」となって国レベルの公文書も改ざんされてしまうという因縁があるのです。

神武天皇の存在は長らく脚光を浴びることはなかったのですが、昭和十五年十一月十日から十四日にかけて執り行われた「皇紀二千六百年記念式典」を機に、神武天皇が突如英雄視されるようになり、その翌年に大東亜戦争へと突き進んでいったのです。

近衛内閣が日下山に建設した神武天皇聖蹟顕彰碑は孔舎衙《くさか》の「衙」を近衛の「衛」に書き換えて孔舎衛《くさえ》に改ざんしていたのです。

則天武后がアマテラスの真のモデルであることは先に述べたとおりです。神武天皇は女神の天照大神を始祖とする女系天皇です。**女系天皇が即位するということは、国体の乗っ取りを意味するのです。**

日清（一八九四〜一八九五年）・日露戦争（一九〇四〜五年）と大東亜戦争（一九四一〜一

左：神武天皇聖蹟孔舎衛坂顕彰碑　右：則天武后の無字碑（Photo by © Tomo.Yun）

九四五年）の大きな違いは、日清・日露戦争は日本が勝利しましたが、大東亜戦争は日本が無条件降伏という結果になったことです。日清・日露時はまだ国家神道の整備が整っていなかったために、「皇紀二千六百年記念式典」が行われませんでした。

しかし大東亜戦争の直前に国家神道が掲げた「皇紀二千六百年記念行事」は、饒速日命（大国主）への国譲りのプログラムです。

これにより、日本は無条件降伏しアメリカの統治下に置かれ、アメリカによる日本国憲法を押し付けられ、天皇は戦争責任を負わされただけでなく、国家元首から象徴に変えられてしまったのです。

ここで仮に国家神道が日本神話の素戔嗚命による「ヤマタノオロチ退治」を大義名分に掲げてい

たなら、日本が戦争に勝利し、日本を盟主とした共存共栄のアジア経済圏の樹立が実現していたかもしれません。しかし、国家神道は女神の天皇大神を最高神とする、女系の神武天皇を英雄にしてしまったのです。敗戦後の日本政府は、神武天皇が紀元前六六〇年一月一日に即位した日を記念して、二月十一日を建国記念の日と定めました。

しかし、本当に日本を建国したのは天武天皇なのですから、祝福されるべきは天武天皇なのです。我が国は、天武天皇を封じて神武天皇にすり替えて国民をだましてきたのです。

日本と戦争したアメリカは大和民族の精神性の高さに脅威を感じて、二度と立ち上がれないように徹底的に精神性を封じる政策「3R5D3S政策」を講じました。GHQと直接交渉した安岡正篤《まさひろ》氏はこれについて次のように警鐘を鳴らしていました。

> 日本人を全く骨抜きにするこの3R5D3S政策を、日本人はむしろ喜んで、これに応じ、これに迎合した、あるいは、これに乗じて野心家が排出してきた。日教組というものがその代表的なものであります。そのほか悪質な労働組合、それから言論機関の退廃、こういったものは皆、この政策から生まれたわけであります。
>
> （安岡正篤『運命を創る――人間学講話』より）

基本原則としての「3R」は復讐、改組、復活。重点的施策としての「5D」は武装解除、軍国主義排除、工業生産力破壊、中心勢力解体、民主化。補助政策としての「3S」はスクリーン、スポーツ、セックスということです。

日本国憲法により国民主権となった日本国民は、政治に関心を向けさせないよう、3Sで骨抜きにされてしまったのです。国民に主権を持たせても無知で愚かにしてしまえば猫に小判です。

3Sの本質は性を倒錯し、男女（陰陽）の根本原理を逆さまにすることです。大衆に3Sを刷り込んで倒錯した集合意識を構築させれば、男女逆さまの悪魔の世界が現象化するしかけなのです。

地球上のすべての生命体を苦しめてきたのは嫉妬

令和三年（二〇二一年）の冬に艮金神より

オリハルコンは嫉妬なり

と直感を受けました。オリハルコンとは伝説上の剣の名称のようですが、別名ヒヒイロカネとも呼ばれています。これが悪魔の武器なのです。

ヒヒは教祖（カルト宗教）、色《イロ》は性（倒錯した性）、カネはお金（国際金融資本）のことです。

つまりこれらが悪魔崇拝の実態なのです。これらで地球上のすべての生命体は苦しめられ、地球は傷つけられてきたのです。

オリハルコンは右回転の外宇宙から持ち込まれた金属（物質）のようです。嫉妬は地球の回転方向とは逆方向の感情であるため、道理を逆さまにしたり事実を捻じ曲げたりする作用があるのです。

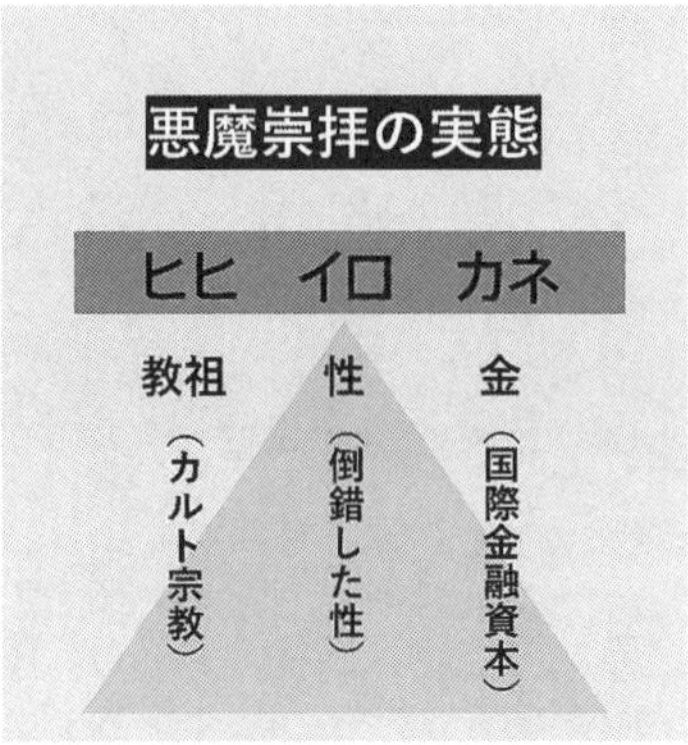

わが国は一三〇〇年前に男女逆さまがプログラムされて以来、戦、疫病、災害、飢饉が繰り返される苦しみの世が続いてきました。それでも家中心の家父長制度が日本の基盤だったので、男女の立場、兄弟の順序は守られてきたのです。

江戸幕府が倒されると家父長制度も破壊され、大東亜戦争で三一〇万人もの男たちの命が失われ、大黒柱も後継ぎも失った日本に持ち込まれたのが、女性解放を主張するウーマンリブと個人主義でした。

これらが日教組と同化して日本人の霊性と精神性を阻害し、日本が長らく守り続けた伝統的な教育と家庭の在り方を根底から覆していきました。

その結果、たった八十年足らずで家族形態が破壊されてしまいました。その間、生活するには便利な世の中になりましたが、子供を生み育てにくい、少子高齢社会になってしまいました。

人類の自我意識の浄化が最優先

『日本書紀』は一三〇〇年間の期限をもって役目を終える計画どおり、二〇二〇年に天照大神が交代しました。それを証明するように二〇二〇年の元旦に、大神神社にて現れた太陽がこちらです。（写真）

よろこび、感謝、うれしい、楽しいといった感情は、地球を軽やかにする作用があります。外の世界の不調和な現象に焦点を合わせるのではなく、常に内側の意識状態を客観的に観察し、調和した状態に転換することが基本であり最優先事項です。

人は誰しも人との関わりなくして生きていくことはできません。そのため様々な体験による感情を味わって生きています。

歴史上の人物を考察すれば、行動原理をパターン化することができます。人間の行動は複雑に見えて、法則性があることはこれまで述べてきたとおりです。

不調和を調和に戻す実践は、まず自分の意識変換と自我を減らすことが第一歩です。うれしい、楽しい、ありがたい、ほこらしい、すがすがしいといった意識に同調し、ありがとうございます、かんしゃします、たすかりますと、おかげさまの心で言葉にすれば、自分も周りも明るくなり、調和します。

大神神社　2020年元旦

心配、偏見、傲慢、嫉妬、劣等感、虚栄心、不平不満、承認欲求、責任転嫁、被害者意識、これらのネガティブな感情をできるだけ持たないよう意識します。

また、言葉と思いを正しくすることを実践していきます。もしネガティブな言葉や感情が出たときは、お詫びと感謝で中和します。守護霊さんには常に感謝の気持ちの言葉がけが大事です。

個人レベルで実践することに慣れてきたら、第二段階はパートナーと関わっていきます。お互いに相手を思いやる心や気配りはもちろんのこと、男女、夫婦の立場と順序を守ることを意識します。夫婦は対等の関係ですが、夫唱婦随が天の道です。そして守るべき鉄則は長男を後継ぎにすることです。

　このように相互扶助の関係も秩序があり、法則を守ることで争わず家族は円満になります。「三つ子の魂百まで」の諺《ことわざ》とおり、幼少期の体験が大人になっても影響を及ぼしてしまいます。子供を健全に育てる環境は家庭にあります。健全な家庭づくりがもっとも大事であることは明白な事実です。

　家庭不和の環境で育った人でも、自分が家庭を持ったときに立場と順序を正しくすることを実践し、子に正しく教え、生命の秩序を守っていれば、家系が積んだ罪を解消してゆけるのです。

第二十九段

この世界に必要なのはババ抜き

ここのところずっと
歴代天皇の思いを感じていました。
地獄を終わらせるには
女が頂点にいてはならぬと。
今朝は晴れているのに雨が降り
雨の神様の意図を受け取りました。

JYOKA は JYOKER
JYOKER は JYOKEI

アルファベットできたのははじめてです。
これを日本語に変換してみますと、

女媧はジョーカー
ジョーカーは女系

女媧《ジョカ》とは中国神話に登場する
蛇体に上半身が人間の姿をした神。
伏犠《フッキ》と一対の男女で兄妹であり夫婦。
日本神話でいえばイザナキとイザナミ。
伏犠は伝説上の『易経』の著者。
『易経』は中国古典の四書五経の原典で
宇宙と森羅万象の摂理が述べられています。

十四世紀の中国明代に書かれた物語
『封神演義《ほうしんえんぎ》』に登場する女媧は極悪の元凶。
女媧は殷《いん》の紂王《ちゅうおう》の后・
妲己《だっき》の肉体に入り、
その美貌で王を骨抜きにし
王を意のままに動かして
極悪非道・無慈悲な政治で民を苦しめ、
反対勢力を根絶やしにしてきました。

妲己（女媧）は中国三大悪女の始祖。
それゆえ三大悪女に共通するのは
頭脳明晰の絶世の美女。
しかし性格は極悪。
見える肉体の美しさに価値を置き、
見えない精神は無視する
悪逆非道を平然と行うサイコパス。

女媧は伏犠と一対の夫婦神。
女媧が主になれば妲己となり
『易経』が反転した地獄の世となった。
これは出産の女神イザナミが
イザナキと離別して醜女にされ
子供を一日一〇〇〇人殺すと言ったのと同じ。

この地球は生命進化の実験の場。
男女の主従を入れ替えると
不調和となるとわかったのです。
そのための掟は男系を守ること。
この掟を破れば男が絶えて種を失い
女だけしかいない底なし地獄となり
ブラックホールに飲まれてしまう。
これを全力で回避するために
生命秩序を守らなければならないと
地球の女神は警告しています。

結局は正しい男女を守る種が残される。
伏犠と女媧はひょうたんの中に入って
大災害から生き残った男女なのですよ。

世界平和の必須条件は男女逆さまをやめること

皇祖神を女神にしてしまうと初代神武天皇は女系となってしまうために、男系が大前提の万世一系が崩れてしまいます。

男系から女系への国譲りの本質は、「易姓革命《えきせいかくめい》」に相当します。それは、前王朝の血脈を根絶やしにして、新王朝を樹立する古代中国が繰り返してきた歴史です。

つまり我が国の男系天皇が神話上で初代女系天皇にすり替えられてしまったために、立場と順序をはき違えた藤氏に国を乗っ取られてきたのです。

これは国家と民族を根幹から覆すしかけだったのです。

『日月神示』では男女逆さまを戒めています。そのことを表している箇所を引用します。

『日月神示』
下つ巻　第十三帖

「逆立ちして歩くこと、
なかなか上手になりたれど、
そんなこと長う続かんぞ。
あたま下で手で歩くのは苦しかろうがな、
上にゐては足も苦しからうがな、
上下逆様と申してあるが、
これでよく分るであろう、
足はやはり下の方が気楽ぞ、
あたま上でないと逆さに見えて苦しくて
逆様ばかりうつるぞ、この道理分りたか。
岩戸開くとは元の姿に返すことぞ、
神の姿に返すことぞ」

磐戸の巻　第十帖

「家の中が治まらんのは
女にメグリあるからぞ、
このことよく気付けておくぞ、
村も国々も同様ぞ。
女のメグリはコワイのざぞ」

春の巻　第二十五帖

「神界の乱れイロからぢゃと申してあろう。
男女の道 正されん限り、
世界はちっともよくはならんぞ」

ここで女性の真の役割を知っていただきたいと思います。宇宙には、ミクロからマクロまで自分よりも未熟な存在をサポートするシステムになっています。女性が男性のサポート役なのは、女性は男性よりも丈夫で寿命が長く、霊的に成熟しているからです。

「親切」と「裏切」は暗号化された日本語

女性であっても霊的な成熟度はそれぞれです。成熟した女性は、嫁いだら親を切り、夫のサポート役になります。これを親切《しんせつ》と書きます。

嫁いでも頻繁に実家と行き来することを裏切《うらぎり》と書きます。主人側を遠ざけて実家側と親しくすることは、浮気と同じことになるのです。

嫁が近づくべき男側（主人側）を遠ざけて、遠ざかるべき女側（実家側）と近づくことは、磁石のごとく自然の摂理に反するのです。視点を変えると、親が嫁いだ娘を引き寄せれば、嫁が近寄れなくなってしまうのです。

でしゃばり行為は、自分が良い人と思われたい心や、損得勘定といった魂胆が隠れているものです。嫁側の親は我先にとでしゃばらず、陰ながら娘の嫁ぎ先の幸せを願うことで、娘の家族が幸せになるのです。

「女性の時代」の文言にだまされないで

この地球は左回転を軸にして、流れに乗ってスムーズに事が運ばれていきます。しかしその

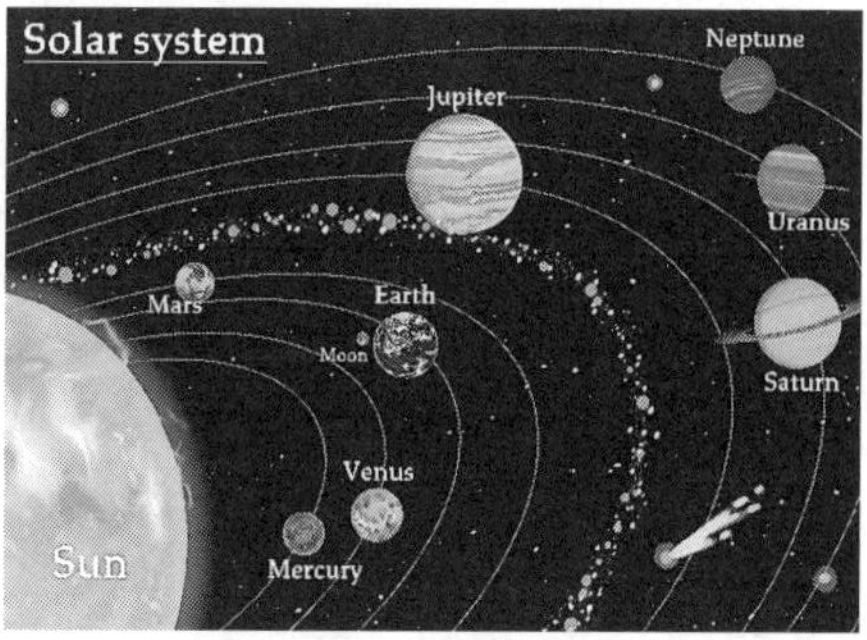

逆は困難の道のりとなり、苦しみが伴います。車道を逆走すればどうなるかわかるように、当事者だけでなく周囲までも大惨事に巻き込んでしまいます。

メディアが喧伝する聞こえの良い言葉には、魂胆がありますからだまされてはなりません。「女性中心の社会」という言葉はまちがいです。正しくは太陽系の配列と同じく、太陽（男性）を中心として左回転に惑星（女性）を従えるのですから、あくまでも男性が中心です。

「女性の時代」もまちがいです。正しくは男女ともに「母性の時代」なのです。

母性は受容、寛容、慈悲、無条件の愛です。母性は男性にも備わっています。父性とは、法則・秩序を指し、女性にも備わっています。父性と母性の両輪で夫婦がともに子育てしてゆくのが正しい家族の在り方です。

この意味をはき違えて男女逆さまを正当化すれば、支離滅裂となり不調和となりますから、注意が必要です。
これからはごく普通の主婦層が男性のサポート役となって、家のあり方を立て直し家族円満を実現してゆくのです。これをすべての家族がなしえたとき、世界平和が実現するのであります。

『日月神示』

月光の巻　第五十二帖

「何ごとも清めて下されよ。
清めるとは和すことであるぞ。
同じもの同士では和ではない。
違ったものが和すことによって
新しきものを生むのであるぞ。
奇数と偶数を合せて、
新しき奇数を生み出すのであるぞ。

それがまことの和であり清めであるぞ。
善は悪と、陰は陽と和すことぢゃ。
和すには同じあり方で、
例へば五と五との立場で和すのであるが、
位に於ては陽が中心であり、
陰が外でなければならん。
天が主であり地が従でなければならん。
男が上で女が下ぢゃ、
これが和の正しきあり方ぞ。
さかさまならんぞ。これを公平と申すぞ。
口先ばかりでよいことを申すと
悪くなるのぢゃ。
心と行が伴はねばならん。
判りきったこの道理が行はれないのは、
そなたをとり巻く霊の世界に
幽界の力が強いからぢゃ。
そなたの心の大半を

幽界的なもので占めてゐるからぞ。
己自身のいくさ
まだまだと申してあろうがな。
このいくさ中々ぢゃが、
正しく和して早う弥栄結構ぞ。
そなたのもつ悪いくせを治して下されよ。
そのくせ治すことが御神業ぞ」

風の巻　第十三帖

「今までのやり方をすっかり変えて
神の申す様にするより他に道は無いのだぞ、
この度の岩戸開きは、なかなか難しいぞと申してあろうが、
見て御座れ、善一筋の与える政治で見事建て替えて見せるぞ、
和合しないと誠のお蔭はやらんぞ、
一家揃ったらどんなお蔭でもやるぞ、

一国揃ったらどんな神徳でもやるぞ、
自《おの》ずから頂けるのだぞ、
神要らん世に致してくれよ」

宇宙の両極を束ねるには「和を以て貴しとなす」縄文遺伝子の発動が不可欠だったのです。

この世をはじめからやり直すには、根本となる男女から間違えてはならないのです。

第七之巻

「ひふみのしくみ」調和統合された弥勒世へ

――縄文遺伝子の発動。
男女の在り方を正し、宇宙両極を束ね光周期へ

第三十段

悪を抱き参らせる「型」を物質化する

悪がはびこるこの世界。
悪を排除して殺す方法論である限り
調和した社会は夢のまた夢です。
これを反転させて
日本は悪を抱き参らせるのですが、
具体化できなければ机上の空論です。
わたしはこれを
外の世界ではなくミクロのレベルでなら
可能であることに気が付きました。

悪魔のやり方は
人に気づかれないように病気にします。
この方法論を逆にすれば
人に気づかれないように健康にできる。

これをミクロの世界で
悪を抱き参らせる「型」として
物質化することができたのです。
縄文と古墳、江戸の叡智を令和で統合して
不調和を調和に戻す物質エネルギーです。

ひふみのしくみは情報エネルギーであり、
すみわたるきれいは物質エネルギーです。

口中浄化は悪を抱き参らせる「型示し」

わたしは悪を抱き参らせ浄化する「型示し」となる歯磨き粉をつくりました。きっかけは妊娠中に歯が抜けるトラブルに遭ったことでした。不調和な口の中の状態を調和に戻すためにはどうすればよいかを試行錯誤した結果、自然界に存在する素材のはたらきを組み合わせることで実現しました。

わたしは化学・薬学の知識はなく、直感と東洋医学の理論をもとに不調和に陥った口の中の状態を調和に戻すことができたのです。長らく試作品を無料で人に使っていただいてきたのですが、ある人から「良いものを作ったら製品にして世の中に出さないといけないよ」と言われたことから物事が動き出し、必要な資金はクラウドファンディングにて募ることになりました。皆様のご協力を賜りましたおかげさまで目標達成し、世の中に生み出される運びとなったのです。

いよいよ製品化する段階となって、わたしが作った製品は、日本古来のはみがき粉として、使われてきたものだと分かったのです。最後にならなければ種が明かされなかったのは、一切の自我が介入しないように仕組まれていたからでした。

商品として販売する段階では、審査が最も厳しいといわれる百貨店で合格し、商品の信頼性

「すみわたるきれい」https://www.sumiwatarukirei.com/

に太鼓判を押していただきました。

人間には口内に細菌叢を持っており生態系を形成しています。これが破壊されてしまうと様々な不調和を起こします。これを再生するためには細菌叢を正常に戻さなくてはなりません。**破壊されてしまった口中の生態系を、健全な状態に戻すアイテムが「すみわたるきれい」です。**

悪玉菌は固い歯石をつくって隠れています。悪玉菌は自分たちが生き延びるためにシェルターを作って隠れているのです。そのため、虫歯菌や歯周病菌はいつまでも口の中に棲み続けているのです。

殺菌力のつよい歯磨剤を使えば、シェルターをもたない善玉菌は殺菌されていなくなってしまいますが、悪玉菌は歯石のなかに隠れているため生き延びるのです。その結果、悪玉菌がはびこり、口腔内を腐敗させてしまいます。これが口の中のネバツキです。

腐敗した環境を良化させるには、歯石のない口腔環境に変えることが大事です。すみわたるきれいは口中を浄化し、歯石のないツルツルの白い歯を保ち、健全な口腔環境を維持します。

すみわたるきれいには不思議な裏話がたくさんあります。これまでわたしに神のメッセージを伝えてくださった霊能者の方とはじめてお会いしたときに、

「舞を舞っているのが見えます。七支刀の姿が見えます」

と言われました。そしてすみわたるきれいを見て、

「七夕に縁があります。七の数字がキーワードです」

と言われたのです。たしかにわたし自身、七夕と七支刀に縁がとてもあります。その方から、

「玉置神社に来るようにと神様が言っています」

と言われたので、指定された日に行きましたら、すみわたるきれいの七種類の原料は

「七福神」

だとわかったのでした。その後、この方がすみわたるきれいを使ったときに、

「歯みがき粉がしゃべった！」

と大騒ぎで電話がかかってきました。その内容はこうでした。

出会ってくれてありがとう

このように、物質には意識があるということをはっきりと知らされたのです。物質は「感謝」を発していたのです。**悪を抱き参らせるために必要なのは「感謝」**なのだと、「すみわたるきれい」から教わりました。

宇宙はミクロからマクロまで「感謝」がゆきわたっているのです。現在の不調和な世の中を調和に戻すのも、同じ原理を応用すればよいだけなのです。

『日月神示』

月光の巻　第三十帖

「心のいれかへせよとは
新しき神界との
霊線をつなぐことぞ。
そなたは我が強いから、
我の強い霊界との交流が
段々と強くなり、

我のむしが生れてくるぞ。
我の病になって来るぞ。
その病は自分では判らんぞ。
わけの判らん虫わくぞ。
わけの判らん病
はやるぞと申してあるが
そのことぞ。

肉体の病ばかりでないぞ。
心の病はげしくなってゐるから
気付けてくれよ。
人々にもそのことを知らせて
共に栄えてくれよ。

この病を治すのは、
今日までの教では治らん。

病を殺して了ふて、
病をなくしようとて
病はなくならんぞ。
病を浄化しなければならん。
悪を殺すと云う教や、
やり方ではならんぞ。
悪を抱き参らせて下されよ」

すみわたるきれいは七種類の素材を使っています。七福神はそれぞれの専門分野を担当する創造の神が宝船に乗って同じ方向へ向かう同志です。七種類の素材がそれぞれのはたらきが合わさって、口中を浄化するのです。

●藻塩……縄文・古墳時代に作られていた塩です。海藻のうま味が凝縮した、まろやかな口あたりが特徴です。
●麻炭……備長炭の四倍の多孔質性により、においを吸着します。
●白土……「土の王様」のイオン交換作用で虫歯と歯石を予防します。

●熊笹……有機珪素を多く含むイネ科の植物。口腔内を保湿します。
●重曹……弱アルカリ性です。歯垢や歯の汚れ、口臭予防、ヤニをきれいに落とします。
●緑茶……茶カテキン・ポリフェノールを豊富に含みます。口臭を予防。
●ヒドロキシアパタイト……歯（エナメル質）と同じ成分です。歯を白くします。

舌下は人体でもっとも迅速に経皮吸収する部位なので、歯みがき粉の成分をよく見極める必要があります。身体に有毒な成分を毎日摂取していれば不調和をきたしますが、逆に身体に有益な成分を毎日摂取していれば、おのずと調和が保たれてゆくのです。

口の中や体調までよくなった体験談もたくさんいただいています。
よろしければネットショップからお求めください。
全国・海外へ発送します。
「**すみわたるきれい**」で検索してください。
「**ひふみのしくみ**」ブログからも購入できます。

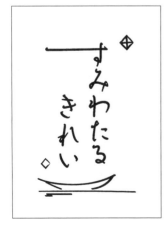

わが国は『ひふみ祝詞』を隠してきた

わが国には『中臣祓』の成立以前に『ひふみ祝詞』が存在していました。『ひふみ祝詞』は**饒速日命が残した言霊で神宝の一つ**とされ、古来より我が国の多くの家庭で、家内安全・国家安泰・無病息災・子孫繁栄・大和民族の発展を祈願して、脈々と引き継がれてきた祝詞です。

しかし明治から戦後にかけて行われた国家神道化政策と、昭和十九年に設立された天照大神を本宗とする宗教法人・神社本庁によって『ひふみ祝詞』は日本古来の信仰とともに葬り去られてしまったのです。

『ひふみ祝詞』は、日本語の一音も重なることがない四十七音を祝詞にしたもので、「ひふみ神言」とも呼ばれ、日本語のもつ言霊の力で最も浄化力の強い祝詞の一つとされています。

ひふみ　よいむなや　こともちろらね　しきる　ゆゐつわぬ
そをたはめくか　うおえ　にさりへて　のますあせゑほれけ

第一に、ひふみ…と数を読むのは、順序どおりに物事は成り立つことを示しています。第二に、一文字ごとに言霊が込められています。その内容は、**自然界の摂理に従った男女の役割、親子の関係、兄弟の順序などの筋道と、言葉、思い、行動を正しくし、善に努める修身など、生きていく上での道しるべです。**

四十七音すべてを唱えることで、日常生活で積み上げた過ちを正して浄化する力があるのです。そのため『ひふみ祝詞』を唱えれば悪魔の付け入る隙がなくなるのです。

第三十一段

神の汚名を返上して出た玉手箱を開示

「饒速日命を解き放ってほしい」

～瀬織津姫～と、瀬織津姫から伝えられ、

「素戔嗚命の潔白を証明してほしい」

～饒速日命～と、饒速日命から伝えられました。

これらのミッションに応えた後、

「封印されてきた玉手箱の中に
紙と玉が入っている
これを開示してほしい」

とのメッセージを受け取りました。

実は饒速日命と瀬織津姫を知った時、
直観的に夫婦神は生命創造の原理であり
フリーエネルギーだと気づいていました。
この夫婦神を隠して祀ったのが歓喜天。

饒速日命は天の磐船に乗って
大空を駆け巡っていました。
これはフリーエネルギーが
使われていたことがうかがえます。

縄文人の物理は意識エネルギーでした。

+と−を正しくセットすれば
電気が流れるように
男女の関係を正しくして協働すれば
不可能なことはないのです。

しかしエゴの世に転ずれば
+と−を逆にしてしまうために
フリーエネルギーは扱えないよう
セキュリティが施されているのです。

素戔嗚命の潔白を証明し
まことの太陽が姿を現せば
フリーエネルギーが明かされるのです。

仁徳天皇が足の神を奉じて為した縄文テクノロジー

本当の縄文とは、現代科学とは全く異なる宇宙の科学技術です。そのテクノロジーの痕跡はありませんが、闇の周期では玉手箱の中に封印されたのです。

天つ罪によって封じられた「あはなち、みぞうめ、ひはなち、しきまき」などの先進技術は、フリーエネルギーに反転することがわかりました。『伊都能売神諭《いづのめしんゆ》』にそれを裏付ける節があります。その部分を抜粋します。

『伊都能売神諭』

「日本には外国人の末代かかりて考へても
何れ程骨を折りても
真似の出来ぬ立派な教えがあるから、
日本人の身魂が研けて水晶に立復りたら、

ドンナ事でも神力で発明が出来るのであるぞよ。
延喜式の祝詞にも
天放《あはな》ち
水素利用《みぞうめ》
電気火力応用《ひはなち》
全土開拓《しきまき》
云々と申して、
天地を自由自在に開拓経綸いたす
神業が現して在るなれど、
日本の人民の心が汚れ、
言霊が曇りてしもふて居るから、
枝の国の真似も出来ぬやうに
なりてしもふたので在るぞよ」

これらの高度な宇宙科学は、暗闇の世に転じてから完全に封印されたのは、自我と欲望の文明においては扱えないようにセキュリティが施されているからです。そのため地球から自我と欲望を浄化し、嫉妬が地球からなくなってからでなければ解除されないしくみなのです。

高度な宇宙技術は、水晶の如く御霊が磨かれていなければ扱うことができないのは当然のことながら、その集合意識が形成されていることも重要なのです。

突如巨大古墳が築造された時代は、現在よりも高度な技術が使われていた可能性があります。それは現代人よりも身魂が清らかで、地球も汚染されていなかったからです。

世界一大きなお墓は仁徳天皇陵です。仁徳天皇がご祭神の高津宮で毎年執り行われているのは、とこしえ秋祭りです。縄で編んだ船には、二万年前の神代杉が船に乗せられ、その神代杉を動力にして時空を進む永遠に向かうのです。(写真)

この二万年前の神代杉は、足の形をしていることから、仁徳天皇は足の神様を祀ってきたことがわかります。ちなみに高津宮には仁徳天皇の皇后・葦姫《あしひめ》皇后が長男の履中天皇とともに祀られています。ところが葦姫皇后は『記紀』には存在しないのです。

『記紀』に登場する仁徳天皇の皇后といえば、嫉妬深い磐之姫が有名ですが、磐之姫は仁徳天皇の足を引っ張っていました。仁徳天皇とともに政務に携わっていた葦姫皇后は、嫉妬深い皇后に書き換えられたのかもしれません。

橿原神宮外苑では大量に発掘された土偶の足が発掘されたこと、四條畷からも同じ形状の橿

高津宮とこしえ祭り（２万年の神代杉を動力にして時空を進む永遠（とこしえ）に向かう秋祭り）

原式土偶が発掘されたことは先に述べた通りです。縄文人は何千年も前から、遠い未来の子孫たちに足の神を忘れないように示唆していたのかもしれません。

縄文文明の終焉によって宇宙科学が閉じられ、弥生時代の暗闇の文明がはじまりました。その後三世紀（古墳時代前期）から古墳が作られ始めましたが、人の手で積み上げられたことがわかります。（写真）

五世紀になって巨大古墳が作られはじめたのは、縄文復興の時代だったからです。その裏付けとなるのは、巨大前方後円墳が示す方角です。**仁徳天皇は足の神＝縄文のアラハバキ神＝地球の女神を奉じていたのです。**仁徳天皇陵は正確に津軽の亀ヶ岡石器時代遺跡を指していることがわかります。（図）

これは祖先の神を崇めていた証です。**縄文の祈りは一貫**

古墳時代前期　忍岡古墳（大阪府四條畷市）

して生命の循環であり、時代を超えても不変の摂理です。これを暗号化して古墳とまつりに形態化して伝えてきました。

縄文人が胎児の姿勢をとって大地に埋葬されたのは、地球内部が地球の子宮であることを知っていたからなのでしょう。そこはサムハラと呼ばれた造化三神の領域で、神一元の法則の世界です。

地球が闇の周期に入る間は閉ざされてしまうことを縄文人は知っていたからこそ土偶を破壊して土に埋め、未来の子孫に警告してくれたのです。

わたしは十歳まで生駒山麓に住んでいたのですが、その頃は神様と意識で交流できていました。その頃はなぜか地球内部に仲間がいることを知っていて、いつか迎えに来てくれると思っていたのです。同時に、地上界でやるべき仕事が終えるまでは帰れないことも分かっていたのです。わたしは秘密の多い子供でしたが、このことを思い出すようになったのも、神々の導きがあったからなのです。

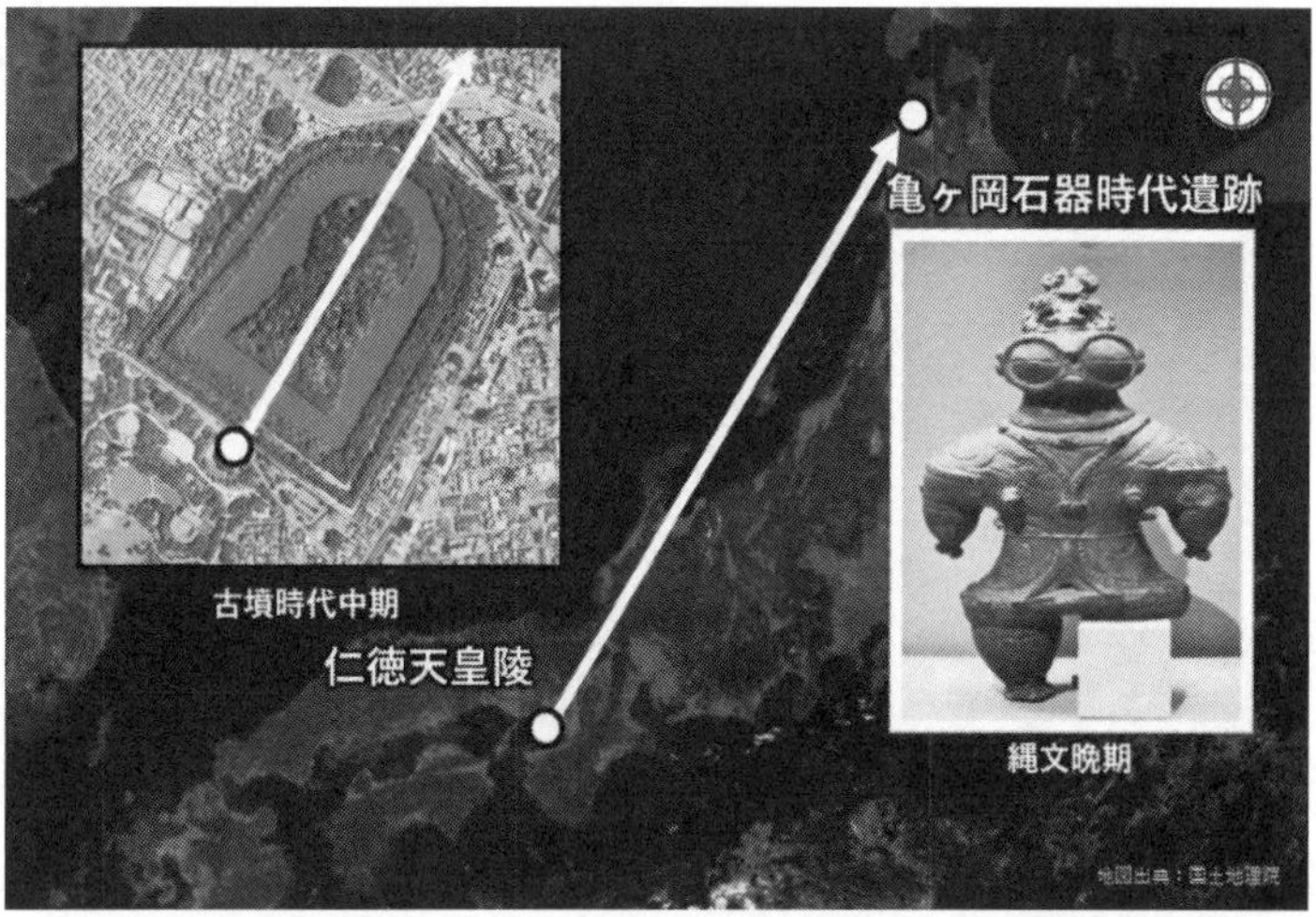

左上：遮光器土偶の目（六甲山篠原縄文遺跡出土）　左下：遮光器土偶の手（四條畷更良岡山遺跡）　右：六甲比命大善神（巨石の左端に白鳳美人の顔を現しています）

自我と欲望を持ち込んではならない領域に、土足で踏み入れようとする者には決して扉が開かない。自我と欲望を浄め、素直に法則に従う者には、向こうから歓迎してくれる。そういう世界が本当にあって、昔から日本人はこのことを『おむすびころりん』のおとぎ話にして子や孫に語り継いできたのです。

第三十二段

歴代天皇、歴代大臣と共にわが国の呪縛を解く

わが国が真に立ち直るためには、
讒言で陥れられた者たちや
謀反の罪を着せられた者、
無実の罪を背負わされた者たちの
潔白を証明して汚名をそそぎ、
無念を晴らさねばならぬ。

彼らの潔白を証明せぬまま、
信頼と名誉を抹殺されたまま、

怨霊として恐れ封じたままでは、
御霊の真の働きが発揮できず
協力を得られぬのだ。

わが国が立ち直るためには
御霊の汚名をそそぐこと、
つまり浄化が不可欠なのだ。

長きにわたり濡れ衣を着せられ
名誉を傷つけられてきたのは
悪人、悪党、鬼にされた者、
善政を務めた大臣のみならず、
天皇も同様なのだ。
その根源は日本の神が
悪神にされてきたからだ。

わが国の建国の歴史的事実は

ことごとく反転され
捻じ曲げられ誤解されてきた。
このような道理に外れたことが
なぜ成しえたのか。
その根本原理を洞察できねば
禍から逃れることができぬまま
大和民族が滅びてしまうということを
悟らねばならぬ。

わが国に仕掛けられた
悪魔の呪詛を解くためには
神仕組みと悪仕組みの
両方の原理を知らねばならぬ。
そのために歴代天皇は
一三〇〇年間にわたり
血脈に悪魔を取り込んで、
悪仕組みを体得してきたのだ。

ゆえにわが国の呪縛を解くためには
歴代天皇の協働が必須なのだ。

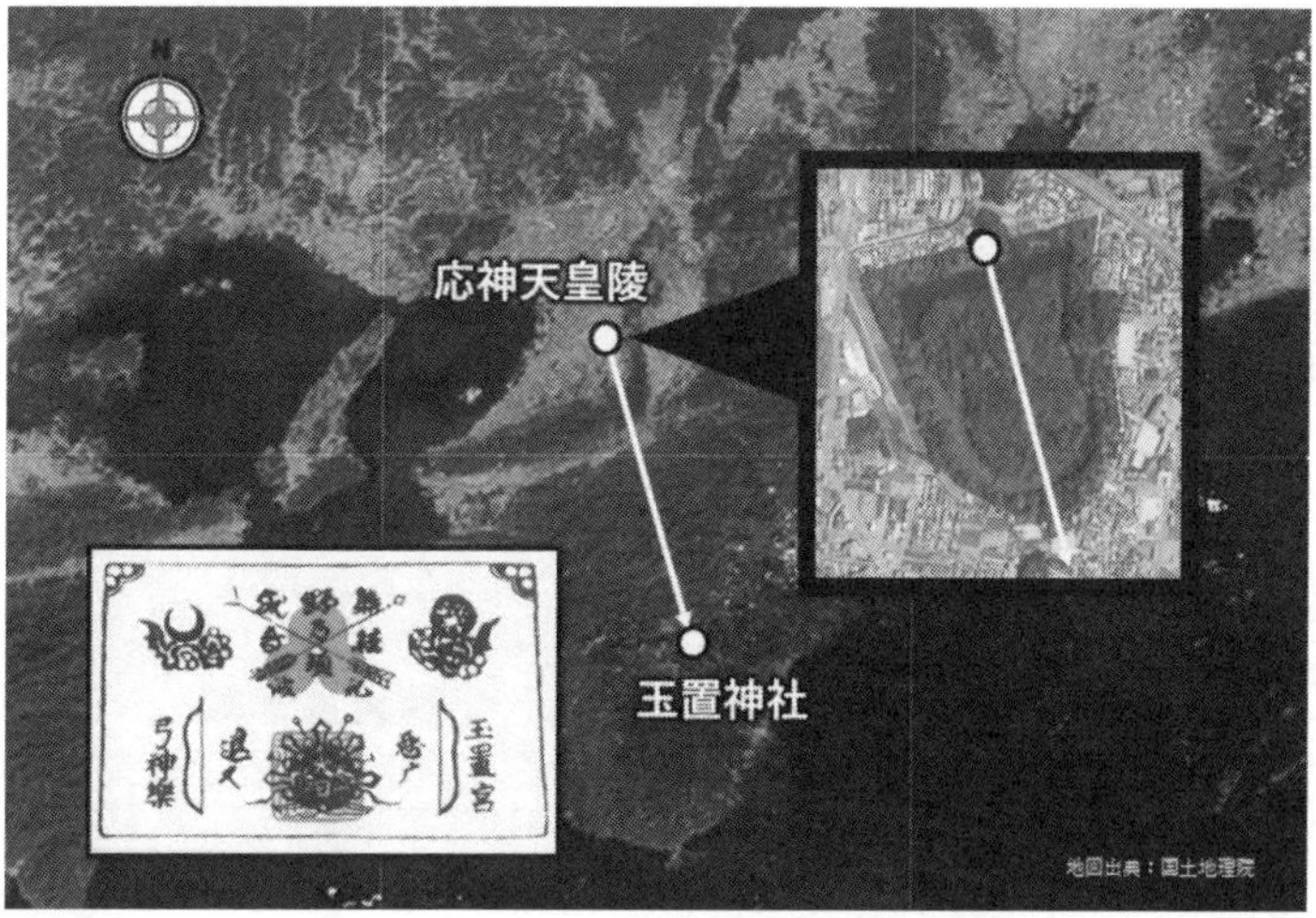

待ち望まれた水天皇の時代の到来

　ひふみのしくみは歴代天皇に同調してわが国の因縁となっている根本原因を開示してまいりました。かつて対立関係にあった天智系・天武系、南朝・北朝が統合され、現在の惨憺たるわが国の現状にみなさま本気で取り組んでくださっているのです。

　わたしは令和四年（二〇二二年）四月二十三日に応神天皇陵の前に立った時に「玉置神社の神様」だとわかったのですが、地図で確認しますと応神天皇陵の指し示す方向には玉置神社が鎮座していたのです。

　玉置神社の神様は国之常立命であり悪魔退散の神様であり、蔵王権現であり、長髄彦であり、アラハバキ神であり、地球の女神ですからいよいよご活動なされるとわかったのです。

つまり水の神が人間の自我と欲望で汚された地球をきれいにするために、大浄化されることになります。このことに恐怖を抱くのであれば、これまで怨霊の祟りと恐れてきた自我意識のままであることを自覚しなければなりません。

大事なことは、執着を残さず、与えられた環境下で与えられた役割を淡々とこなすことなのです。

『日月神示』

上つ巻　第二十一帖

「外国がいくら攻めて来るとも、
世界の神々がいくら寄せて来るとも、
ぎりぎりになりたら
神の元の神の神力出して
岩戸開いて一つの王で治める神の

まことの世に致すのであるから、
神は心配ないなれど、
ついて来れる臣民少ないから、
早う掃除して呉れと申すのぞ」

第百二十六代今上陛下・徳仁天皇は昭和天皇の分け御霊です。昭和天皇は仁徳天皇の御事績を朗唱せられ御名を「徳仁《なるひと》」とご命名されました。

わたしは幼い頃より浩宮徳仁親王がご即位される日を心待ちにしてまいりました。この方は歴代天皇が待ち望まれた天皇になるひとだからです。

水天皇との異名をもつ今上・徳仁天皇は、著書『水運史から世界の水へ』で、

私の視野を大きく広げてくれた『水』に感謝しています

と強調して述べておられます。陛下は歴史学者として日本

の古文書の解読もなさり、三十年以上も「水」をライフワークにしてこられました。

平成十五年（二〇〇三年）に「世界水フォーラム」名誉総裁に就任された陛下は、国際会議で初めて水をテーマに講演されました。令和四年（二〇二二年）四月の「アジア・太平洋水サミット」のオンライン講演で、

蛇や龍を神とあがめ、水との関わりを物語る信仰が世界に存在する。人と水の深い関わりは、ゆるぎない共感と連帯の土台を形作る

と語られました。

これまでわが国は地球に逆らった思考の人間が、自分たちさえよければいいという考えのもとで国家経営を継続してきました。その結果、人々を苦しめ、地球を痛めつけ、生命体を絶滅に追いやってきたのです。

その根本的にまちがった考え方を改心し、心からお詫びして政治をお返ししなければならないのですが、悪魔のしもべは左回転システムへの転換を拒み、大浄化に備えてシェルターを確保しています。これは口腔内に固い歯石を作って隠れる悪玉菌と行動原理が同じなのです。

この者たちは自分たちの肉体さえ生きのびられたら良いという考え方なので、全体が助かる道を選ばず、システム崩壊に備えて、我先に避難先を確保し逃亡する魂胆です。さらに人口削

安倍晋三首相（当時）から内奏を受けられる天皇陛下2019年５月14日皇居・宮殿（宮内庁）

減を目的に人間を淘汰することを正当化しているのです。

それに対して国民全体の命を守ることが国家の責務ですから、政府から左回転システムに転換しなければなりません。そのために水天皇が最高神官として水の神を奉じた政を執り、日本政府は政治、教育、医療、金融……すべての業界に覆われた闇を取り払い、方向転換してゆくことを政治レベルで行っていく。そして**大和民族の種を保存するために家族のあり方を仕組み直す。これが神々との計画だったのです。**

わたしは令和四年（二〇二二年）六月二十九日に

天皇陛下を全力でお守りする。命をかけてお守りする

と長髄彦より伝えられ、令和五年（二〇二三年）元旦には歴代天皇と古代の歴代大臣がともに日本のために尽力してくださる意思を受け取っていました。

安倍元総理が提唱した「戦後レジームからの脱却」について、「戦後たくさんの仕組みができて、この仕組みをまさに変えていくことが私たちの課せられた使命である、まさに内政について言っているわけでありまして、戦後体制について、それに対して挑戦するという類いのものでは全くないということでありまして、そういう正しい理解も進めていきたい」と述べています。
(平成二十七年三月三日の衆議院予算委員会にて)

①戦後レジームとは何を意味しているのか
「憲法を頂点とした、行政システム、教育、経済、雇用、国と地方の関係、外交・安全保障などの基本的枠組み」

②なぜ、「戦後レジーム」から脱却することが必要なのか
「二十一世紀となった今、時代の変化に伴い、そぐわなくなった部分については、自分たちの力で二十一世紀の現在にふさわしい新たな仕組みに変えていくべき」
(①②ともに内閣衆質平成二十九年六月十四日提出質問第四三一号に対する回答)

わが国に仕掛けられた呪詛からの脱却と独立国としての自立を阻み、天皇と国民が一体とな

る政治を妨害しているのは、太陽に逆らった獅子身中の虫です。政治の対立構造は天武系と天智系、南朝と北朝、保守と革新です。令和の世で安倍元総理が暗殺されてしまったことは、痛惜すべき国家の損失でありましたが、わが国が繰り返してきた歴史と同じ構図だったのです。

神界の乱れイロからぢゃと申してあろう。男女の道正されん限り、世界はちっともよくはならんぞ」『日月神示』春の巻　第二十五帖

闇の周期からの脱却にともない、パターン化した歴史に終止符を打つために、歴代天皇の神々とともにわが国が耐え忍んできた歴史の根本原因を表に出させていただきました。

日本の建て直しは、男女と家族を建て直すことが根本

多様性を推進する世界の支配者層は、男系を守ってきた日本の男女を根底から破壊して選択的夫婦別姓、移民の導入に続いて、最終的には女系を正当化する魂胆です。これは戦後の「3R5D3S政策」に次ぐ日本の破壊工作であることを国民が認識しなければなりません。

国の建て直しは、政治家に任せるのではなく、それぞれの家庭で男女、夫婦、家族の在り方を法則通りに正すことが根本なのです。

素戔嗚命は海（産み）の仕事ができないために大泣きして天変地異が起きたのです。子を産む仕事は女性にしかできないのですから、男性が十分に家族を養える社会基盤にしなければなりません。

また、素戔嗚命が母に会いたいと大泣きしたのも、子供にとって母不在の家庭は健全ではないことを教えているのです。戦争で家族が破壊され、母と長男が別々の核家族になったのも、歴史上ごく最近のことです。

大和民族は昔から親と子が川の字になって寝ていたように、母性愛が特に強い民族なのですから、親と子の関係を修復しなければならないのです。

一方、悪魔のしもべは女系であるため、女性を中心とする女性が上に立つ多様性社会をつくり、人間が作った神＝人の心を持たないＡＩが支配する世界へと誘導しています。女性主導社会の実現は図の通りです。

男	女
光	闇
陽気	陰気
積極	消極
単純	複雑
発酵	腐敗
還元	酸化
創造	破壊
与える	奪う

結局、女性主導では悪魔の世にしかならないことが法則で決まっているのです。それが宇宙の計画のもと、日本人を生命進化の被験者として行われた実験の結果です。

実験を終えた日本人は、結果の世界で生きることを卒業し、原因の世界＝二元性を超えた神一元の世界へと進む段階を迎えたのです。どんな場合も地球の回転方向に従って生きることが日本人の進む道です。

しかし、自由意志が与えられている以上、地球の回転方向に逆らい続け、無秩序で支離滅裂な世界を生きていく選択も許されているのです。大事なことは、この者たちとは

同じ土俵の上に立たなくてよい

ということです。これが饒速日命の「争わない」奥義なのです。

つまり神と悪魔はまったく違う領域に分かれてゆくことになるのです。悪魔のしもべは地上の大浄化に備えて我先に水源地と避難先を確保し、身の安全のため逃亡しますが、それは肉体を保存するための行動にほかなりません。

この者たちは自我ゆえに地球の内側に入ることが許されないため、地球の外側で大浄化にさらされながら隠れ住むほかに道はないのです。この者たちにとっての次世代とは人間ではなく生命の本質（霊）を持たないＡＩの支配する新たな幽界です。

一方、**法則と秩序を体得できた日本人は、長男夫婦を中心とした家族形態に修復してゆきます。これが素戔嗚命の復権となる「型示し」であり、神話の修正プログラムなのです。これが**

サムハラ神社（大阪市西区）

できた者が、次世代を担う種人《たねびと》となるのです。

種人は生命の本質は霊であることを知り、一部は全体から切り離しては生きられないことを知っています。地球は人間が汚染した地表を大浄化する周期に入るため、自我意識を統合意識に変換しておかなければなりません。

わが国ではサムハラと呼ばれたシャンバラ（アガルタ）が地球の内部世界に存在しています。サムハラは造化三神の法則神です。地球内部は宇宙の法則と生命秩序を守れた者だけが同調できる領域です。

かつて縄文人が命の循環を祈った地球の子宮は造化三神の世界なのです。ここに迎え入れられた種人は地球内部世界で子々孫々してゆくことになるのです。

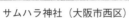

対極を和合して耐性種へと進化させる宇宙の計画により、三十年も生きられなかった病弱な男子が、混血を繰り返すことにより九十歳を超える長寿となりました。

この計画は始祖・第二十六代継体天皇より第百二十六代今上陛下までの一〇〇世代を必要とし、なおかつ正反対の家系のご協力

なくては成しえませんでした。日本神界および歴代天皇のご総意は、

天皇の御役目は令和で終了

と決定しています。両家ともに筆舌に尽くしがたいご苦労がありましたことを感謝とともに心より労いたく存じます。

『日月神示』

雨の巻　第十七帖

大峠とは王統消《おうとうけ》すのだぞ。
新しき元の生命《いのち》と成るのだぞ。
神の心となれば誠《まこと》わかるぞ。

天皇から政治を受け継いだように、万世一系も国民が受け継いでゆくのです。

わたしがこの本を執筆している間に内在神からしきりに伝えられていたのは

血脈を交えてはならぬ

ということです。歴史が証明するように、**男系と女系は共生できない**ということが生命進化の実験の結果です。暗闇の周期で相容れない家系と混血したおかげで、大和民族は世界一の長寿になったのです。これからは肉体の進化ではなく、霊性の進化へと転換してゆくのです。

縄文遺伝子を受け継いだわたしたちは、長きにわたる苦しみを体験したおかげで、丈夫な身体になり、ウソにだまされない、恐怖にびくともしない御霊に成長させていただいたのです。

貴重な実体験から生命の正しき法則性を知り、次世代創造に必要となる神仕組みとして、ひふみのしくみを表に出しました。素戔嗚命の火種を永遠に受け継いでゆけるようにとの感謝を込めて。

第三十三段

家族と先祖から信頼される種人になる

人間の骨髄と血液には
膨大な情報が詰まっています。
かつて体験した記憶だからこそ、
直感として受け取りやすいのです。
内から沸き起こる感覚が直感で
感じる意識が内在神の声です。

内在神とつながるには、
自我を滅却することと

家族と先祖からも信頼されるよう、
人間性を磨かなければなりません。
家族と先祖から信頼されるためには
立場と順序を守ることが絶対です。
これは不変の命の法則だからです。

日本人はもともと
霊性の発達した民族なので
家族と内在神から信頼される
宗教の開祖レベルだったのです。

内側の神は
血縁と地縁でつながった先祖であり、
先祖をたどれば縄文人であり
縄文人の先祖は地球の創造神なのです。

日ノ本の太陽は宇宙の父

縄文の女神は地球の聖母
みんなが父と母の子供だから
兄弟姉妹が争わない
いのちのしくみを知っていました。

長男は継承者。弟は初代。
長男夫婦は親に孝行、
弟夫婦は長男夫婦に孝行です。
親は長男夫婦を助け、
長男夫婦は弟夫婦を助けます。
弟初代はわが子長男を継承者にして
分家を子々孫々していきます。
娘は魂の故郷に嫁いで母となります。
これは自然界の法則性によって
決まっているのです。

そのため、

長男を初代にしてはなりません。
弟を継承者にしてはなりません。
入り婿に長男を迎えてはなりません。
嫁いだ娘に親孝行させてはなりません。
この道理がわからなくなった日本人は
退化の改心が必要ですよ。

人間は家族を持って
立場と順序とは何か、
命の絆とは何かを先祖代々、
魂の入れ替わりと組み替えをして
学んできました。

根源の神様は法則の神様なので、
多様性という考え方が通用しません。
法則はミクロからマクロまで
いきわたっており例外はないからです。

いかなる生命体も
法則から逃れることはできません。
たとえ神と呼ばれる存在であっても。

家族に守るべき法則があるのは
自分さえよければいいとか
自分の一族だけが
生き延びられたらよいという考え方は
宇宙に存在しないからです。
だからこそ家族は
互いに許し合い感謝し合うために
結ばれるのです。

親は気が合う二男でなく、
気が合わない長男を選ぶこと。
気の利く二男嫁ではなく、
気の利かない長男嫁を大事にすること。

気が合わないからこそ和するのです。
嫁は実家側でなく婚家と和するのです。

親孝行の娘でも嫁がせたら
近くに住まわせず他人行儀にすること。
嫁いだ姉妹同士が仲良くすることは
浮気と同じで夫への裏切り行為です。
親は長男夫婦以外と同居は不調和です。
嫁側や母方の兄弟姉妹を雇用せず。
嫁いだ娘の孫は他人行儀にすること。
親の財産資産はすべて長男に託すこと。

長男以外に墓守をさせてはなりません。
嫁は嫁ぎ先に実家の仏壇や
宗教を持ち込んではなりません。
嫁側、母方の墓参りは控えること。

法要や霊祭は長男が主として行います。
長男がいない家は墓や仏壇を閉じ
寺社に納められるのが無難です。
長男夫婦を大事にすることが
いちばんの先祖供養です。

親はこのことを我が子に
正しく教えなければなりません。
次世代を育てるのは親世代の責任です。
とても大事なことですから
どうか忘れないでくださいね。

おわりに

最後までお読みくださりありがとうございます。本書では内在神と過去世と未来世からの直観を実践行動した体験によって明らかになった歴史を通して命のしくみを表に出してまいりました。直感は自我なき主観（天啓）であるため、理路整然として矛盾がないのです。

歴史の本質とは、生命体の進化のプロセスです。いかなる生命体も唯一の生命から成り立っています。生命とは秩序であり宇宙の根源すなわち神です。根源神は法則であるため、人類も生命秩序の法則の支配下にあるのです。ゆえに、法則に従えば調和し、逆らえば不調和となるのは必然の理なのです。

これまで人類は闇の周期で不調和な体験を積んできましたが、地球が闇の周期を抜けて大転換を遂げるにあたり、人類は調和に戻す修復のプロセスが求められているのです。本書は過去の歴史を通して破壊された家族形態を正常に戻すための法則を、具体的な実践法として述べてまいりました。根源神の意図は、最小の集合体である家族の正しい「型」を完成させることにあるのです。これが国の建て直しのひな型となるからです。

本来は時間という概念はありません。過去も未来も現在も同時進行であり、現在にすべてが集約されています。そのため今世で正しい輪廻を完成させることができれば、過去世と未来世の不調和が修正され、輪廻から卒業できるのです。

令和七年（二〇二五年）元旦に、天照皇大御神がサムハラにご鎮座されたことを知らされました。サムハラは真の内宮《ないくう》なのです。天照皇大御神は地上界での学びを卒業した魂との再会を待ちわびておられます。

日本人が男系を守り続けてきたのは、根源神の分け御霊を永遠に継承させるためなのです。この不変の法則を忘れないように、祖先は生命を形態にして子孫に伝達してきました。それが日本古来の伝統と文化の本質であり家族形態なのです。これを守り続けた日本人は、次の段階へと進む時期が来たのです。家系は太陽系、銀河系のひな型です。日本人は壮大な宇宙の計画を担う太陽系種族なのです。

ひふみのしくみは日本人が次世代を担う種人となり、地球の内宮《ないくう》へ帰還するための道しるべです。本書をくり返し読まれるとともに、家族の立場と順序を守る実践を積み重ねられ、正しく子や孫に伝えてくださることを切に願っています。

参考文献

笠原英彦『歴代天皇総覧』中公新書、二〇一六年
小林芙蓉『日本建て替えへの祈り』にんげんクラブ、二〇二一年九月号
里中満智子『吉野太平記物語』吉野町、二〇一八年
四條畷市『ふるさと四條畷』四條畷市教育委員会、二〇一〇年
下村博文・小林芙蓉『教育十七条の憲法』あさ出版、二〇二三年
鈴木德彦『雑草哲学』文芸社、二〇〇六年
鈴木德彦『命の絆の物語』二〇二〇年
瀧浪貞子『持統天皇』中公新書、二〇一〇年
竹田恒泰『怨霊になった天皇』小学館文庫、二〇二一年
千賀一生『ガイアの法則』ヒカルランド、二〇一二年
塚本 青史『則天武后』日本経済新聞出版社、二〇一八年
奈良県『なら記紀・万葉　名所図会―壬申の乱編―』奈良県、二〇二二年
徳仁親王『水運史から世界の水へ』NHK出版、二〇一九年
兵藤祐己『後醍醐天皇』岩波新書、二〇一八年
八木荘司『古代からの伝言　壬申の乱』角川文庫、二〇〇七年
安岡正篤『運命を創る―人間学講話』プレジデント社、二〇一五年
安岡正篤『酔古堂剣掃』PHP文庫、二〇一六年

まつお　さらら

大阪府四條畷市出身。次世代を創造する種人（たねびと）に必要な法則を伝える「ひふみのしくみ」ブログ（123no493.blog）を執筆。

2020年よりひふみのしくみ勉強会を第十回まで開催。「縄文の叡智を蘇らせ和合を結ぶ」「縄文の叡智を蘇らせメビウスの輪を超えてゆく」「縄文の叡智を蘇らせ神政復古の道へ」「縄文の叡智を蘇らせ神政の実践へ」「縄文の叡智を継承し内宮へ帰還する」の各テーマを「神武東征から天の川文明へ」シリーズとして動画・ＤＶＤを制作、YouTubeにて配信。日本人の家族形態を正すことが日本再建の根本であることを伝えている。

鍼灸師の観点から次世代型歯みがき粉「すみわたるきれい」を開発・製品化し、新たな健康のサポートとしてネットにて販売。全国・世界へ展開している。

神武天皇からの二元性闇周期を覆せ
ひふみのしくみ
「日ノ本」起死回生の最終宇宙原理

第一刷 2025年3月31日

著者 まつおさらら

発行人 石井健資
発行所 株式会社ヒカルランド
〒162-0821 東京都新宿区津久戸町3-11 TH1ビル6F
電話 03-6265-0852 ファックス 03-6265-0853
http://www.hikaruland.co.jp info@hikaruland.co.jp
振替 00180-8-496587

本文・カバー・製本 中央精版印刷株式会社
DTP 株式会社キャップス
編集担当 溝口立太

ISBN978-4-86742-479-7